破解靈界的秘訣

林吉成——著

特別收錄 14種 驅鬼符令

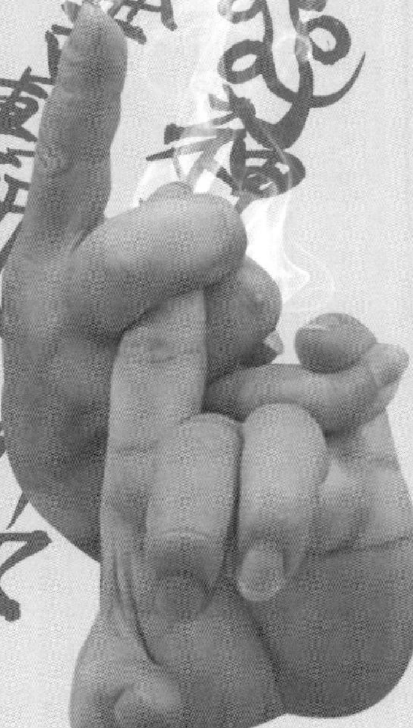

序言

靈異之傳說繪聲繪影，自古至今仍流傳不斷。筆者可說是在靈異這一方面費盡了時間與精神，不斷的在進行鑽研陰邪鬼魔的詭異竅門。因何凡間陽人一旦被陰邪鬼魔纏上身，均無法脫離導致精神異常。又現今的醫學已相當發達進步，奈何精神科醫師只能診斷出：憂鬱症、躁鬱症、人格分裂症，道法與醫學至今仍無法融合一體。醫師是經過高考國家認證為合格醫師，道師只憑個人經驗歷練成師，國家未認可，頂多是人民團體協會、道教協會，發給會員證書而已。

其實陽人的精神方面發生異常時，建議優先找精神科就診，若精神科醫師給藥吃打針仍不癒時，應找道家法師，通常冲犯者的第二門路是找宮廟問神。依作者的長期鑽研經驗，被陰邪鬼魔卡身，應找有經驗的道家法師，觀察精神症狀，也會將鬼魂吊到案前來查問，鬼魂妖魔的頑抗是一般人很難想像的。冲犯鬼魂常是：時運身體狀況不佳、精氣神耗弱、無意間侵犯到鬼魂地盤、故意破壞鬼魂遮風避雨處所、擾亂到鬼魂的靈修影響安寧。其實鬼魂與陽人的本性有類似相同點，你不犯我，我不犯你。若互有相犯陽人的報復是有形的，鬼魂的報復是無形的。被鬼魂報復是很可怕的，鬼魂一旦卡纏陽人的身，會讓陽人生怪病，災殃禍難亡，最常見是跳樓、精神異常日不知食、夜不知眠睡眠會陰陽顛倒，人鬼同眠戲弄陽人的生殖器官，玩弄到性高潮發洩為止，鬼魂會卡身吸陽人精氣，到最後陽人身體乾枯，精力耗盡即成病。鬼魂一旦附在耳朵講話會騷擾到無耐煩，偶爾會操控陽人的舉止行為，甩東西、罵人、打人。時有連三餐鬼魂都會操控選擇要吃什麼，時會暴飲暴食。

鬼魂的可怕是陽人一旦被控制時，整個人暈暈顛顛，自己無行為判定能力，通常鬼魂出靈時會哭訴的，比較善良或冤魂，凶鬼出靈不是會打人就是口氣很凶頑。鬼魂出靈不一定能開口講話，也不一定能享食祭拜貢品，善鬼比較好溝通，凶鬼很難溝通，且都認為祂最行自己說了算。凶頑的鬼魂出靈一開始幾乎都不妥協，也會頑抗到底，一般人聽祂講完拿祂沒辦法時，只有傷心且內心很急，看祂種種的誣賴整人，其實凶頑的鬼魂遇到神明，是武神相對神明會借乩童操五寶的追殺祂。

遇到有經驗的道師會先溝通，若鬼魂不與溝通或頑抗，道師才會違反戒律，掌指訣轟祂追殺祂。

以作者本人，自踏進靈異這一途以來，常有自覺快感與高潮迭起，經常有卡陰邪犯者在法事處理過程中，犯者會看到且向老師提問說老師你會飛嗎？剛剛有看到你穿馬甲，騎馬速度很快飛到法事筵場，也常有卡陰邪犯者問老師說：「老師你的臉一下變黑一下變紅，變來變去看起來會怕。」最讓筆者自覺有快感的是，被陰邪鬼魂卡身的犯者來道館諮詢時，均會將鬼魂吊來問話，凡遇到冤魂出靈幾乎都是哭個不停，若是遇到凶鬼出靈都是敲桌、拳打腳踢，且嗆聲要與老師對幹，我們來拼個輸贏，看我修練過的魔力強或你的道法高，其實拼到最後都是鬼魂輸。要讓鬼魂輸沒有招，只有一招不二法門：先讓犯者喝下符水，使其鬼魂元氣損耗大傷時再出手，腳踏罡步，手掌雙五雷對準胸前開指訣，抑或手掌雙劍追殺指，在胸前敕追殺鬼魂符，拼到最後鬼魂非沒有力氣講話，即是躺在地上打滾，這是筆者的快感。

目錄

鬼魂如茫霧陽人懼憧鬼影

人生旅程任何男女老幼，均須經歷生、老、病、死、苦。鬼魂危害人間，自古至今流傳永續沒斷過，幽界鬼邪身魂幻化陰陽兩隔，音容莫睹靈魂何形，其實幽界鬼魂如茫霧，靈界出靈會自然發聲嗎？其實出聲講話須附身陽人的身體，藉著陽人才能發聲講話。常有陽人恐懼過度，幻影顯現眼前自己心虛惶恐，腦海失控幻想聽到靈界哭聲、語音不清拉長聲、凶悍吼聲、淒厲哭啼慘叫聲。例森林雜草欉生地、空曠無人居住廢屋，常能衍生。動物獸禽、鳥蟲鳴叫聲，都能使陽人驚恐至極的恐慌。如聲與水均是尖硬傳遠之聲，例鵝鴨驚恐哽咽慘叫聲，例孤鳥失群哽叫找伴聲，例蚯蚓發吟嘶叫聲，例羊叫斷節聲，例烏鴉叫呱慘憂聲，例病猿求侶呻吟聲，例狂犬吠叫聲，例野獸怒吼聲，所有這些發出的叫聲，不但聲韻無節奏，且叫吼聲均非斷續即是驚恐萬分的聲音，尤以荒郊野外，夜時蟲鳴獸吼之恐叫聲聽起來悲慘無辜，淒厲慘憂，怎不叫陽人虛心幻形幻影、幻想、幻化的繪聲繪影，以訛傳訛。陽間凡人與冥界鬼魂其實是陰陽兩隔，人生世為陽人，枉死為陰鬼魂，生不同死各異，陽人最忌別離他鄉凶途慘死，冤枉災殃厄難慘死，被險惡之人陷害殺害而慘死，才會成為長年冥府陰間之孤魂、遊路亡魂。孤魂野鬼長年累月沉冤極矣之苦成為冤魂，鬼魂也有祂的苦楚，遭凶慘死長年飢餓凍寒歲月有堪憐之矣。自古始今含冤萬劫而死濟濟沉冥飄流荒郊野外，陽人常見鬼魂現形現影，雨夜風淒悲寒呆立與飄搖，鬼魂淒厲哭泣聲啼，飢寒哀傷寂寞於荒郊野外，日消魂散，夜伴蟲鳴獸吼之恐聲悲慘無辜，常因陽人凶死後含冤於黃泉呻吟哀嚎孤苦無依，幽靈哀怨難消，魂魄飄流陰間日夜風雨交加有受風寒呻吟之狀，鬼魂流落陰間沉魂滯魄深含哀怨之情，鬼魂的悲苦陽人難能知悉。各國度鄉情不同，其實各國均有鬼魂的存在，各國都有陽間生人被鬼魂作弄纏身的困惑，古時有位名人，太乙尋聲救苦天尊，在凡間救障累煉度沉冤孤魂，救渡沙河萬鬼神之偉人。

目前以台灣社會習俗，均訂於每年農歷七月為鬼月，家家戶戶、公司行號，均會在農歷七月整整一個月，天天有人在辦流水息席筵請陰間的鬼魂，以目前習俗均以尊古所訂定，農歷一月十五日為上元，農歷七月十五日為中元，農歷十月十五日為下元，在三元習俗以中元之日民間都會辦流水席慶讚中元，筵請普施冥魂前來享食盡良宵。

人因病而死者，且有家屬招魂收屍埋葬之亡魂，沒有理由成為陰邪鬼怪，因亡者有經過一般習俗，將亡者之三魂，一魂屍體埋在墓園，二魂有家屬設立在祖先牌位，逢年過節有後代子孫在奉拜，三魂下地府受閻王監管，三魂全安位就緒，即不會成為陰鬼危害人間。通常會危害人間的陰鬼，經作者長期的研究經驗，均屬意外災殃禍難死亡，無家屬親人收屍，亡魂沒人祭拜，沒遮風避雨處，亡魂在陰陽兩界穿梭飄流，長年累積成為孤魂野鬼，亡魂即成為無主孤魂，有如社會上的小混混沒什麼兩樣。陽間的活人最忌時運陽氣耗弱，氣弱鬼纏，人之精氣神不振時，最忌到荒郊野外，時運不濟也不一定是在荒郊野外才會被鬼纏，自己住居環境髒亂，屋內光線不足，長期昏暗也易引鬼入屋同住，久而久之只要被纏上，不分男女均會被壓床，鬼魂進而姦淫陽人，人在精氣神耗弱時，抑或時運不濟時，盡量不要單獨一人獨睡，應找個伴同眠，若是一人獨睡就是給一些色鬼機會，兩人以上同眠，鬼魂會稍微止步。

我們陽人之五臟六腑，藏有三魂七魄、十二元神、肝臟藏三魂、肺臟藏七魄。陽人一旦被鬼魂侵身纏上，第一先傷到肝臟，因肝臟藏三魂，鬼魂會引出活人的魂出遊。魂一旦出竅未回身附體，整個人會失神，而且整個人會恍惚又疲憊，雙眼會目不轉睛，看起來像一個癡呆的人。若是一時沒有醫癒，日久即會日不知食、夜不知眠，嚴重的話會生重病。所以常有被沖犯者有病似無病，無病似有病。常在就醫時，經醫生診查不出病因，常經醫師回覆給患者家屬，幾乎是三句話：憂鬱症、躁鬱症、人格分裂症。依作者的經驗，被鬼魂卡身的患者，其實就醫是難癒的。作者常跑一些大醫院，患者常是被醫師認定是精神疾病，將患者關起來住院檢查。其實也有一些醫師是通情理的，願讓家屬在外找道師參與。國內與國外醫院的規定類似相同，幾等親以內才准進病房探病，其餘不准。有時道師進病房也是很難的，須視醫師的通情達理，作者常碰到進不了醫院病房的困惑。

陽間的人懼怕鬼魂相纏卡身。陽人一旦被鬼魂卡到，即會整個人失去意志力，且精神會恍惚失神，也會產生幻想有人要禍害於我，且行為舉止怪裡怪氣。言語方面非整天怒爆漫罵即是沉悶不言不語，人身疲憊不堪。精神發作時力大無比。常有危險動作，砸壞家中的物品不勝枚舉。犯者精神發作時，三個正常人仍是無能控制一個病犯。最危險動作是鬼魂陰邪會操弄犯者，去跳樓抑或跳懸崖，越危險處越是鬼魂最喜愛玩弄生命的地方。若是犯者沒有跳死，人被救回來，等到神智清醒後的反應是，有人在耳邊催促指引，神智不清渺渺茫茫的跟隨鬼魂引路。相對的陰邪鬼魂也會懼怕陽間的人。陰邪鬼魂一旦在陽間惡作操弄陽人時，一般常人是會生怪病，到醫院就診吃藥打針仍很難病癒的。通常冥界鬼魂與陽間生人是很類似的。人會獨行，鬼魂會單飄出靈。人心險惡會欺侮善良，鬼魂含冤或凶悍會傷及陽人精氣神耗弱之人。

哪種地方最適合靈界鬼魂隱居活動：家居燈光昏暗、環境髒亂不堪、空屋廢時無人居住、原地早前是墳地陰地日久不知，將新屋建在原地。這幾種均是適合鬼魂出沒。燈光昏暗常是經濟不寬裕為主因。環境髒亂常是人貪懶為主因。新屋建在墳地不知為主因。陽人常在這種情況下招來鬼魂纏身：荒郊野外出遊隨時隨地亂灑尿及糞便，最為嚴重也最容易被鬼魂纏上惹禍上身，尤以年輕無知的青男少女，到郊區野外出遊就地打野戰性交，就很容易被色鬼纏上。山區森林樹蔭下、山區涵洞常是鬼魂修練修行處，陽人若有不知侵犯到鬼魂的地盤，擾亂了鬼魂的安寧，絕對不出幾天必生怪病，全身冒冷發熱怪病即來，重者必精神異常，行動舉止怪異胡言亂語。凡越森陰處所越是鬼魂的聖地，相對是陽人的禁地，例墓園墳地夜總會。以現今社會習俗，若是年輕早殞墓碑上均會擺貼一張照片，一般人若是看年輕貌美、英俊瀟灑，都會口不擇言的說：那麼年輕就死真是可憐！這是對亡者的禁語。只要你一說出，鬼魂即會跟隨你回去，只要被亡魂跟隨祂即會愛上你。陽人用行走，鬼魂用飄的，怎樣你都跑不掉甩不開。常有陽人鐵齒不畏懼鬼神，任何陽人膽量再大也躲不過鬼神的相纏。鬼魂是無孔不入，鬼魂會在陽人身體虛弱時，趁虛而入。作者長期與鬼談判所經驗出來，鬼魂陰邪專挑貧窮人家，經濟富有人家祂挑不到，因經濟富有人家吃好精神飽滿，鬼魂不易親近。一般人工作勞累身心容易疲憊，身心不健康精神虛弱，最易被鬼魂侵入肉體。通常膽敢與鬼魂作對，大都是有法術之道家，凡人敢與鬼魂作對下場都是很慘。鬼魂要傷陽人是不用講理由的，陽人講法律，鬼講戒律，鬼魂是不理智的。鬼魂需要陽人的尊敬，不需要陽人的可憐同情。一般人常說八字輕才會容易被鬼上身，其實不然。靈界鬼魂比陽間黑道大哥還霸道，只要陽人有貪念，常見常聽風月場所上班的女塵，為貪念錢財，不惜花一筆金錢請道家，做五鬼搬運法，養小鬼謀取不當財物聚大財。風花月女一旦貪念取財，幾乎沒有一位好下場。五鬼搬運法伺候不周，反被五方五鬼將原有錢財搬走，落個人才兩空。商人做五鬼搬運法，上班族喜歡養小鬼，鬼會讓你急速賺進大把鈔票，也會讓你人亡財空，更能讓你落魄掉進深淵谷底。陽人不得把鬼當成傻瓜，你要利用祂賺大錢，相對鬼也會向陽人乞食財物。一旦你準備的供品不周，抑或工作忙忘掉準時祭拜，被反噬時，整個人會精神錯亂，工作商業一敗塗地沒有翻身的餘地，尤以風花女郎為最。利用養小鬼來謎茫酒客，酒客黃湯下肚再有小鬼的引導，會將女郎當西施買終點費出外場，女郎常見為賺夜渡資在外過夜，無暇或忘掉伺候小鬼，鬼反噬時人命及財物必消失人間。小鬼是永遠吃不飽的也是貪多無厭的，常有酒客被小鬼報復的案例。小鬼一旦愛上女主人，不容男人侵犯女主人的肉體，因小鬼多為婦女流產的嬰兒，經不道德之有心人，取來浸泡化學藥水再烘乾不易腐化，經過催符念咒法事程序形成小鬼。為何不去用成人做小鬼，因成人的三魂七魄已定不好控住，嬰孩魂魄未定較好控住，也較好差遣，成人難唆使差遣。

陽人出遠方旅遊，最忌畏住進有人自殺過的房間。若是該旅店有陽人自殺，鬼魂必會留戀不走。陽人因不知而住進該房間，常是到天亮時向朋友訴說，昨晚睡覺時被鬼壓床全身動彈不得。陽人出遠方人生地不熟，若碰到陰天或雨天盡不到郊區遊玩、爬山涉水。陰天黃昏是鬼魂出沒頻率最高的時間，鬼魂遇到風雨交加時，天上雷公會有雷火閃電打雷，陰邪鬼魔與陽人相同會懼畏雷雨，尋找遮風避雨處所。陽人若因不知而與鬼魂相聚同一處所，相爭同一地盤會引起鬼魂不滿，被卡身相纏的機率很高。陽人若是當運精氣神耗弱卡身機率更高，一般人常說是八字比較輕才會被鬼魂纏身，其實不是。鬼魂常是趁虛而入，一旦被侵入肉體鬼魂是吸取陽人的陽氣而生存，又有常人說信宮廟神明、信耶穌、信基督教，鬼魂就不敢相侵卡身。依作者長期經驗而且服務過的客人諸多，常見信神明信耶穌基督教的人被鬼魂卡身。依作者經驗鬼魂不忌畏神明，鬼魂最懼畏的是：符令、手指訣、咒語。以道家的慣例是，一符二咒三訣，同時合用鬼魂會昏昏沉沉。有如陽人生病似的。鬼魂不需要陽人的同情，祂需要陽人的尊敬。你不犯祂，祂不侵你，鬼魂不成人形只是如雲霧而已，陽人常因憧影心生恐懼而生病。陽人有三魂七魄十二元神，若因憧影心生恐懼過度魂飛，會失魂而使精神異常。陽人一旦失神必不知眠不知食，日久必會一病不起。凡遇到鬼魂卡身就醫難癒，問神明輕的尚可恢復原神，重的仍是難解，鬼魂卡身最可行的是找懂鬼魂的道家。

幽靈長年為冥府陰間孤魂呻吟哀嚎在黃泉極矣
千冤萬劫濟濟沉冥飄流在荒郊野外哀怨難消苦
顯形現影雨夜風淒悲寒沉魂滯魄深含哀怨之慘

作者曾三次夢遊地府

作者自踏入靈界一途，鮮有外人能知，且又有外人與客人常常在追問。一般常人只要談到靈異對鬼魂人人懼怕，均面容失色，無人不驚，無人不懼。即使悍婦抑或道上流氓，情緒發作個個都很凶悍，只要談到鬼魂或遇到鬼魂，幾乎都變成縮頭烏龜。其實陰鬼與陽人生活習俗均很類似，陽間與地府之差別在哪？作者曾有三次在睡夢中夜遊地府，今利用出版本書機會提供夜遊地府，供讀者共享。第一次在民國99年5月時，夜遊下地府所見情景。行走到一處鄉下地方，同樣有山、有田、有路有屋、有人。在產業道路行走時，道路是泥土成路，巧遇下雨滿路泥爛。望到山上樹林，樹木不茂盛有點枯萎。再看稻田稻穗不結實有點枯黃，在那鄉下的屋子約全是蓋瓦片的舊平方，只有一層房不稱樓，也有草茅屋。在黃昏時見到一對老夫婦，會面行過不與人打招呼。怪的是兩夫婦都彎腰駝背，且身高均是很矮，我回頭向兩位老夫婦問路，該兩位老夫婦都搖手不回話。全鄉下人煙稀少，在我印象中那種情景之落伍，還不如陽間五十年前，鄉下的景象。在夢遊地府陰間也有動物，雞、鴨、鳥，雖家禽家畜都有但不結群，所見到家禽動物量都是很稀少。走～走～走到一家草茅屋時見到一位村姑尚年輕貌美，身上所穿的衣服是古老式的穿著，且又破爛縫縫補補。當時見到那位村姑時，她滿臉驚恐。我就開口問：「請姑娘不要怕，我是路過好奇進到屋內來的，請問姑娘妳是單獨一人居住嗎？妳家尚有幾人共同與妳同住？」那位村姑遲疑一會兒才回話說，才很和善的說起：「我在世時被惡人欺辱整死的。」我就開口問妳是怎麼被欺辱整死？那位村姑淚流滿面的說。我就開口說妳可暫時擦乾眼淚不要傷心有話慢慢說嗎？村姑回說：「我年輕十八歲時住在一個鄉下，因家父母貧窮，去了一位富有人家當下女佣人，幫做家務事煮飯。在有一天被主人叫到他的睡房整理房內時，主人問我可做我第五位妻妾嗎？當時我的年齡與主人的年齡相差三十多歲，不肯接受他的請求。到了十多天後就被強暴，含憤的整天以淚洗面。顧主無情的把我趕出家門，當年當時是寒冷的冬天，被趕出家門後整整有七天沒飯吃，在飢寒交加的冬天被凍死。」聽到這裡我就開口問那位村姑：「當時在鄉下做下女佣人，以年齡來計算妳應該很老了？怎麼看起來還這麼的年輕貌美。」該村姑就回說：「我是化身在與你們陽間的人講話。以年齡來說我在世十八年，往生已一百多年了。」聽到這裡我就安慰那村姑：「妳孤獨的住在這草茅生活的還好嗎？要不要我獻一些紙錢給妳做平常的生活費用？」村姑很客氣的回說：「我只有一個人不須要什麼花費，謝謝。」在我要離開時開口問那村姑：「我要去哪裡坐車回家。」那村姑右手舉起比畫一下說：「從這條產道路走到橫向一條大馬路就有車可坐了。」在我走到大馬路時雖有車，但要等很久才有看到車經過，每看到有車搖手打招乎都沒人理會，等了很久都等不到車可坐，就慢慢行步到一處有人居住農村。所見的農村景象全是不規則不整齊的農家，舊矮瓦片的一戶一戶人家。道路全是用小石頭鋪路，且高低不平，水溝彎曲淺濁流水。見到一位阿伯問說：「阿伯我要回去要坐什麼車？」阿伯只有會面而過沒有回應，且當時是晚上沒有什麼人可問，只見到每戶人家都是點著小燈光，屋內都很昏暗。只有一部一部的老舊公車經過，這全是夜遊地府過程，也是要回來回不來，過程怎麼找路怎麼問人，都無能回到陽間，等到夢醒時才知陽間地府兩隔。

第二次夜遊地府是101年的農曆七月。在夢遊地府時，所見到的情景是陰間的鬼魂。飄在馬路上很多手腳殘缺的鬼魂，有的哀苦的向我訴說，被陽人所害經過。有的訴說發生車禍事故斷手斷腳。我就開口問那些結夥成群的鬼魂：「現在陽間農曆七月是祢們鬼魂的過年月，祢可回到陽間。陽人在農歷七月都會辦流水席，宴請祢們這些孤魂野鬼。我想祢們長年累月飢寒交加，趕快回到陽間吃個一餐飽，再領個財帛可當平時費用，之後我就到一個港口，見到的景象是海洋一片，有很多的帆船在海上飄流，看到很多的鬼魂坐在船上逍遙。看到一艘較大的船隻靠岸，且滿載孤魂野鬼，看起來都是外國的洋鬼。我就問祢們上岸要去哪裡？沒有鬼魂回話。我就嘆說原來陰間的鬼魂都很無情。後來駕駛那位船長也上岸，就跟我說滿船全是洋鬼聽不懂台灣話。我與船長會話後，就再轉到荒野郊區，見到很多孤苦無依靠的鬼魂哀嚎，看似飢餓長久情景堪憐，才知陰間冤魂諸多須要陽間有善心的人士來幫忙，遇逢年過節多獻些祭拜供品與紙錢。我與這些哀嚎遍野的鬼魂碰面過後，經過山林旁道順路要回家，可是怎麼找都找不到路回家。等到夢醒隨時起來，才知道原是夢睡中夜遊地府到陰間見鬼魂。

第三次夢睡中夜遊地府。看到一群鬼魂聚集在一起，看到我時，整群鬼即衝到我面前，很凶悍的對我罵說：「你騷擾我們的安寧，侵佔到我們的地盤。」一聽到這些無理漫罵的鬼魂，實在是很驚恐魂魄不穩，雙手發抖的回應那些凶悍鬼魂說：「請祢們冷靜聽我表明意思，我是奉神旨意，來陰間探視祢們，看到祢們過著如此寒酸的日子，甚表同情。等我回去會利用機會獻化一些紙錢財帛，給祢們陰間鬼魂享納。」一話講完，隨又到一處山涯洞時，看到有很多鬼魂在修練，那些鬼魂心懷敵意，很不友善的罵說我侵犯到祂們的安寧，要我趕快離開該涯洞修練處。若不離開即要採取報復，此時我轉頭要離開，可是雜草欉生，找不到出路離開很心慌。在這個時候出現了一團雲霧，把我整個人有如龍捲風將我捲起在半空中雲飛到一條山邊的大馬路上。人站在路旁每看到車子經過即攔手要坐車，可是車子一部一部的過，沒人要停車。等了很久都回不來頓時即在睡夢中醒了過來。

陽人被陰鬼纏身時，神智不清披頭散髮模樣。鬼魂低頭哭泣，訴說魂魄飄流在陰間，日夜受風雨交加淒寒呻吟哀嚎之慘狀。

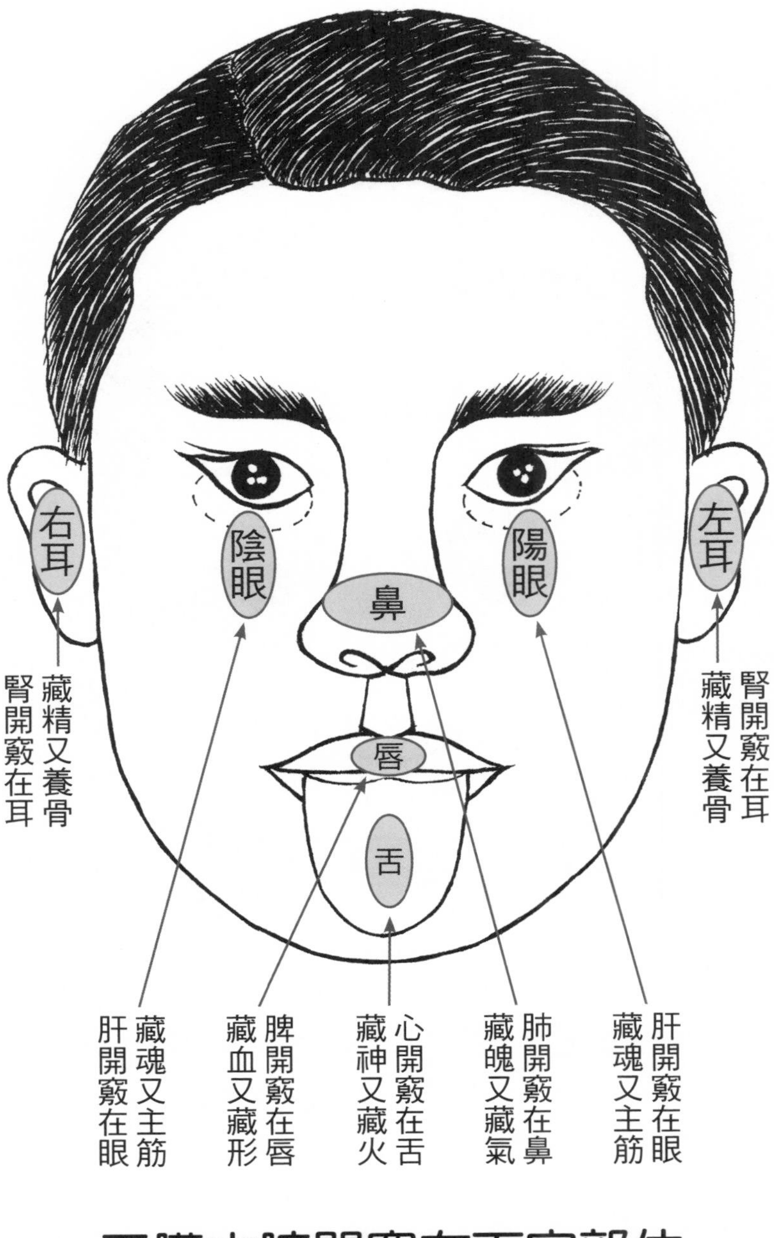

五臟六腑開竅在面宮部位

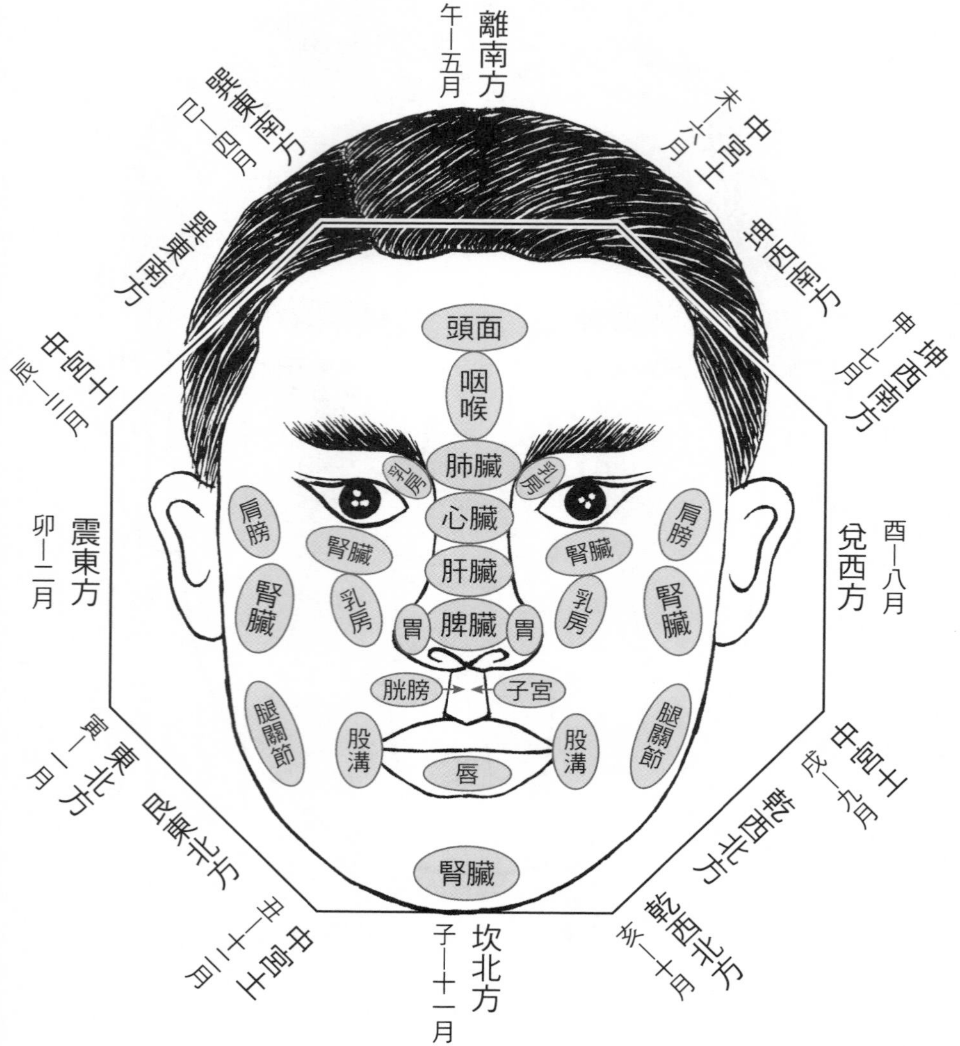

面宮五臟六腑反應區方向聯屬圖

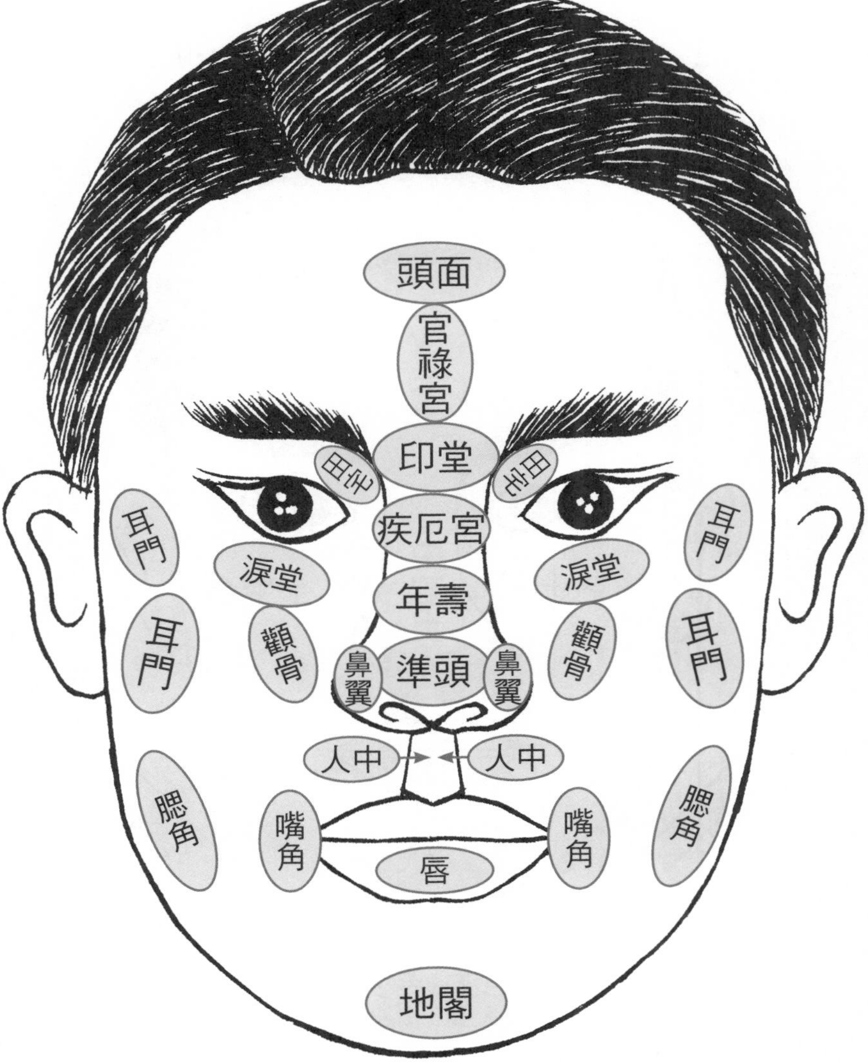
頭面
官祿宮
印堂
田宅
田宅
疾厄宮
耳門
耳門
淚堂
淚堂
年壽
耳門
耳門
顴骨
顴骨
鼻翼
準頭
鼻翼
人中
人中
腮角
嘴角
嘴角
腮角
唇
地閣

面宮部位表面名稱

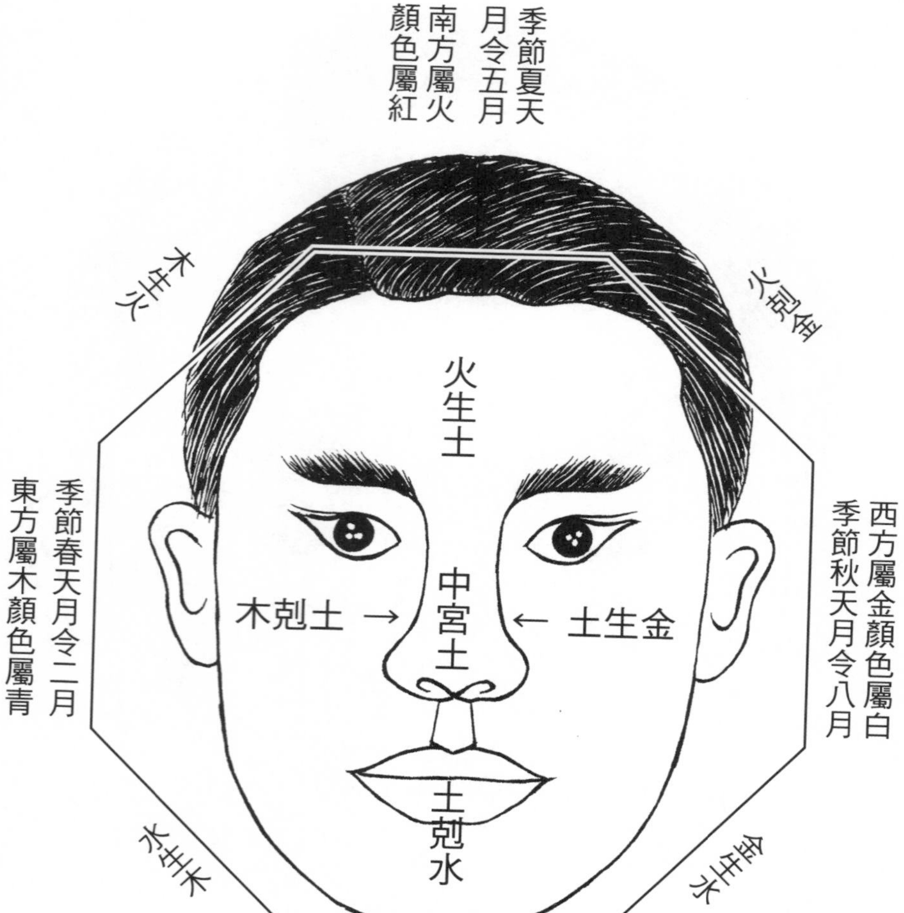

面宮五行相生相剋聯屬圖

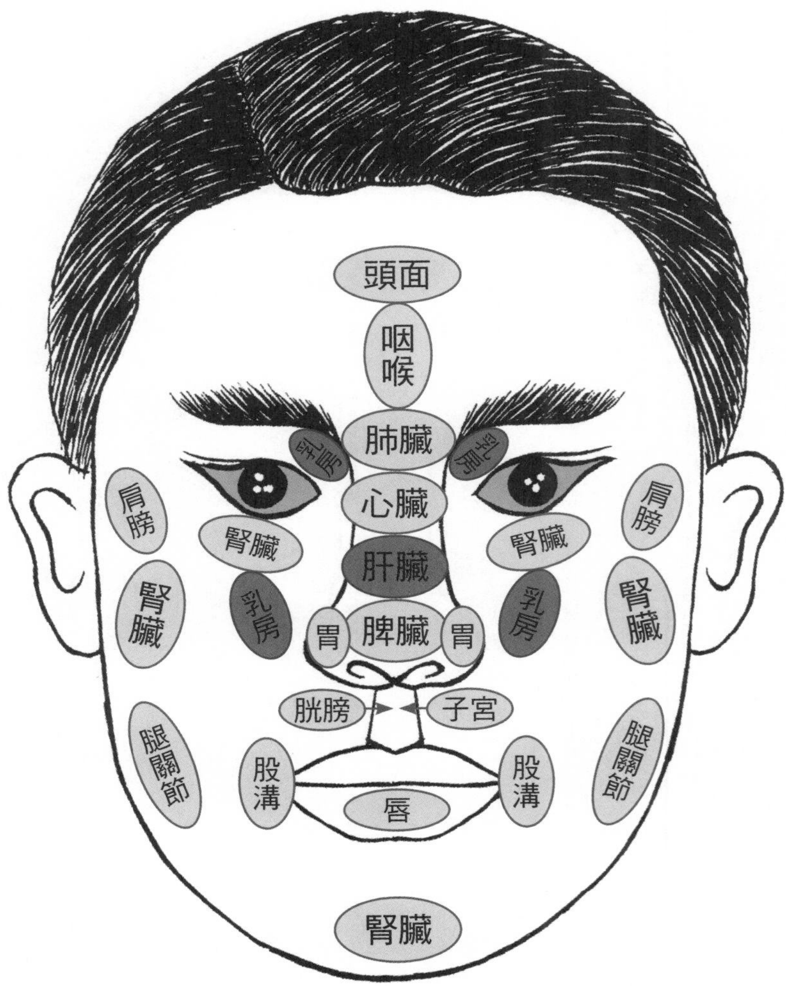

面宮五臟六腑反應區

肝臟副膽反應主宰人體：眼睛、筋脈、乳頭、肚臍、生殖器官、女性癸水。人體三魂，反應區產生色變、顯青氣、反灰黯、串青筋、非自然體病，即是卡陰邪靈異纏身所引發之色變。

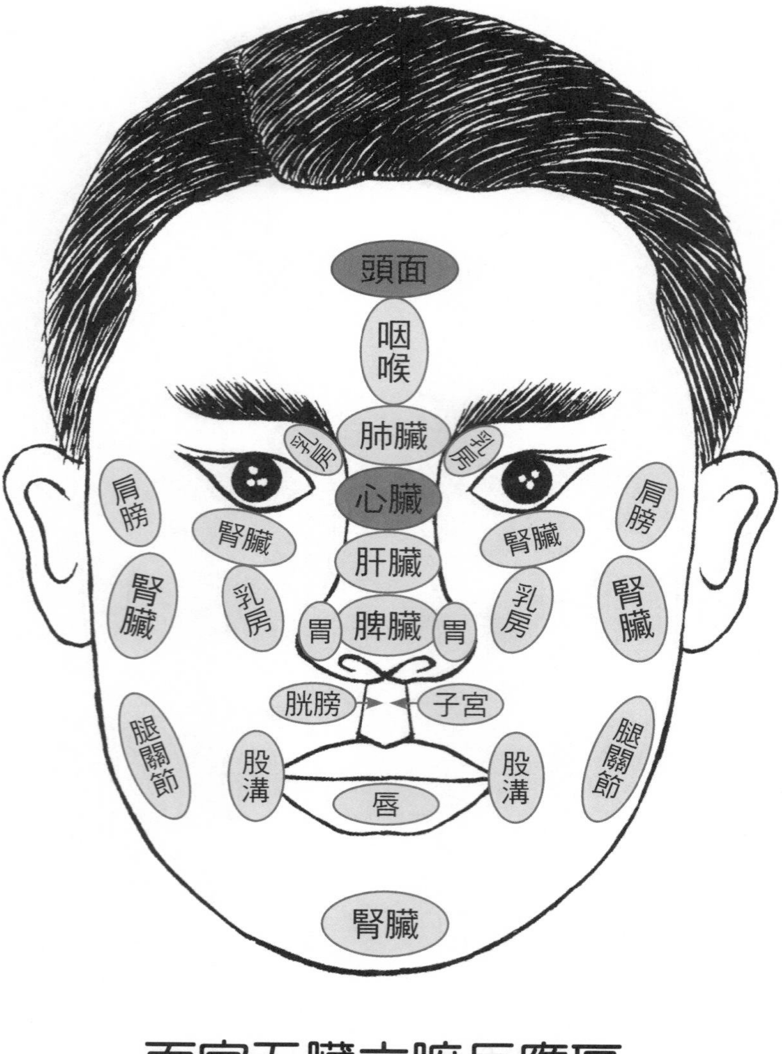

面宮五臟六腑反應區

心臟副小腸反應主宰人體：神、腦、舌、心火、體溫、反應區產生色變，顯青氣、反灰黯、串青筋。非自然體病，即是卡陰邪靈異纏身所引發之色變。

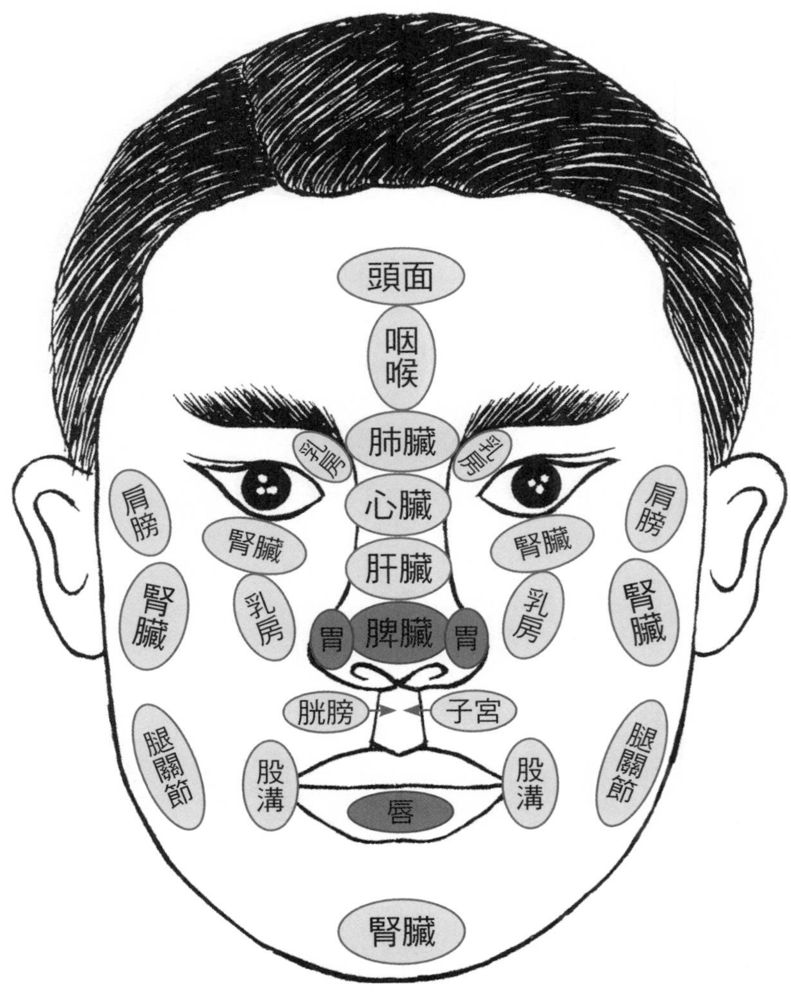

面宮五臟六腑反應區

脾臟副胃反應主宰人體：血源、唇、形、汗水、體肉、四肢肌肉。反應區產生色變、顯青氣、反灰黯、串青筋。非自然體病，即是卡陰邪靈異纏身所引發之色變。

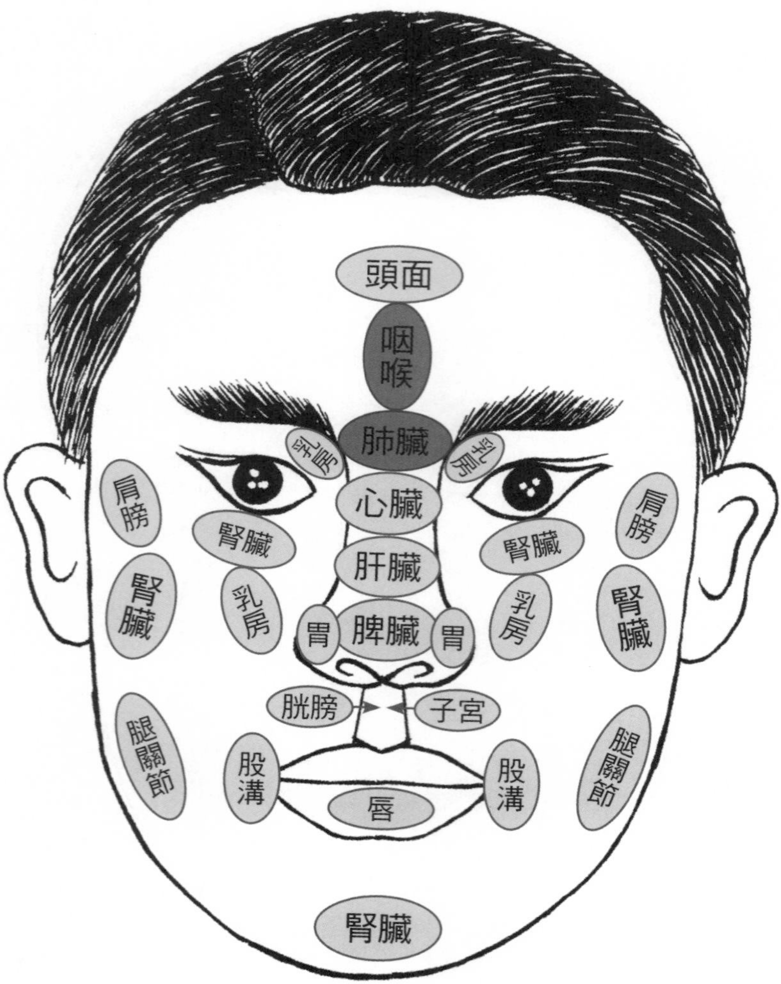

面宮五臟六腑反應區

肺臟副大腸反應主宰人體：鼻、氣、喉嚨、呼吸、涎、人體七魄。反應區產生色變、顯青氣、反灰黯、串青筋。非自然體病，即是卡陰邪靈異纏身所引發之色變。

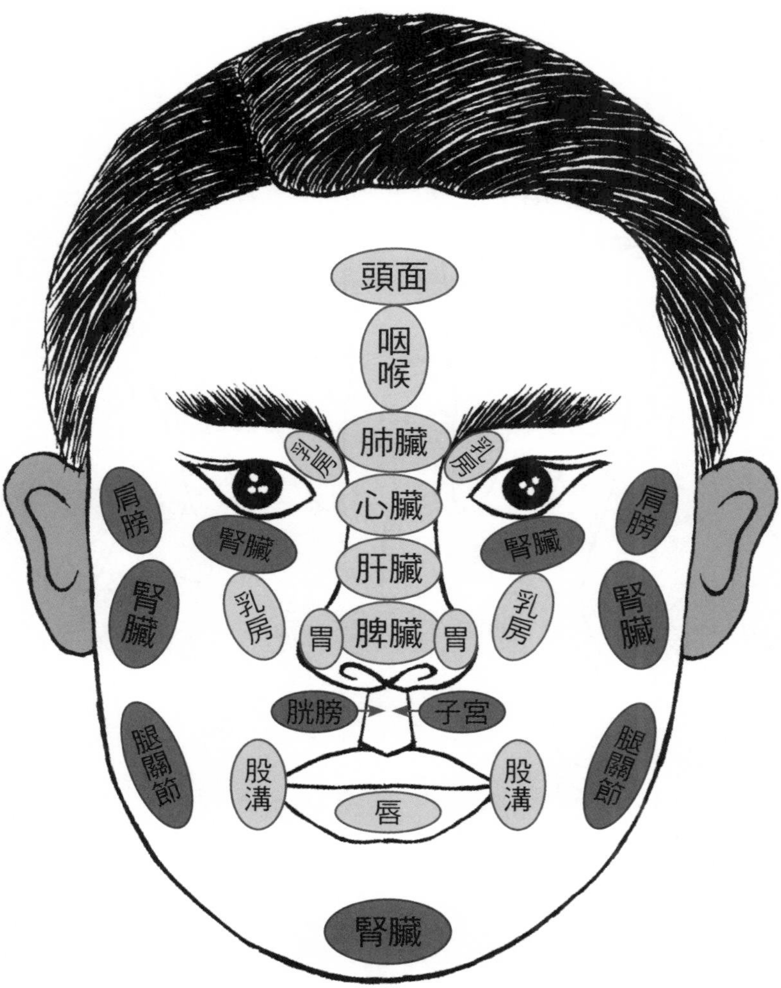

面宮五臟六腑反應區

腎臟副膀胱反應人體：耳、腰、骨、齒、頭髮、體毛、精髓、精液。反應區產生色變、顯青氣、反灰黯、串青筋。非自然體病，即是卡陰邪靈異纏身所引發之色變。

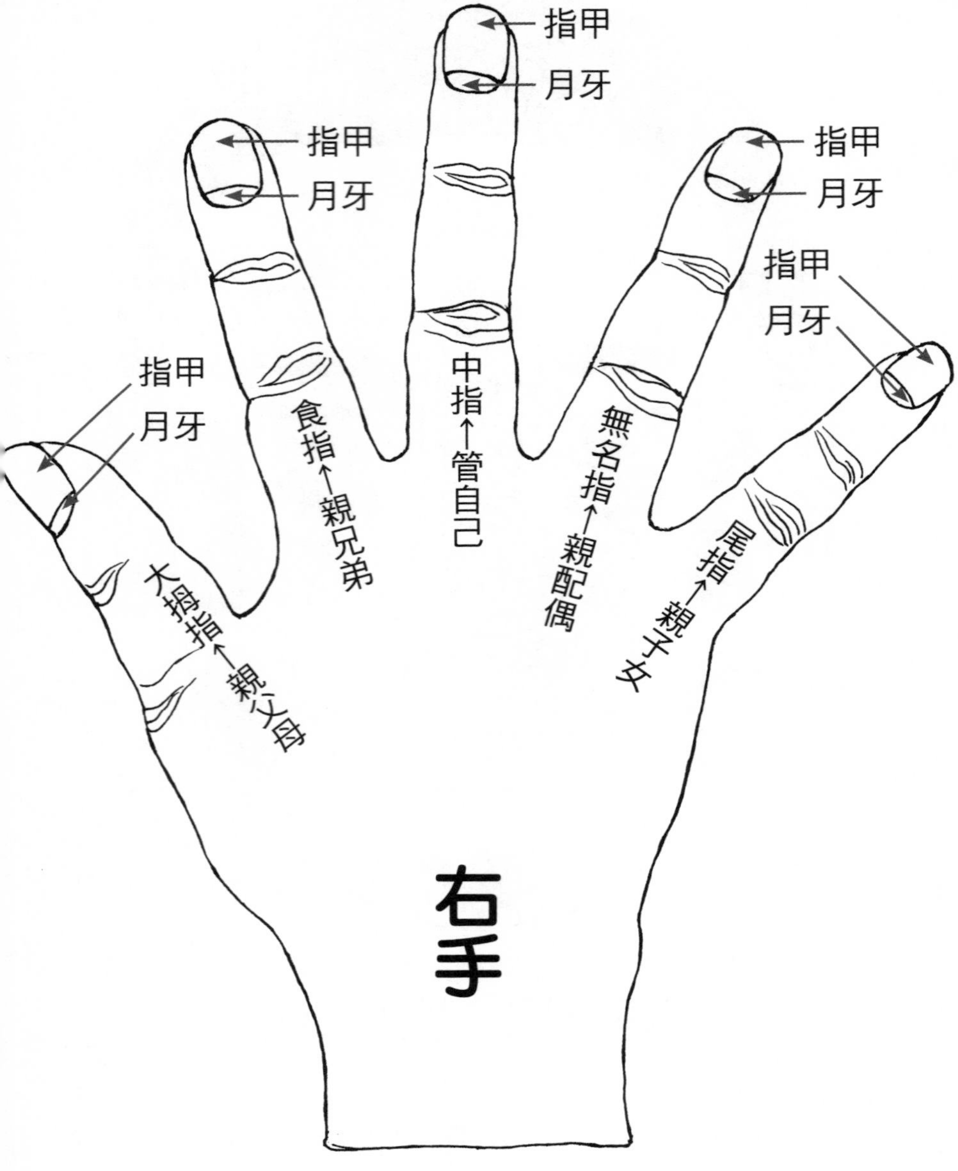
指甲
月牙
指甲
月牙
指甲
月牙
指甲
月牙
指甲
月牙
大拇指←親父母
食指←親兄弟
中指←管自己
無名指←親配偶
尾指←親子女
右手

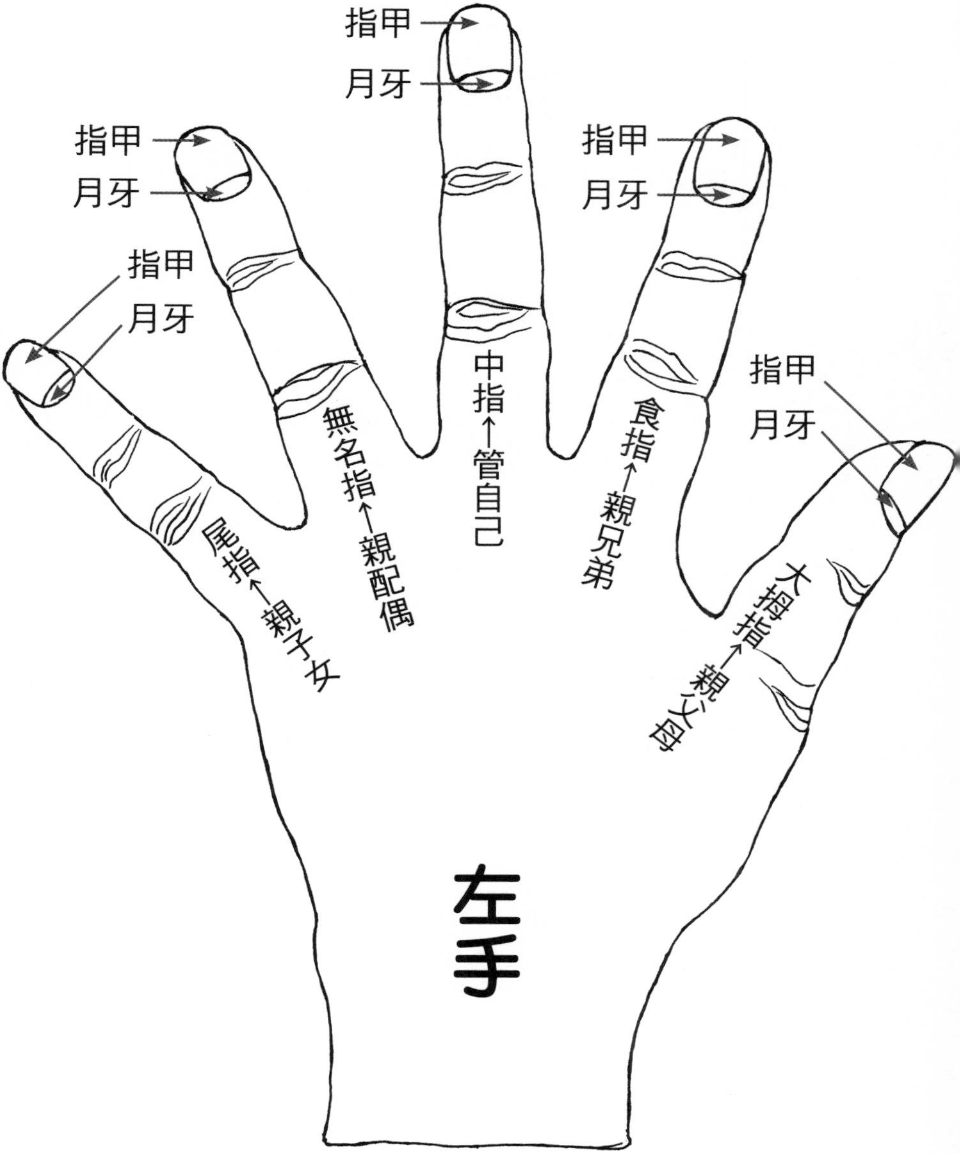
指甲
月牙
指甲
月牙
指甲
月牙
指甲
月牙
指甲
月牙
中指←管自己
無名指←親配偶
尾指←親子女
食指←親兄弟
大拇指←親父母
左手

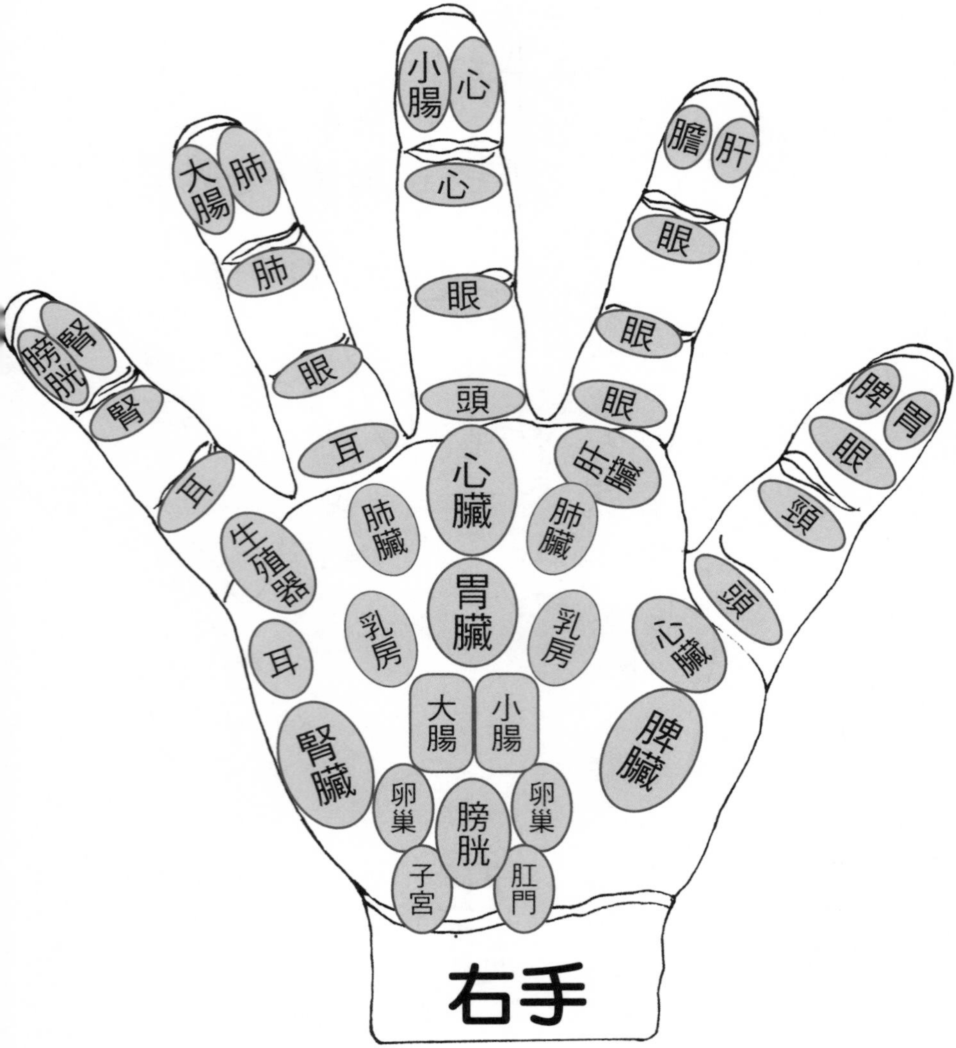
腎
膀胱
腎
耳
大腸
肺
肺
眼
耳
小腸
心
心
眼
頭
膽
肝
眼
眼
眼
脾
胃
眼
頭
頭
生殖器
耳
腎臟
肺臟
心臟
肝臟
肺臟
胃臟
乳房
乳房
心臟
大腸
小腸
脾臟
卵巢
膀胱
卵巢
子宮
肛門
右手

右手心五臟六腑反應區

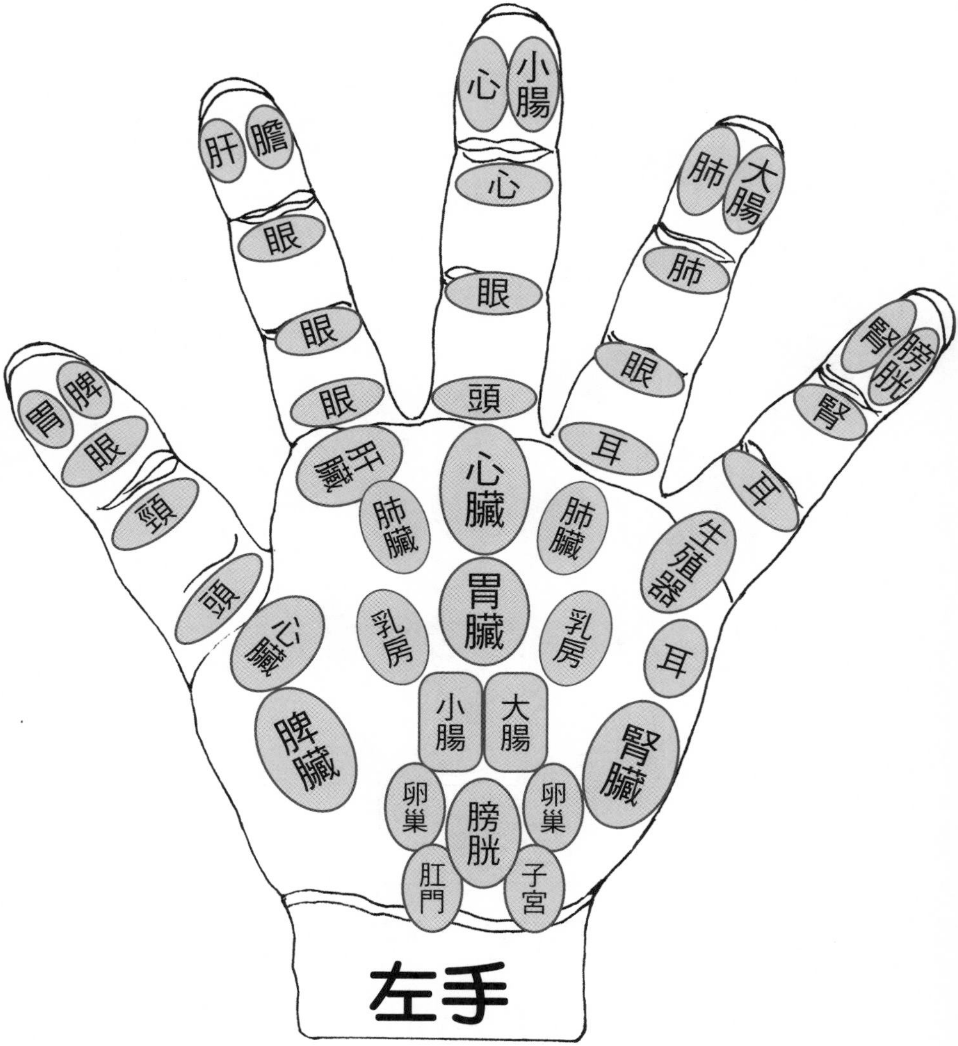
心
小腸
肝
膽
心
肺
大腸
眼
肺
眼
眼
腎
膀胱
胃
脾
眼
眼
頭
腎
耳
肝臟
心臟
耳
頭
肺臟
肺臟
生殖器
頭
胃臟
乳房
乳房
心臟
耳
小腸
大腸
脾臟
腎臟
卵巢
膀胱
卵巢
肛門
子宮
左手

左手心五臟六腑反應區

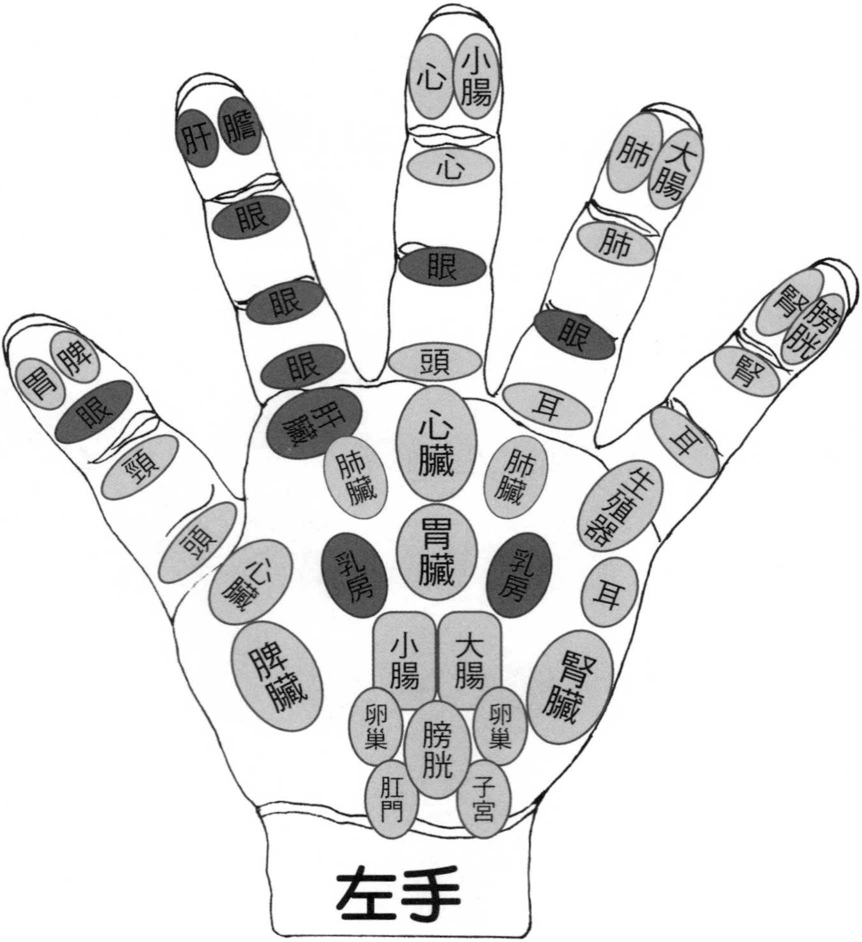

左手心五臟六腑反應區

肝臟副膽反應主宰人體：手心反射之色變，串青筋、反灰黯、反青氣，多為身體自然體病。被靈界鬼魂纏身時間拖長，仍會色變引病，左右手相同論。

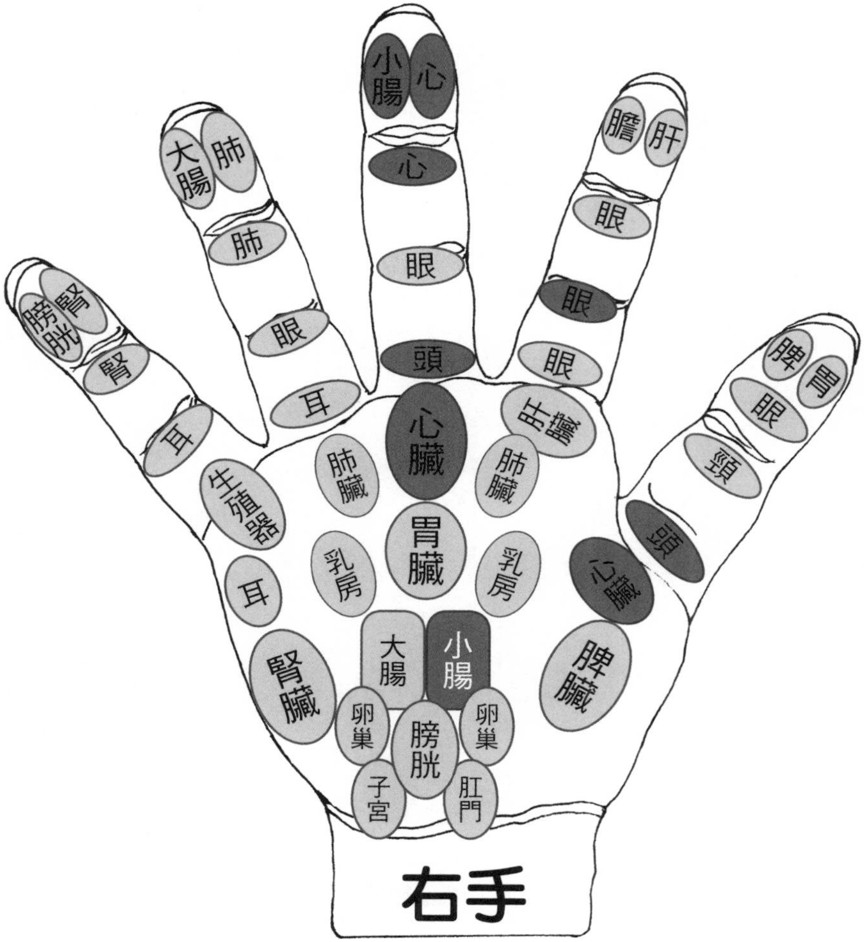

右手心五臟六腑反應區

心臟副小腸反應主宰人體：手心反射之色變，串青筋、反灰黯、反青氣，多為身體自然體病。被靈界鬼魂纏身時間拖長，仍會色變引病，左右手相同論。

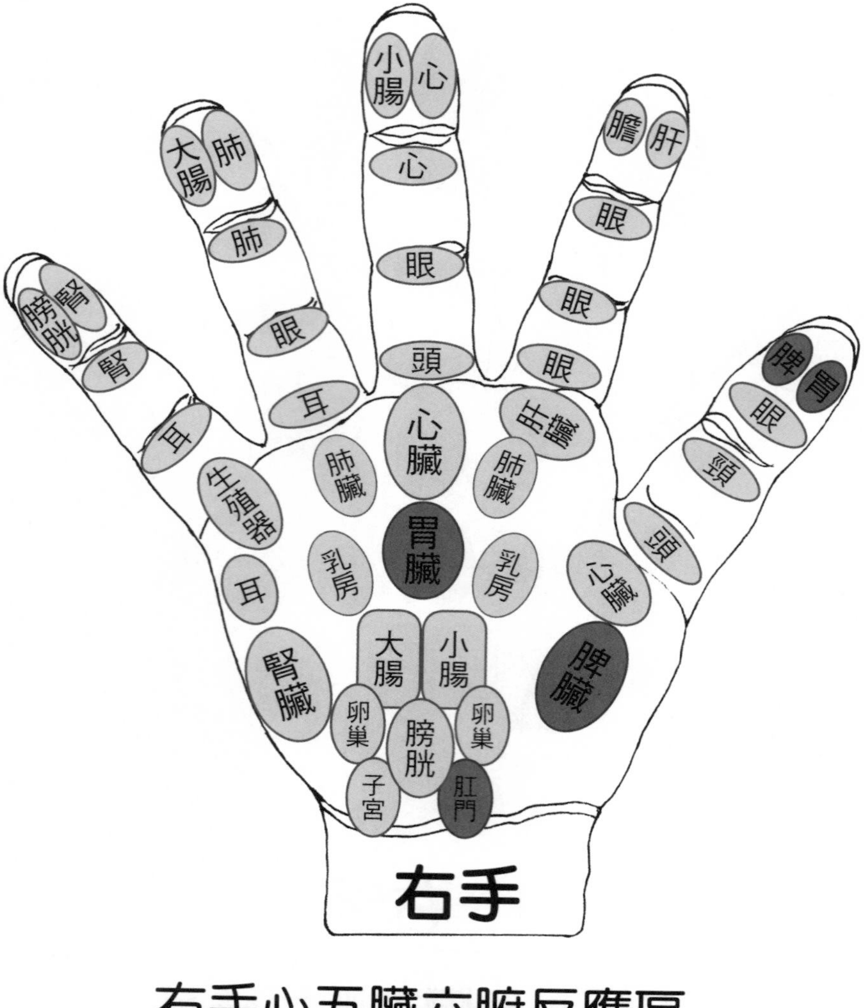

右手心五臟六腑反應區

脾臟副胃反應主宰人體：手心反射之色變，串青筋、反灰黯、反青氣，多為身體自然體病。被靈界鬼魂纏身時間拖長，仍會色變引病。左右手相同論。

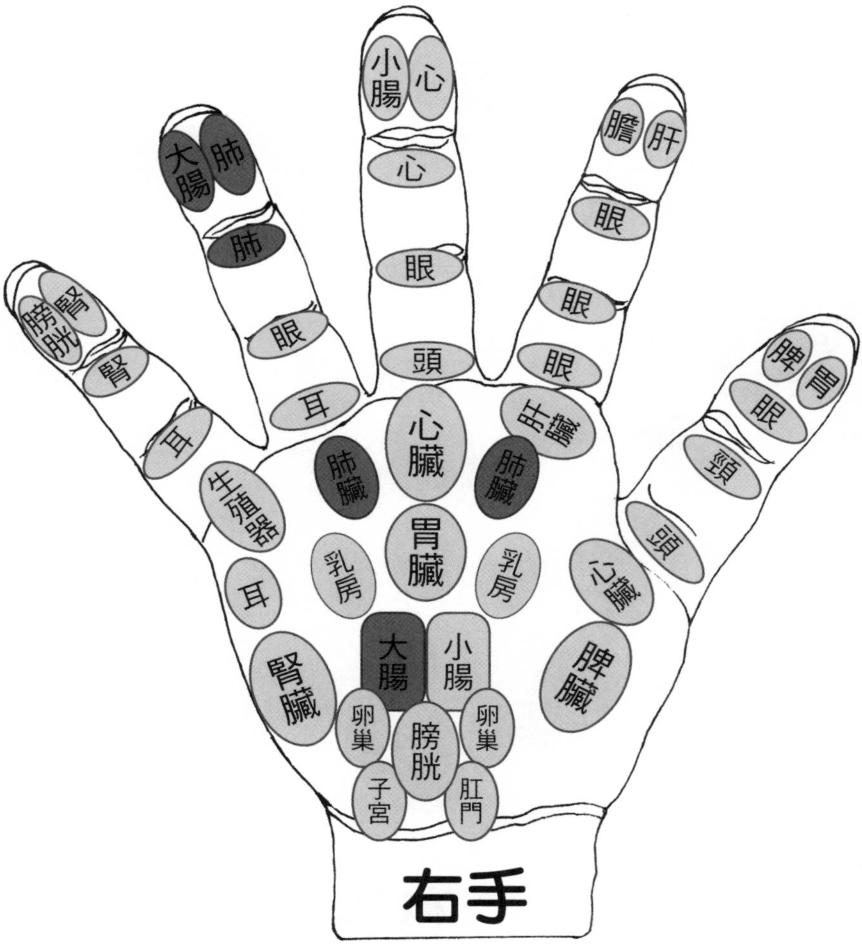

右手心五臟六腑反應區

肺臟副大腸反應主宰人體：手心反射之色變，串青筋、反灰黯、反青氣，多為身體自然體病。被靈界鬼魂纏身時間拖長，仍會色變引病。左右手相同論。

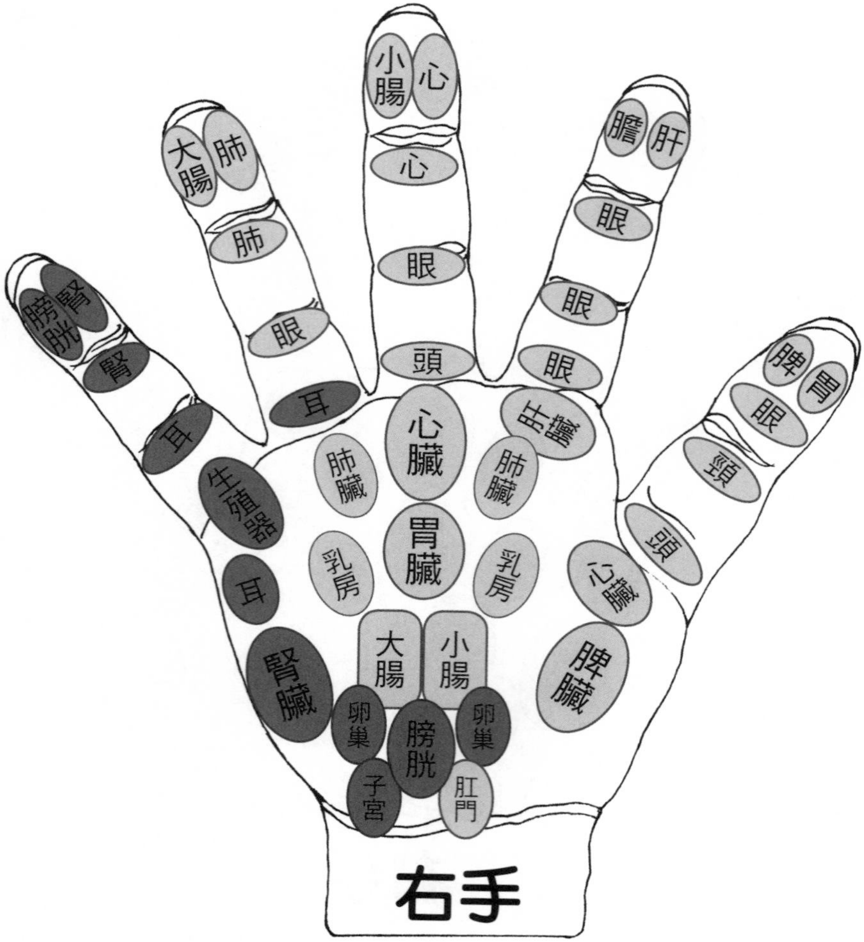

右手心五臟六腑反應區

腎臟副膀胱反應主宰人體：手心反射之色變，串青筋，反灰黯，反青氣，多為身體自然體病。被靈界鬼魂纏身時間拖長，仍會色變引病。左右手相同論。

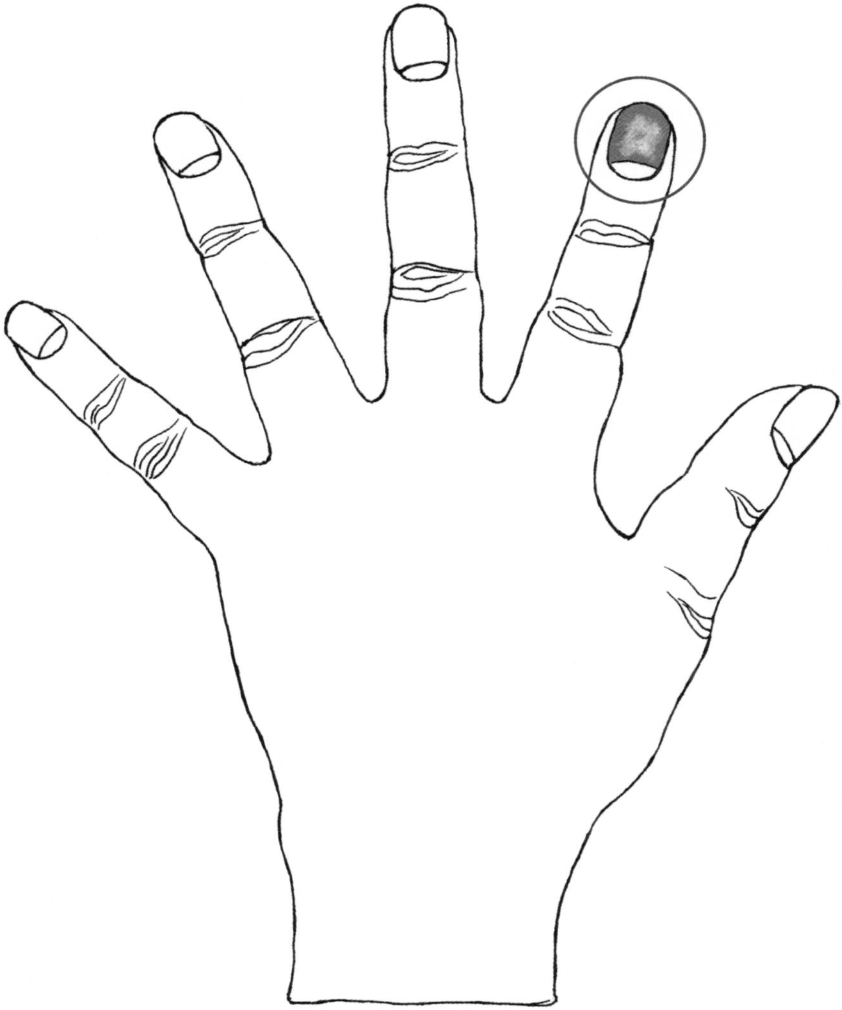

左右手食指之指甲面，顯現灰黑混枯白色，醫學界定肝功能病變在晚期。左右手相同論。常有因靈異纏身引發病變，所引發色變。

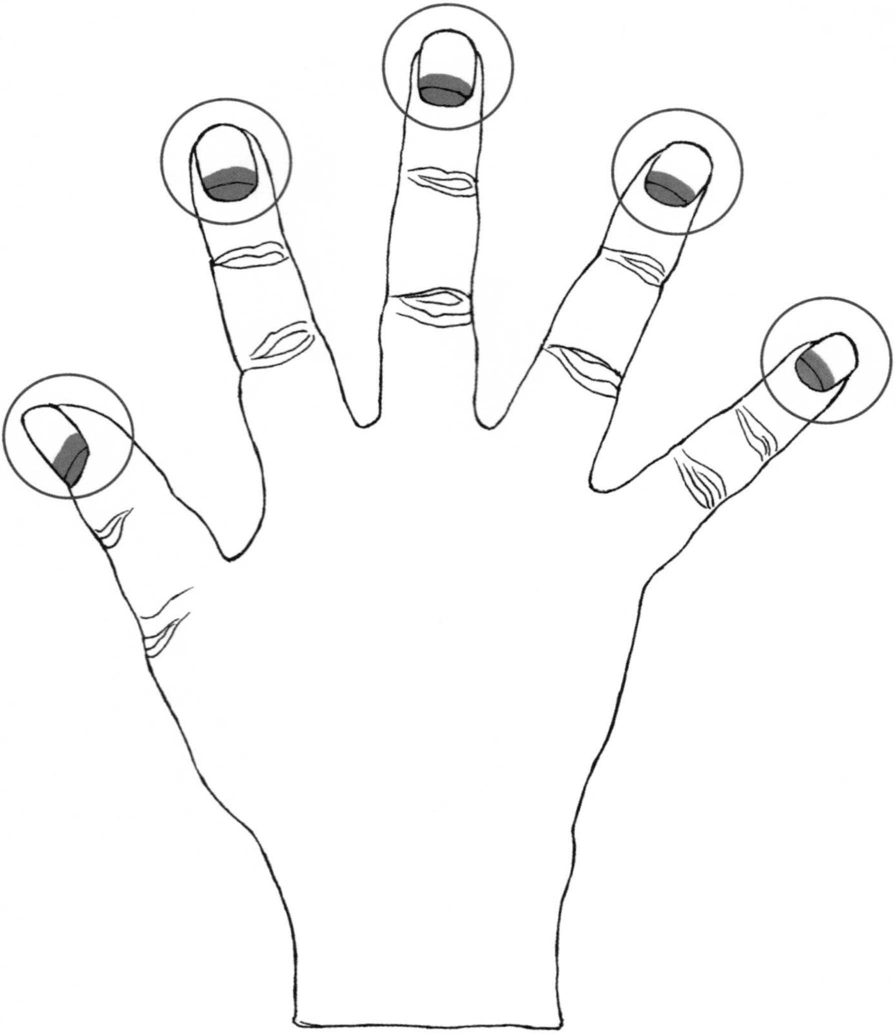

左右十指之甲面，月牙過大超甲面三分之一大，醫學界定高血壓。左右手相同論。常有因靈異纏身引發病變，所引發色變。

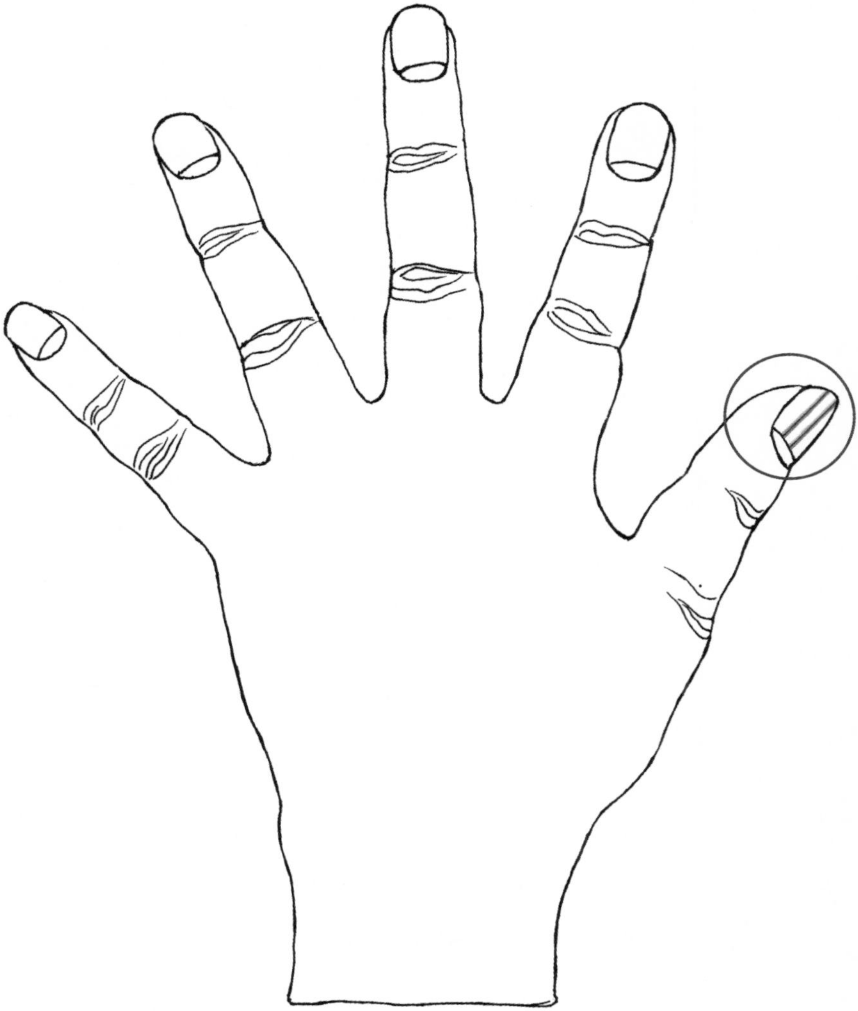

左右手大拇指之甲面，浮凸線條狀且灰黑色，醫學界定高血壓。左右手相同論。常有因靈異纏身引發病變，所引發色變。

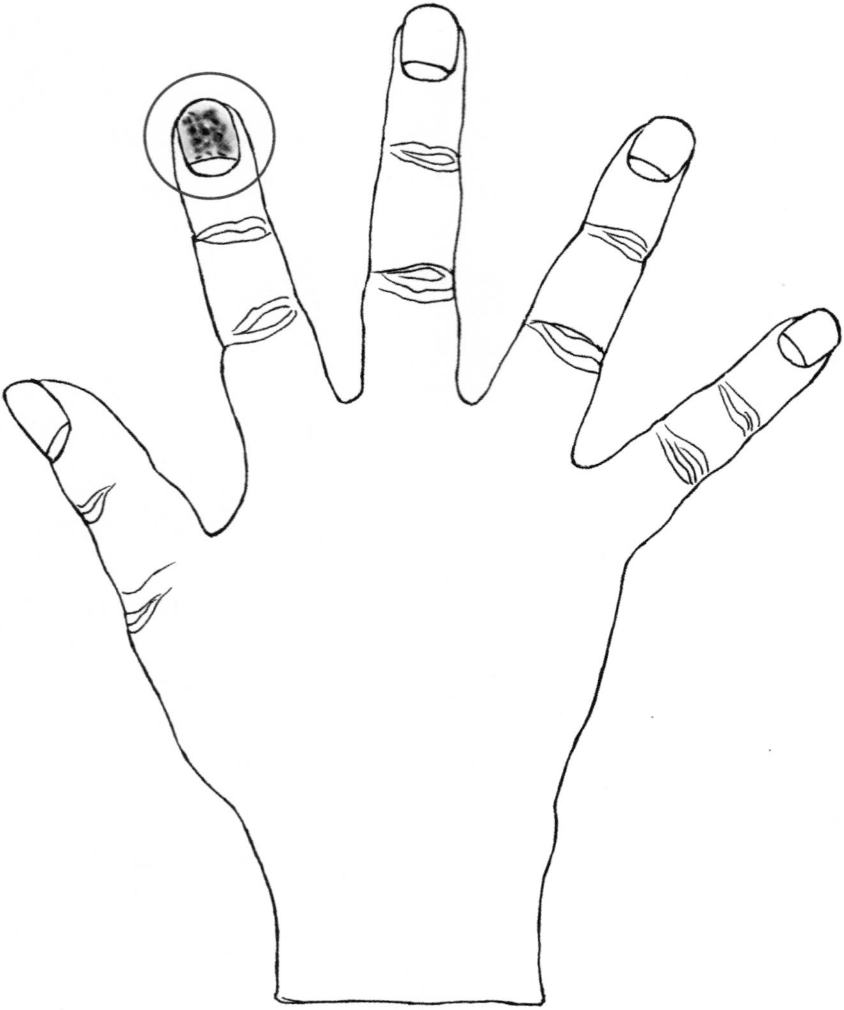

左右手食指之甲面，顯現烏雲斑點狀之灰黑色，醫學界定肝惡化病變。左右手相同論。常有因靈異纏身引發病變，所引發色變。

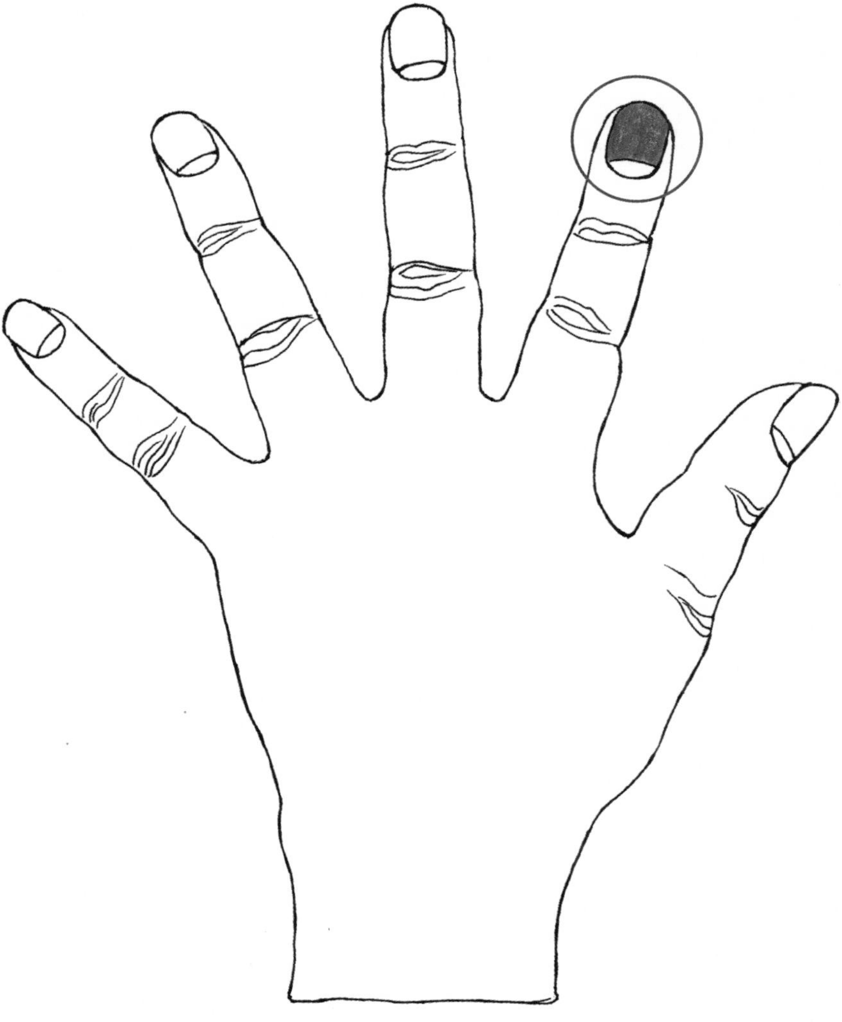

左右手食指之甲面，表面呈枯黃色，醫學界定肝臟有病變。左右手相同論。常有因靈異纏身引發病變，所引發色變。

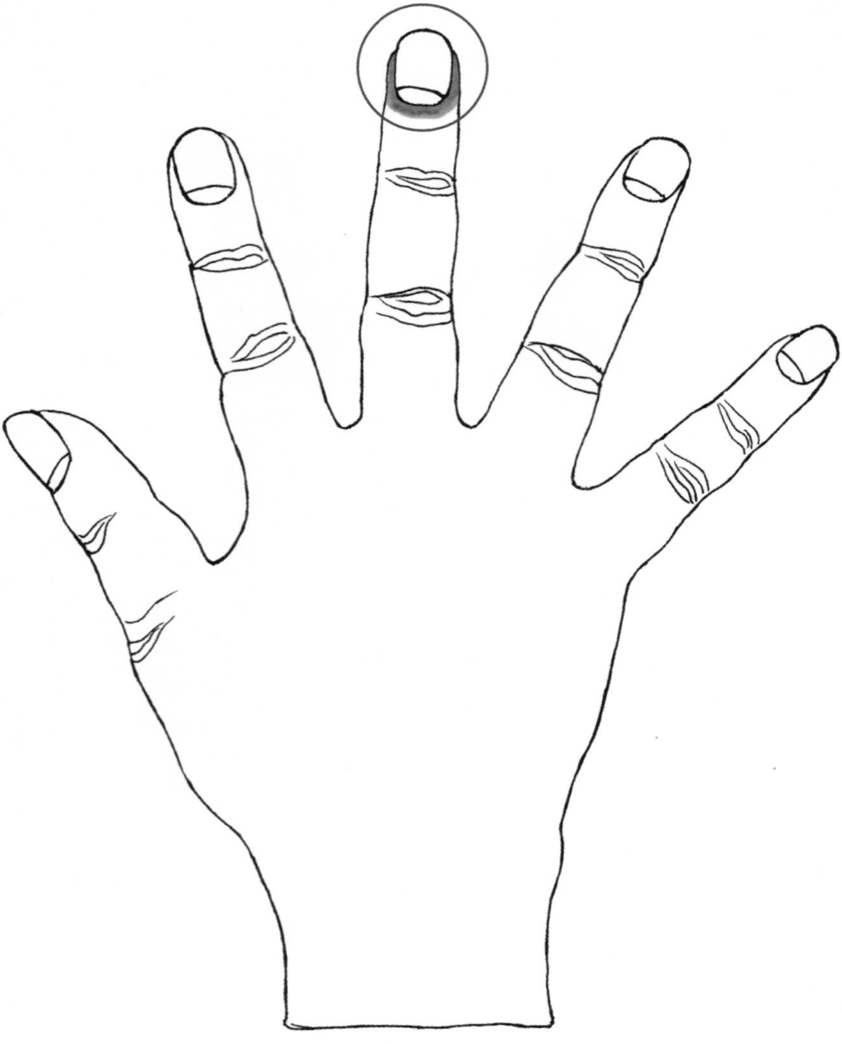

左右手中指之月牙邊牆，顯現灰黑色，咖啡色，醫學界定心臟神經系統病變。左右手相同論。常有因靈異纏身引發病變，所引發色變。

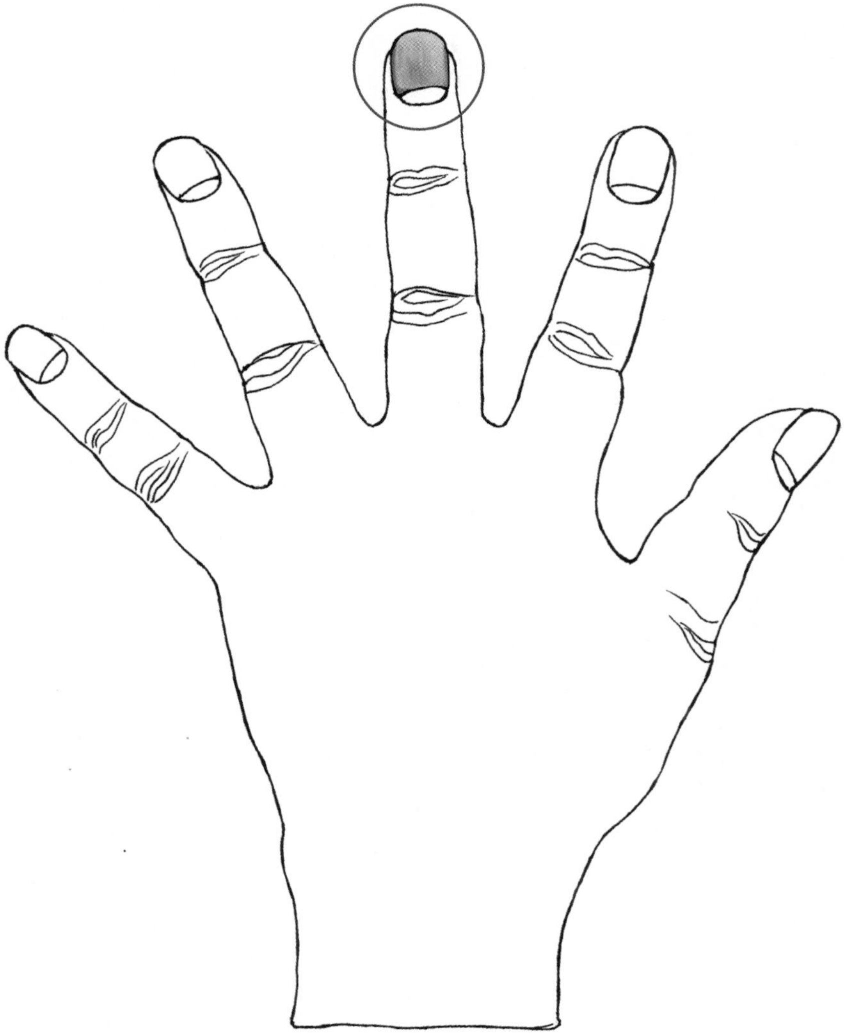

左右手中指之甲面，顯現灰黑色，青藍色，醫學界定心臟功能有病變。左右手相同論。常有因靈異纏身引發病變，所引發色變。

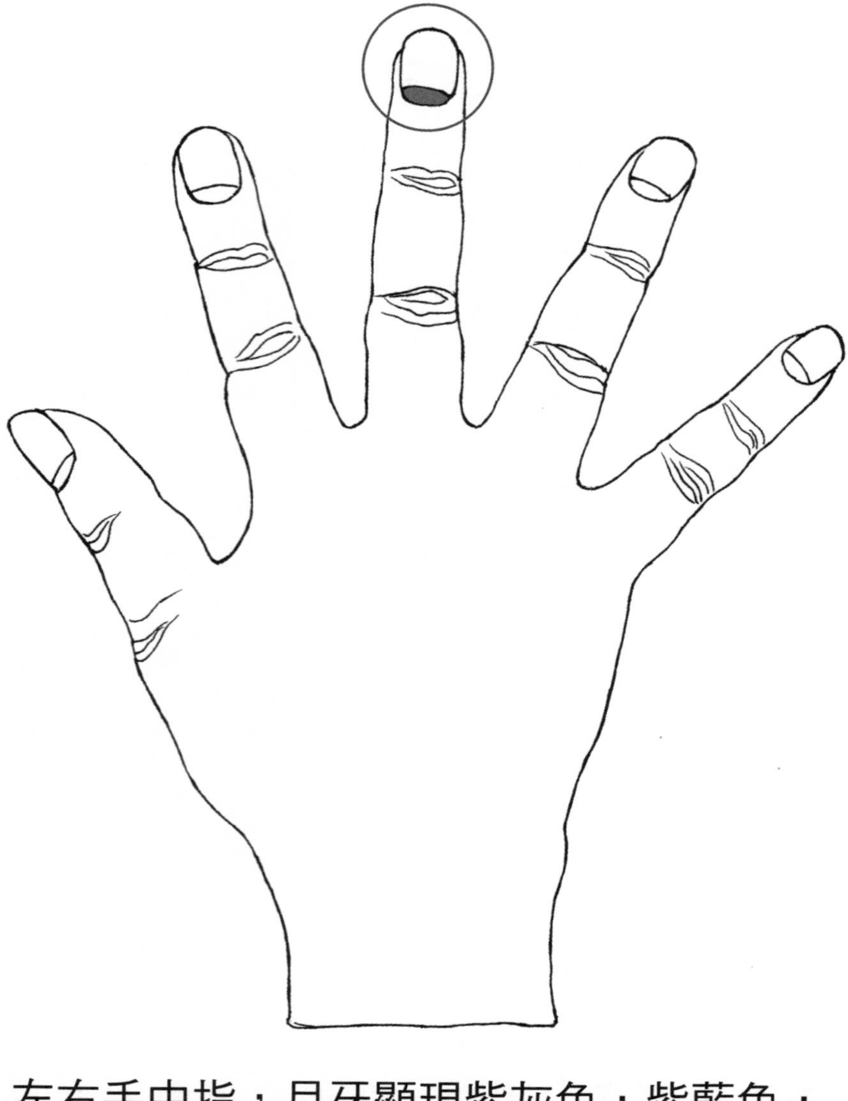

左右手中指，月牙顯現紫灰色，紫藍色，醫學界定心臟功能有障礙心律不整。左右手相同論。常有因靈異纏身引發病變，所引發色變。

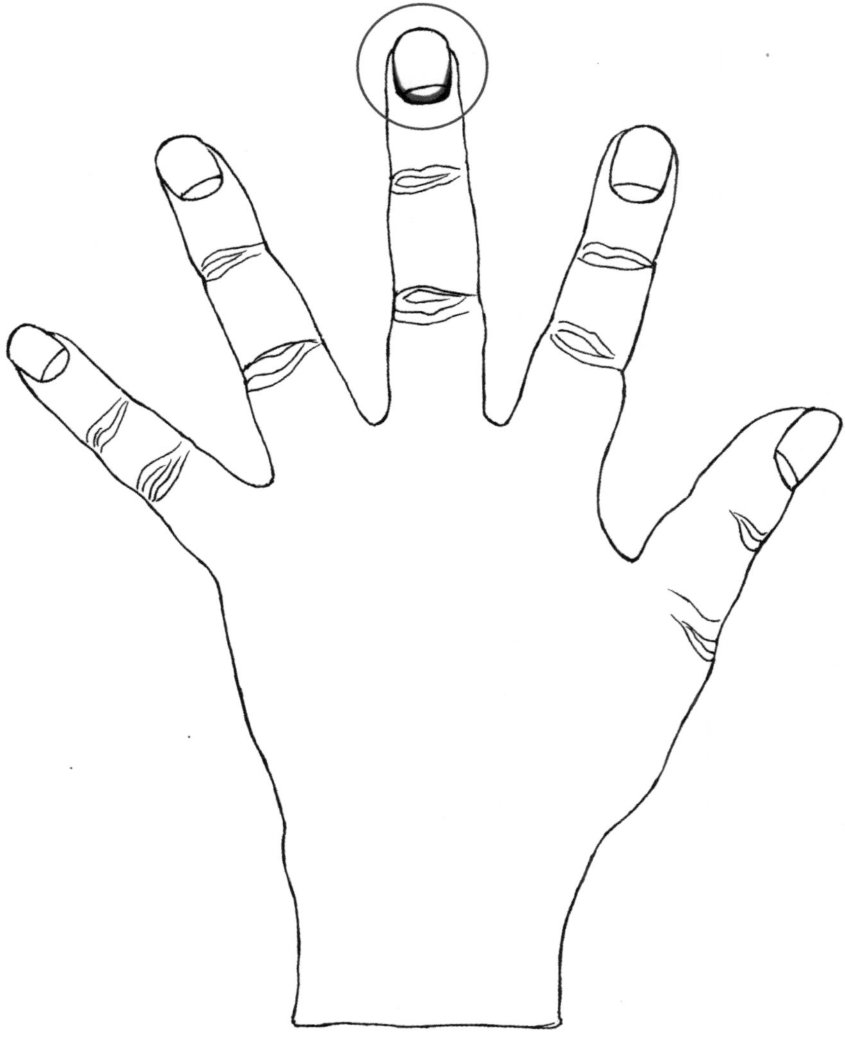

左右手中指，月牙後端甲牆顯現紅色似瘀血色，醫學界定心臟功能有障礙心律不整。左右手相同論。常有因靈異纏身引發病變，所引發色變。

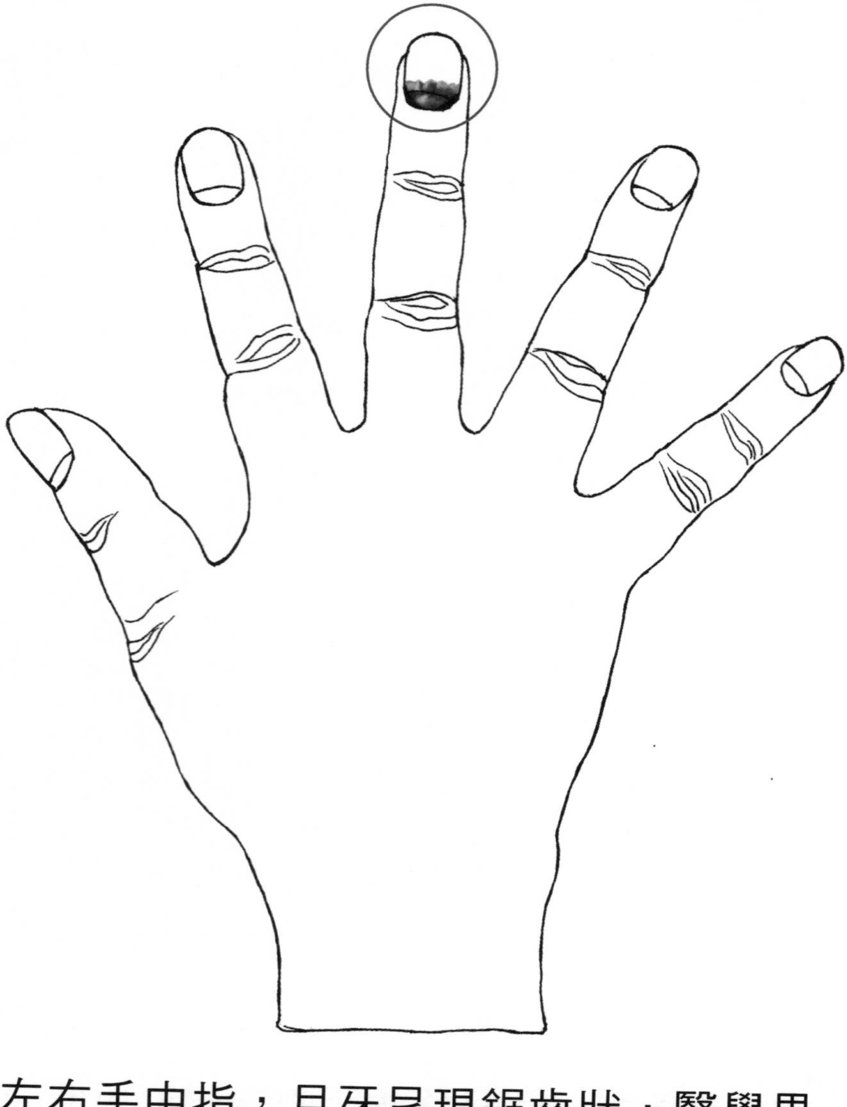

左右手中指，月牙呈現鋸齒狀，醫學界定，心律不整。左右手相同論。常有因靈異纏身引發病變，所引發色變。

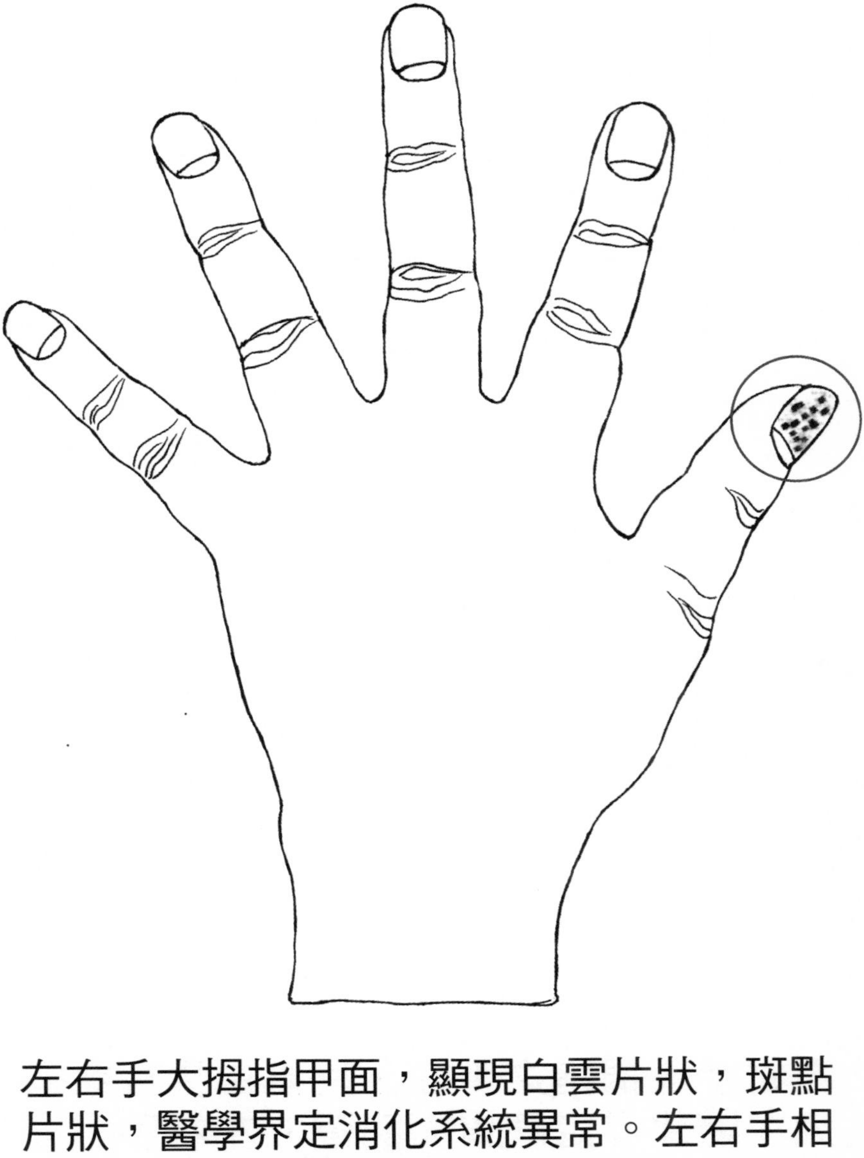

左右手大拇指甲面，顯現白雲片狀，斑點片狀，醫學界定消化系統異常。左右手相同論。常有因靈異纏身引發病變，所引發色變。

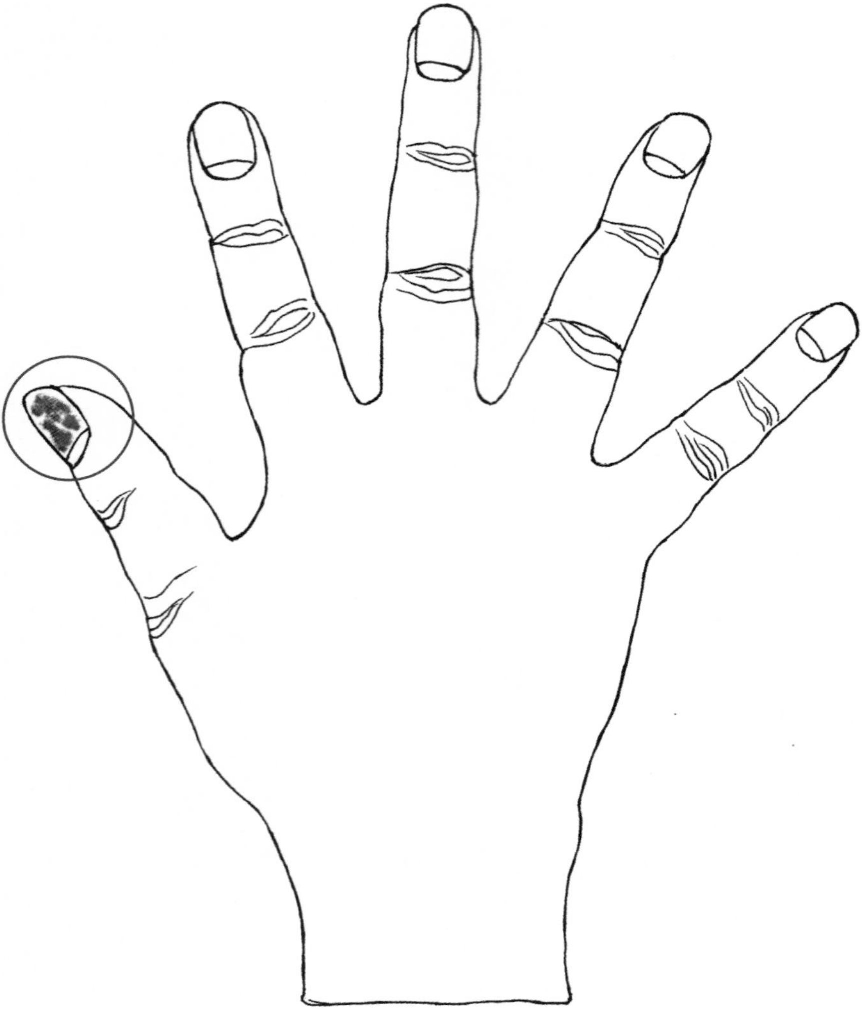

左右手大拇指之甲面，呈現白雲片狀過大，醫學界定脾胃臟病變。左右手相同論。常有因靈異纏身引發病變，所引發色變。

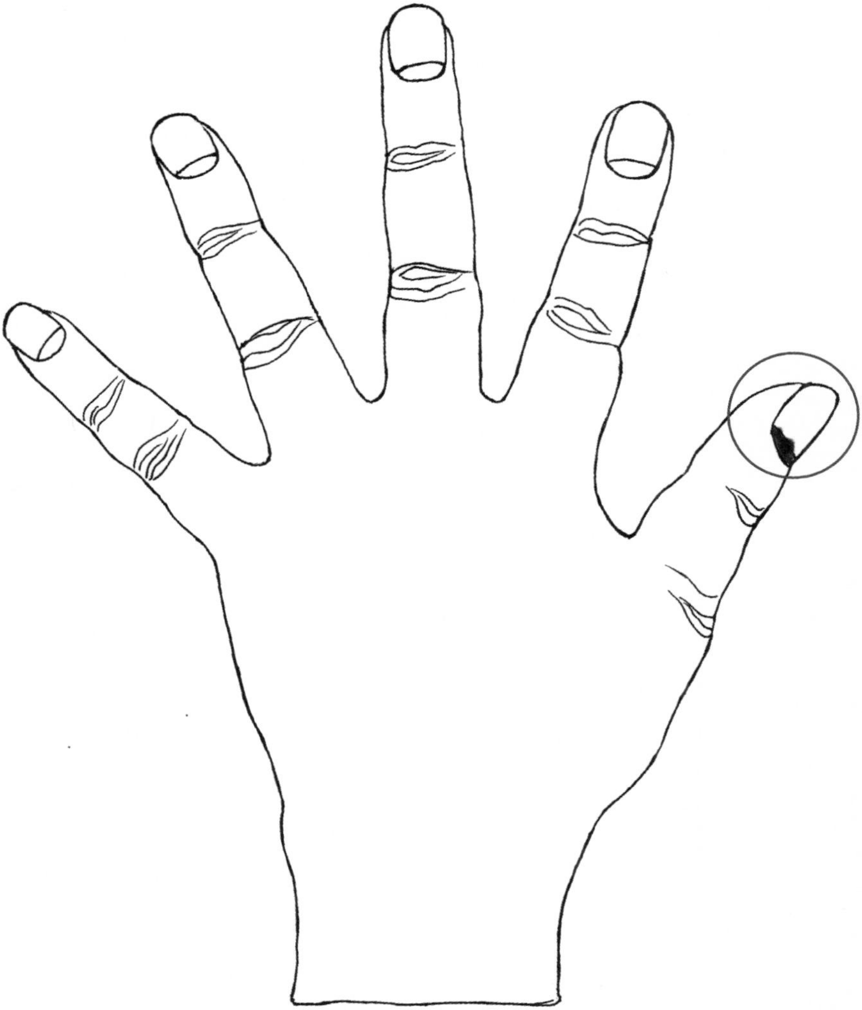

左右手大拇指，月牙呈現不規則狀，醫學界定脾胃臟病變。左右手相同論。常有因靈異纏身引發病變，所引發色變。

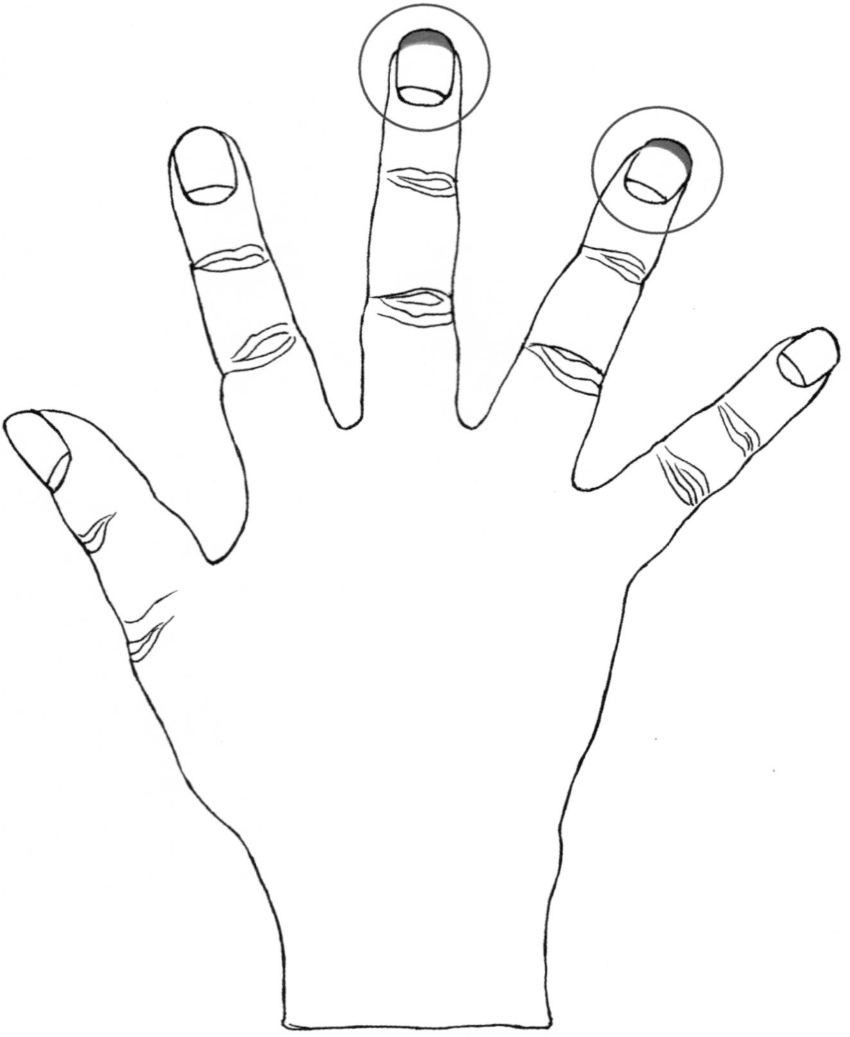

左右手中指及無名指，指甲之前端由甲肉透粗紅，醫學界定腸病腹瀉。左右手相同論。常有因靈異纏身引發病變，所引發色變。

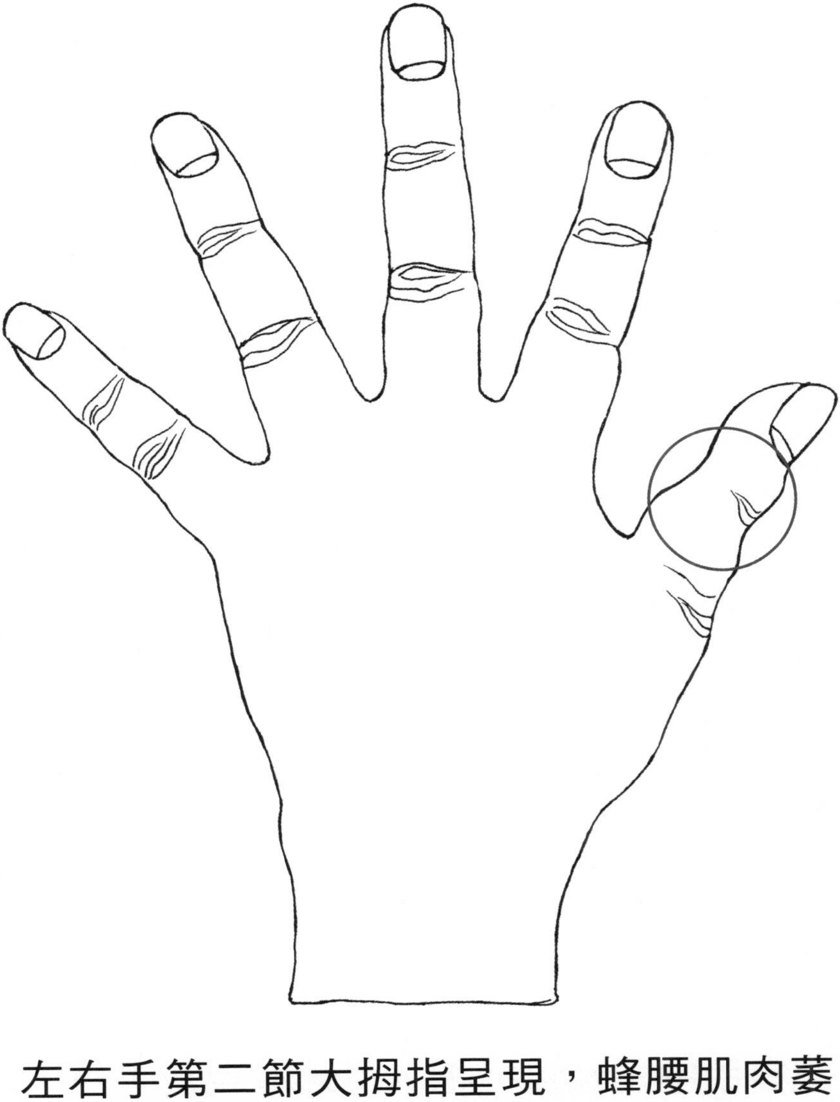

左右手第二節大拇指呈現，蜂腰肌肉萎縮，醫學界定精力疲憊。左右手相同論。常有因靈異纏身引發病變，所引發色變。

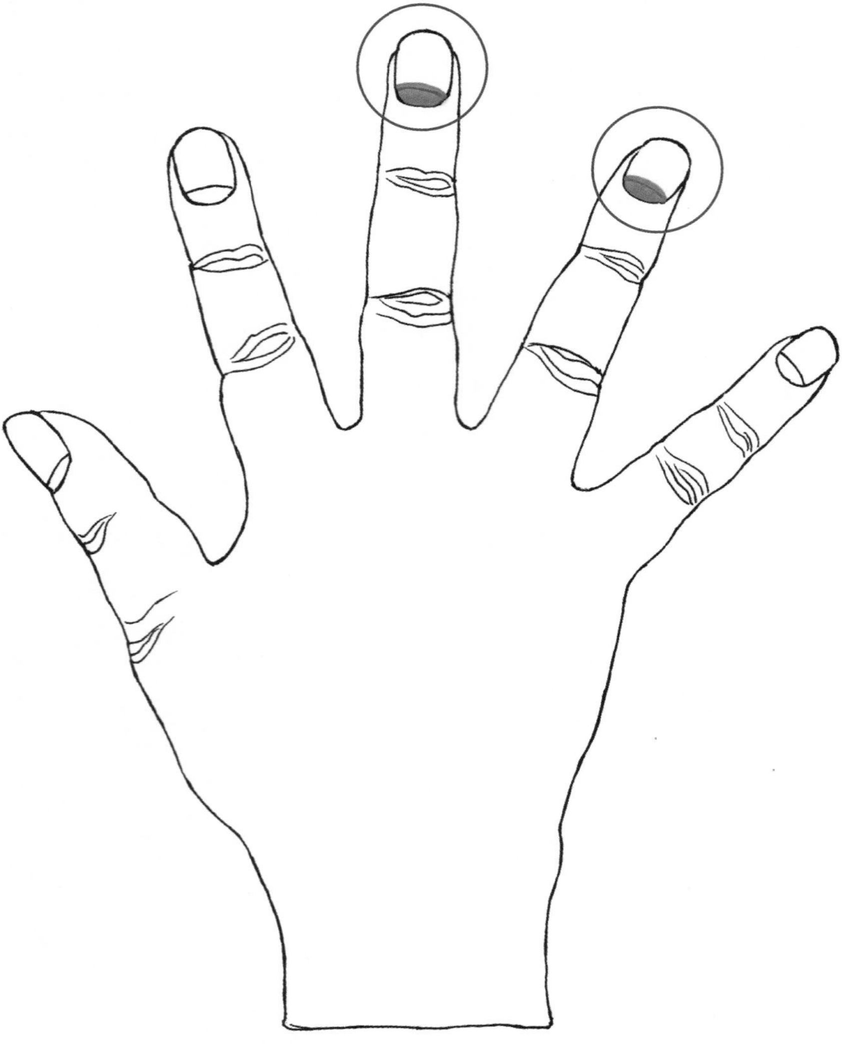

左右手中指及無名指，月牙顯現灰黑色，灰藍色過大，醫學界定有重症腹瀉及痢疾病變。左右手相同論。常有因靈異纏身引發病變，所引發色變。

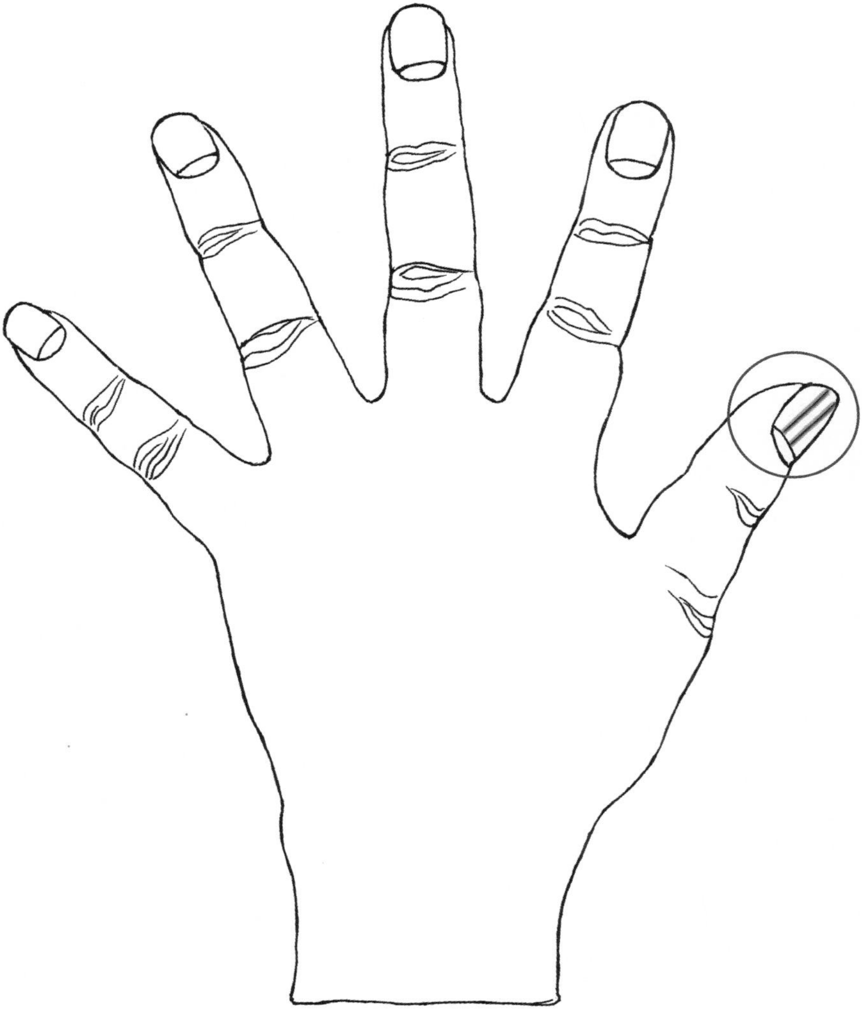

左右手大拇指之甲面，條狀凸起又灰黑，醫學界定胃病變。左右手相同論。常有因靈異纏身引發病變，所引發色變。

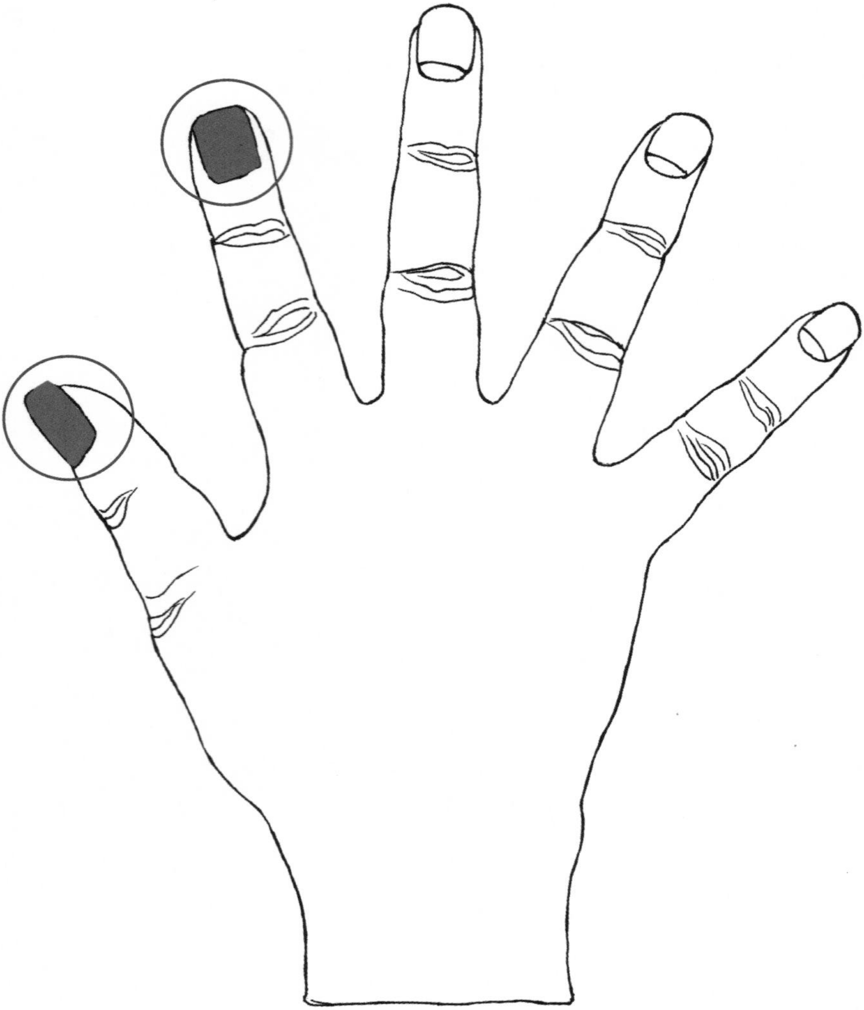

左右手大拇指及食指之甲面，呈現四方形狀，醫學界定胃病變。左右手相同論。常有因靈異纏身引發病變，所引發色變。

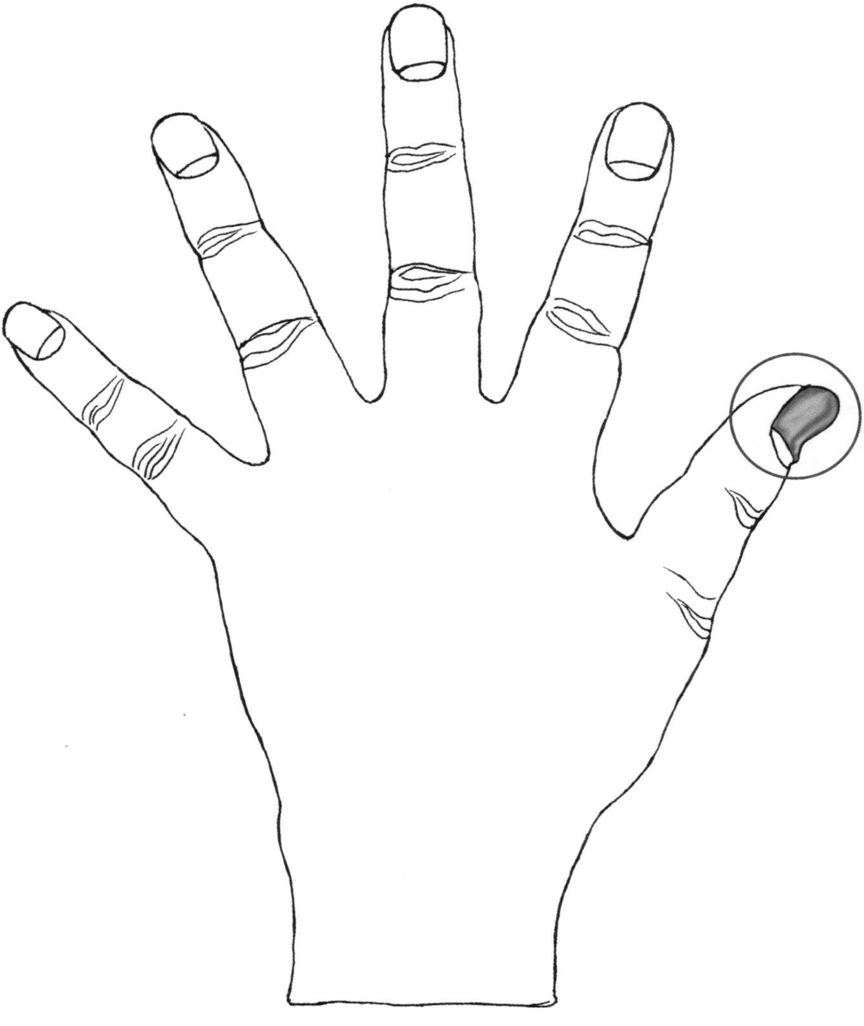

左右手大拇指及食指之甲面，呈橫條凹陷溝狀，醫學界定胃病變。左右手相同論。常有因靈異纏身引發病變，所引發色變。

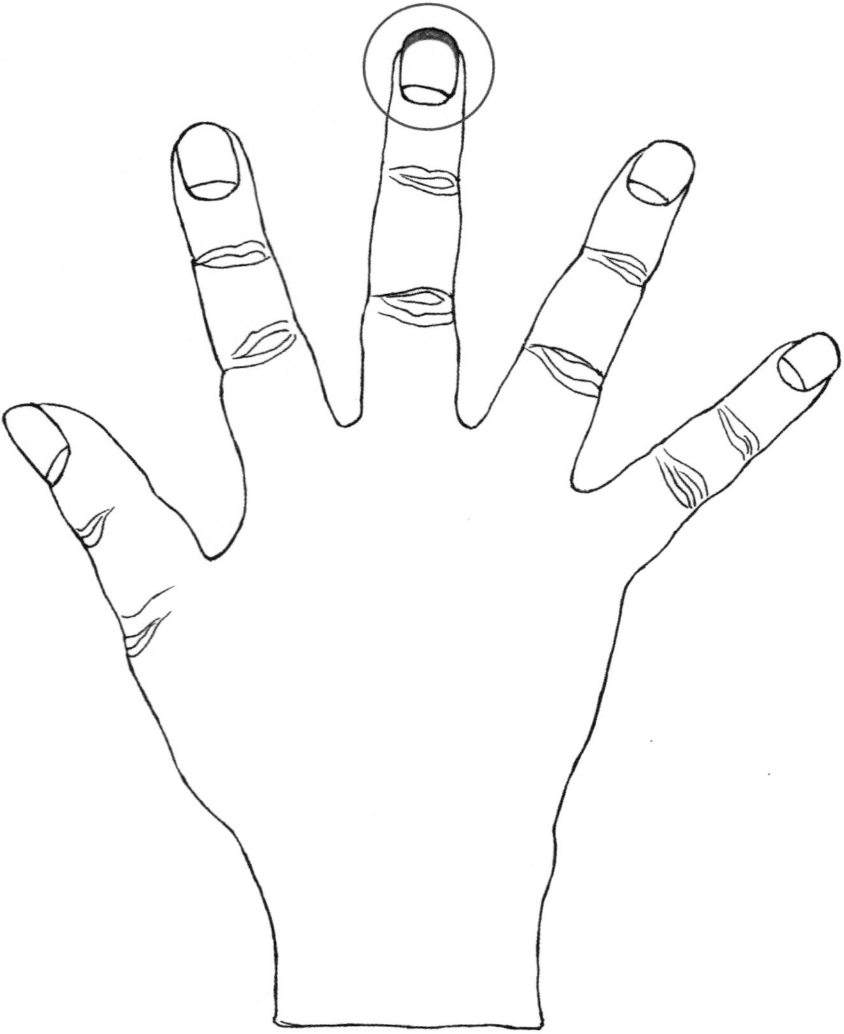

左右手中指之指甲，前端由肉體面混細紅似瘀血色醫學界定腸病變及失眠症狀。左右手相同論。常有因靈異纏身引發病變，所引發色變。

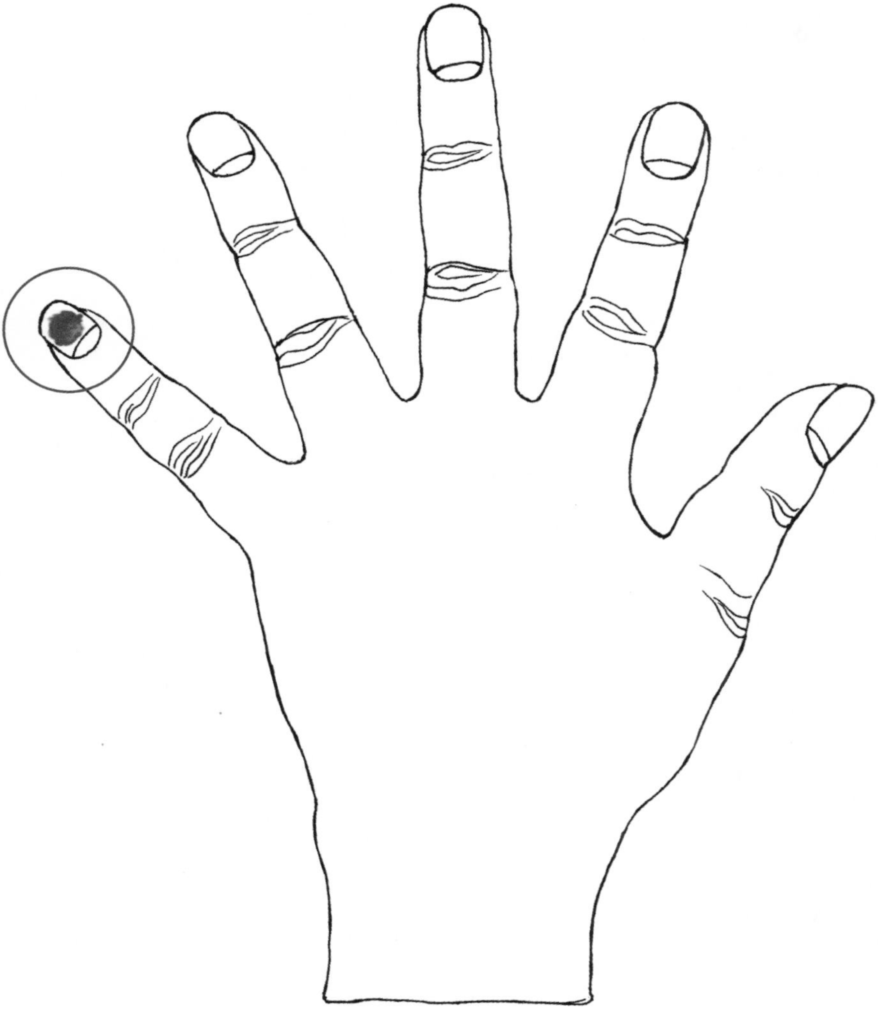

左右手尾指之甲面，呈白色相較其它四指白，醫學界定腎臟病變，泌尿系統結石。左右手相同論。常有因靈異纏身引發病變，所引發色變。

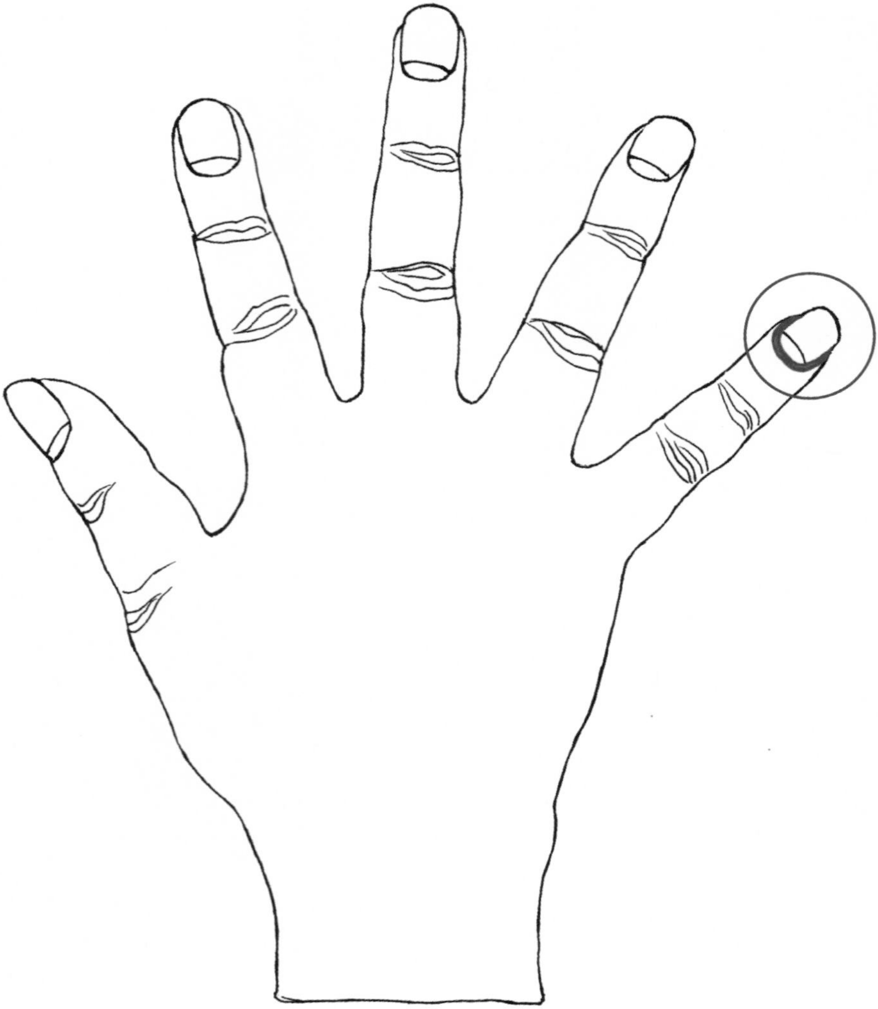

左右手尾指之甲牆，指甲周圍皮囊充血紅色，醫學界定女性癸水來潮。左右手相同論。常有因靈異纏身引發病變，所引發色變。

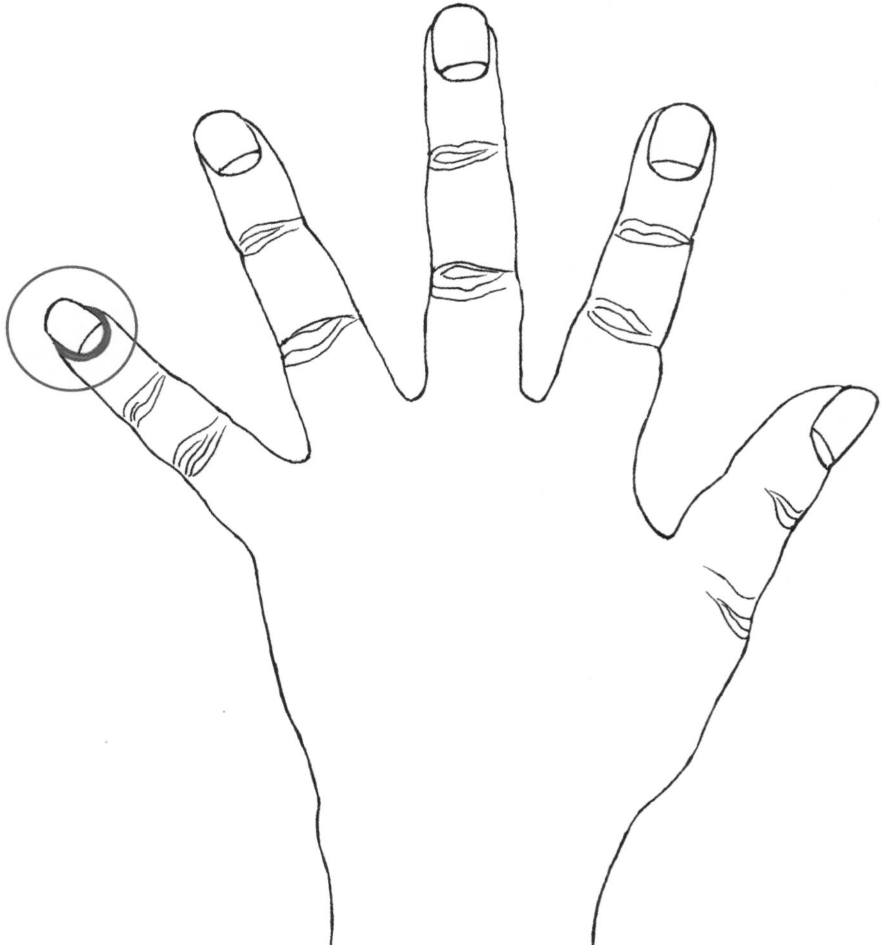

左右手尾指之甲面，甲面後端甲牆萎縮成蛋狀，指甲周圍皮囊緊縮，醫學界定不孕症。左右手相同論。常有因靈異纏身引發病變，所引發色變。

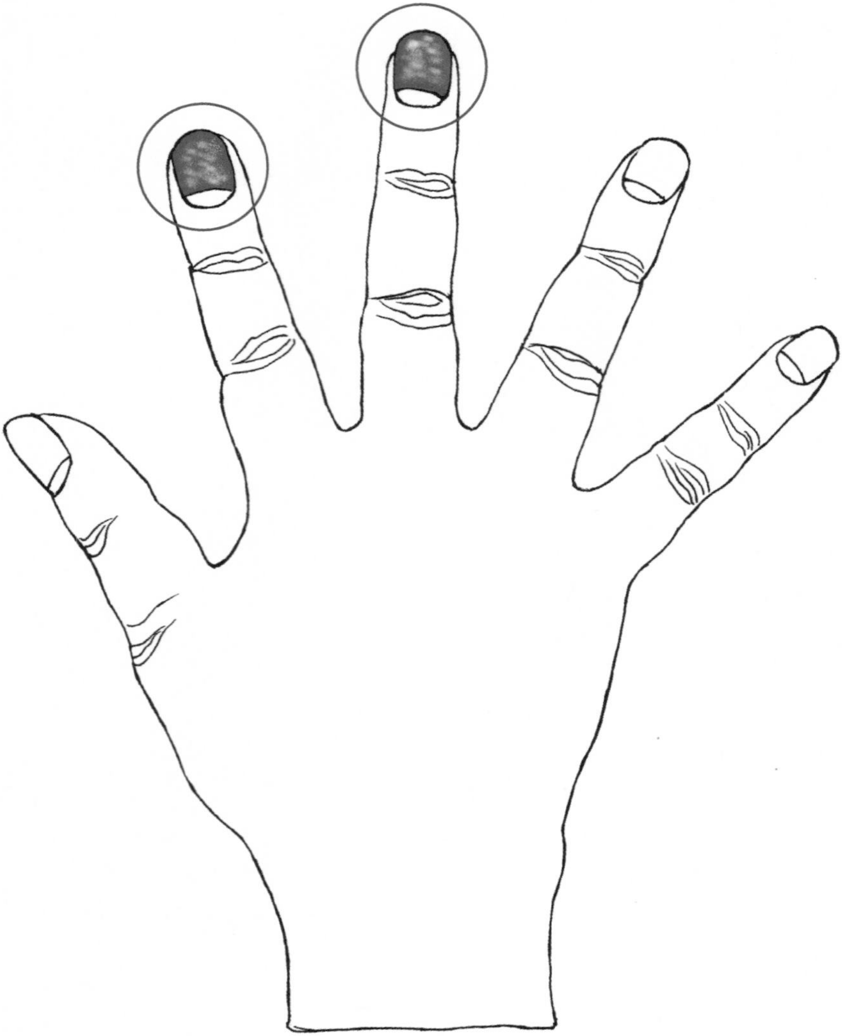

左右手指甲之甲面，任何一指顯現灰黑，呈斑點狀，醫學界定身有中晚期重病不癒，左右手相同論。常有因靈異纏身引發病變，所引發色變。

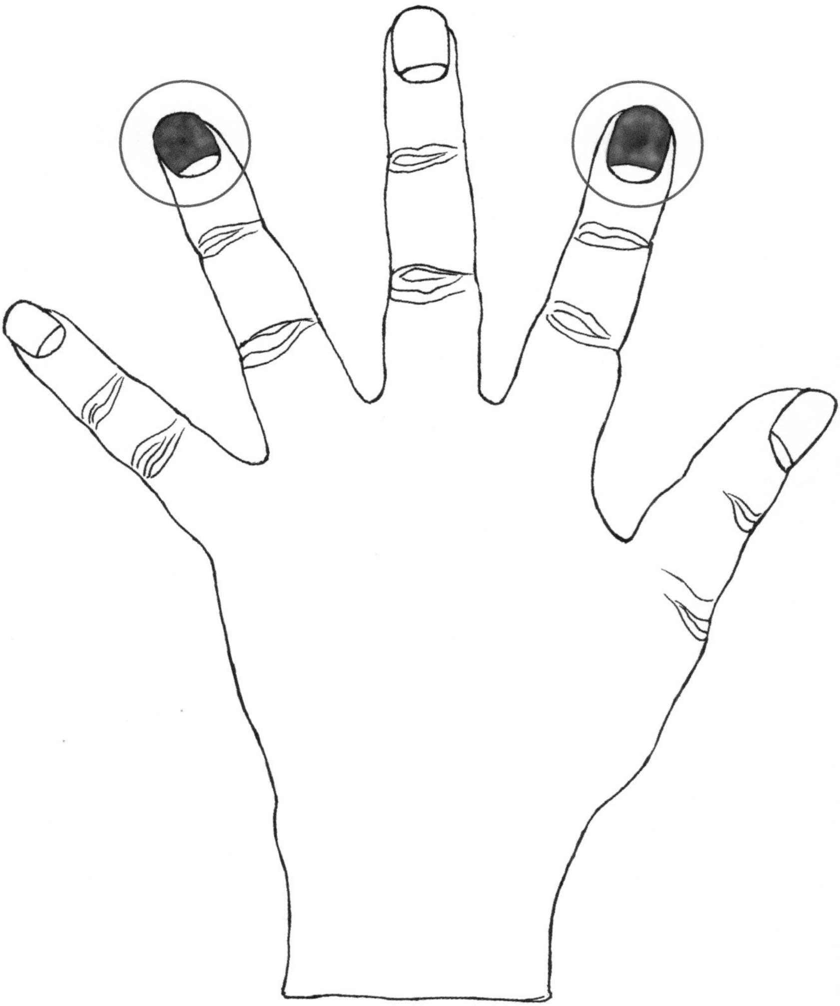

左右手指甲之甲面，任何一指顯現青黑色，藍黑色，醫學界定有嚴重內傷未癒。左右手相同論。常有因靈異纏身引發病變，所引發色變。

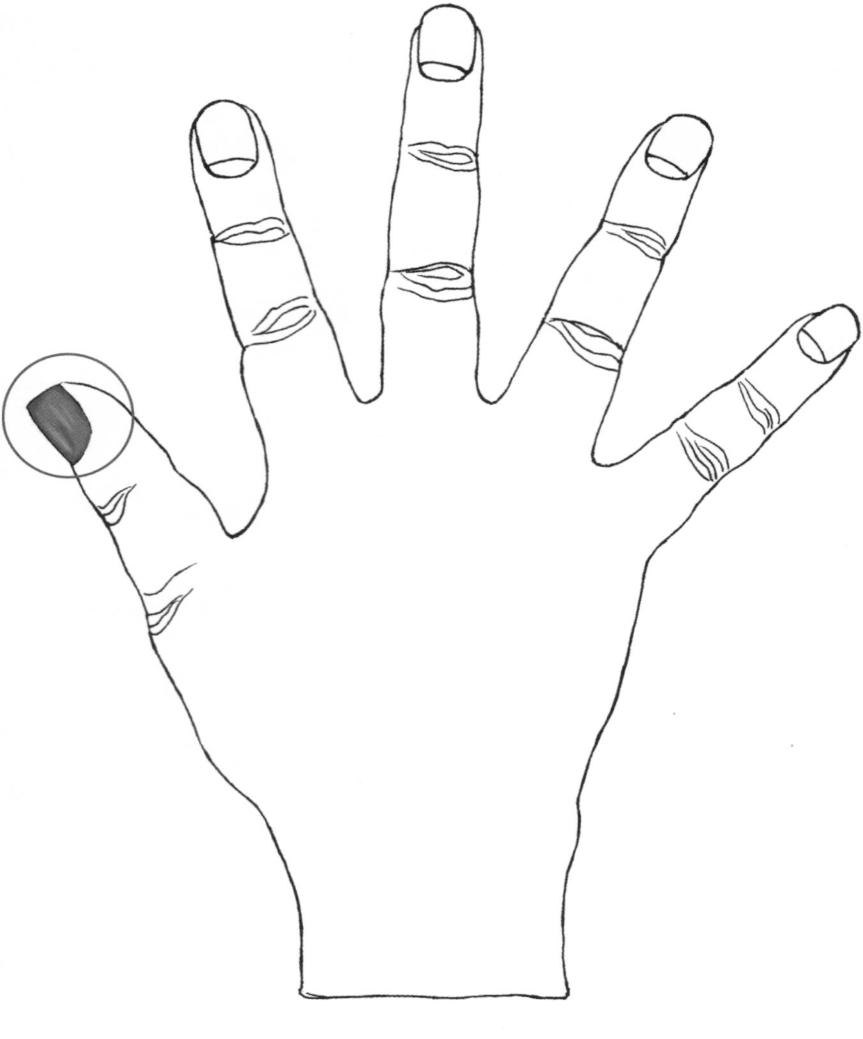

左右手大拇指之甲面，指甲萎縮成小甲，前端成扁平形狀，醫學界定長期頑固性頭痛症。左右手相同論。常有因靈異纏身引發病變，所引發色變。

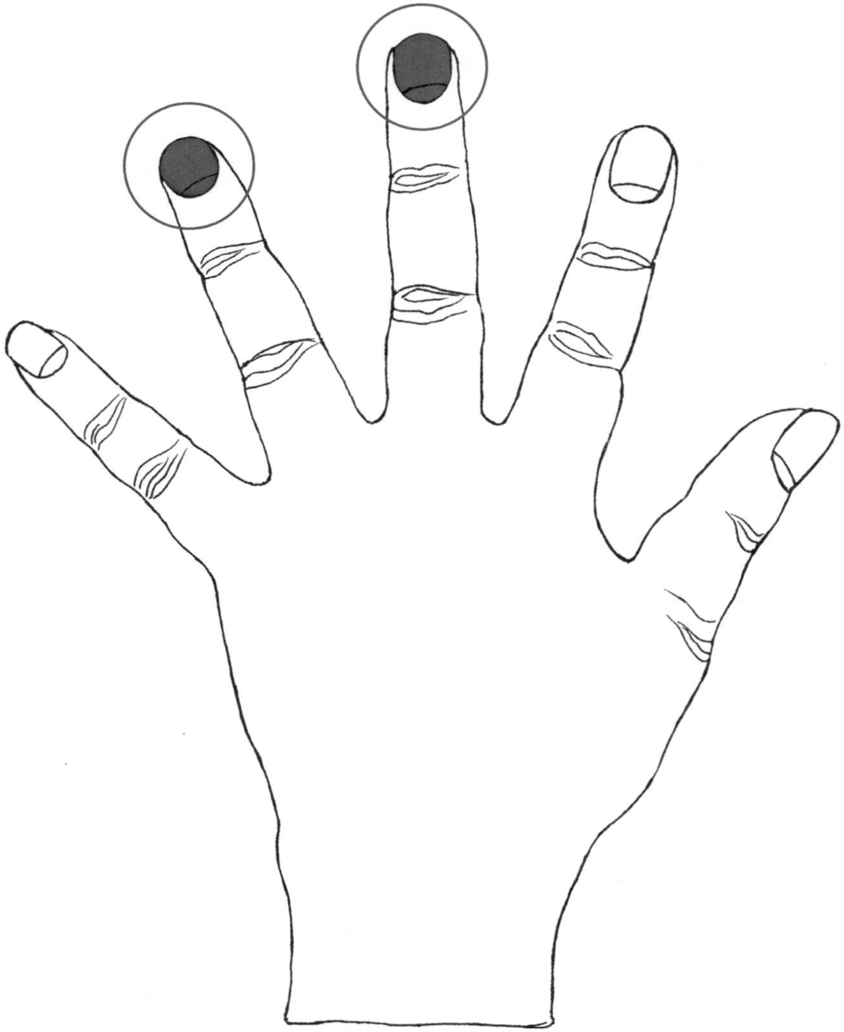

左右手指甲之甲面，整面指甲呈圓形狀，醫學界定長期偏頭痛。左右手相同論。常有因靈異纏身引發病變，所引發色變。

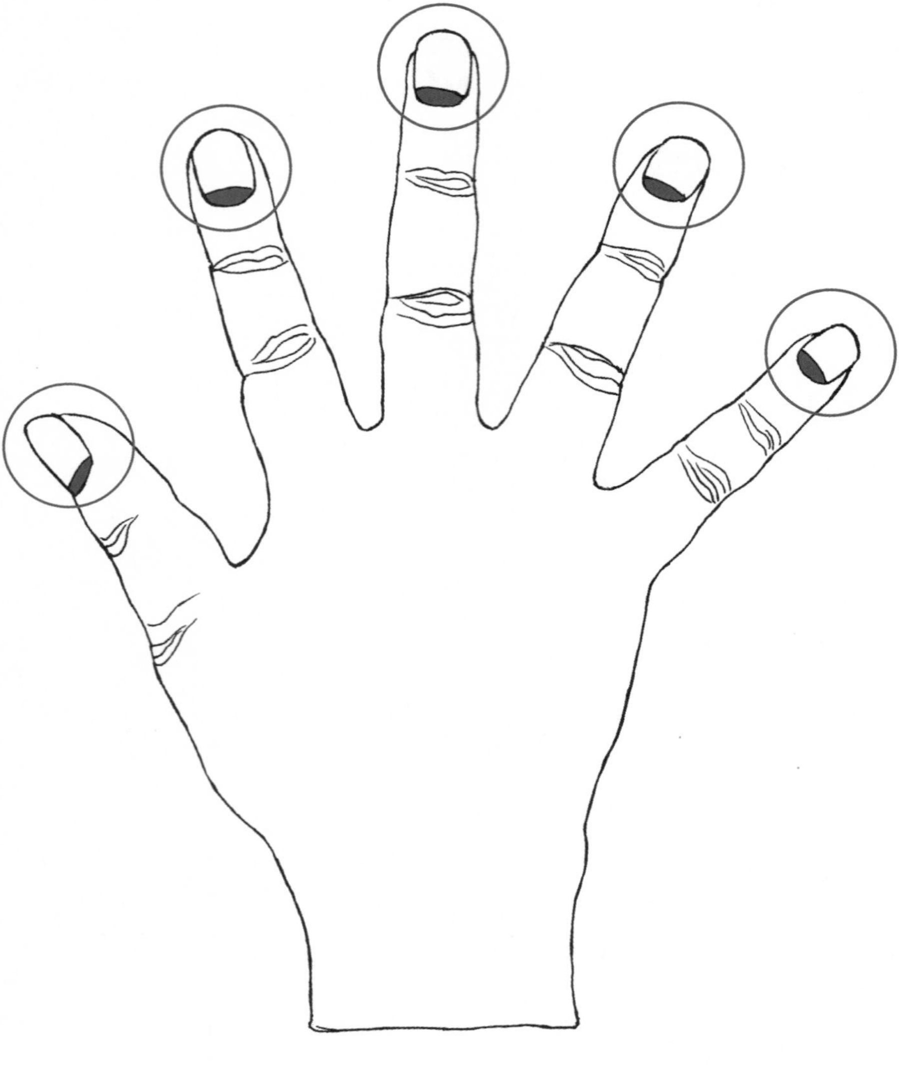

左右手指甲之甲面，月牙呈灰黯色，醫學界定血脂過高、血脈硬化阻塞。左右手相同論。常有因靈異纏身引發病變，所引發色變。

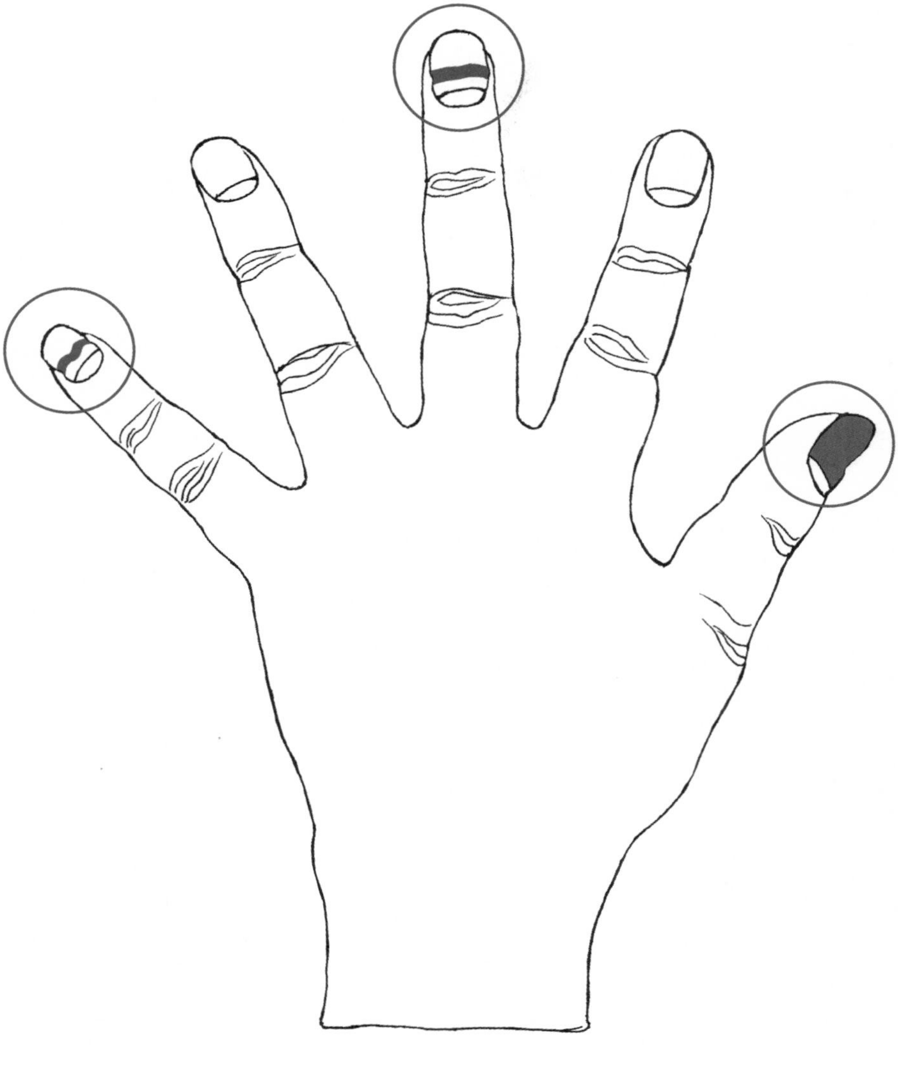

左右手指甲之甲面任何一指，呈指甲中間凹陷，醫學界定糖尿病不癒。左右手相同論。常有因靈異纏身引發病變，所引發色變。

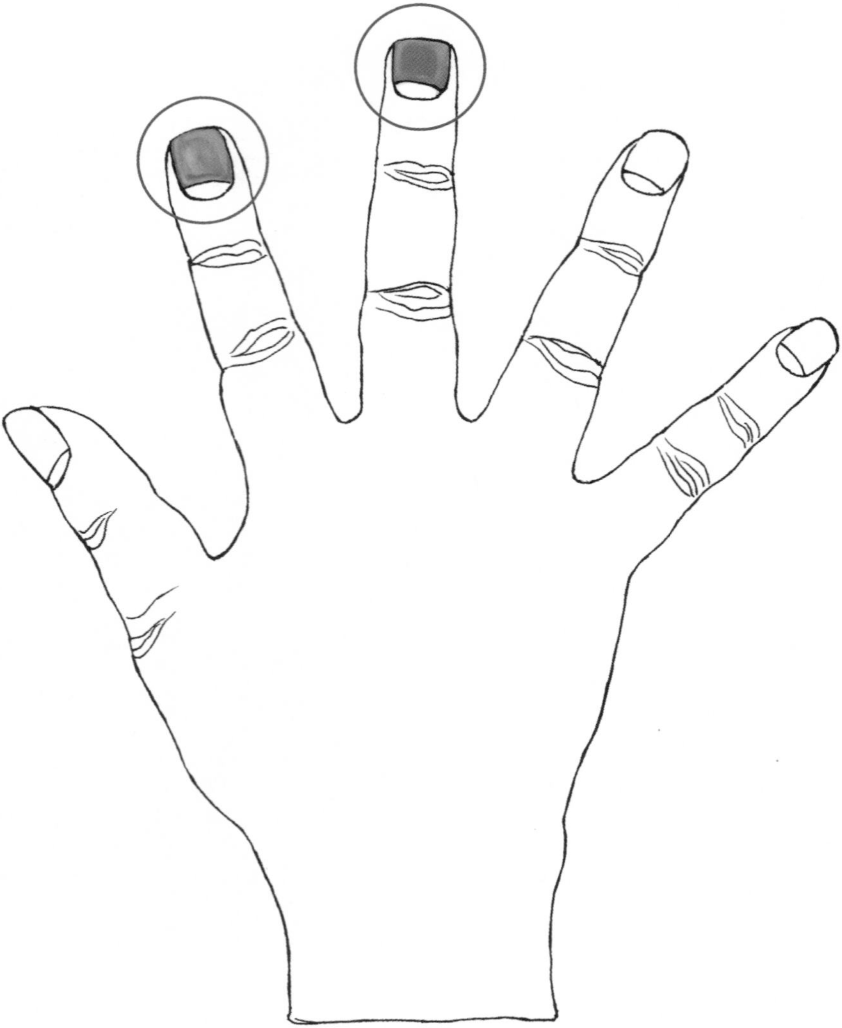

左右手指甲之甲面，指甲過寬，甲面成平扁短形，醫學界定男女不孕症。左右手相同論。常有因靈異纏身引發病變，所引發色變。

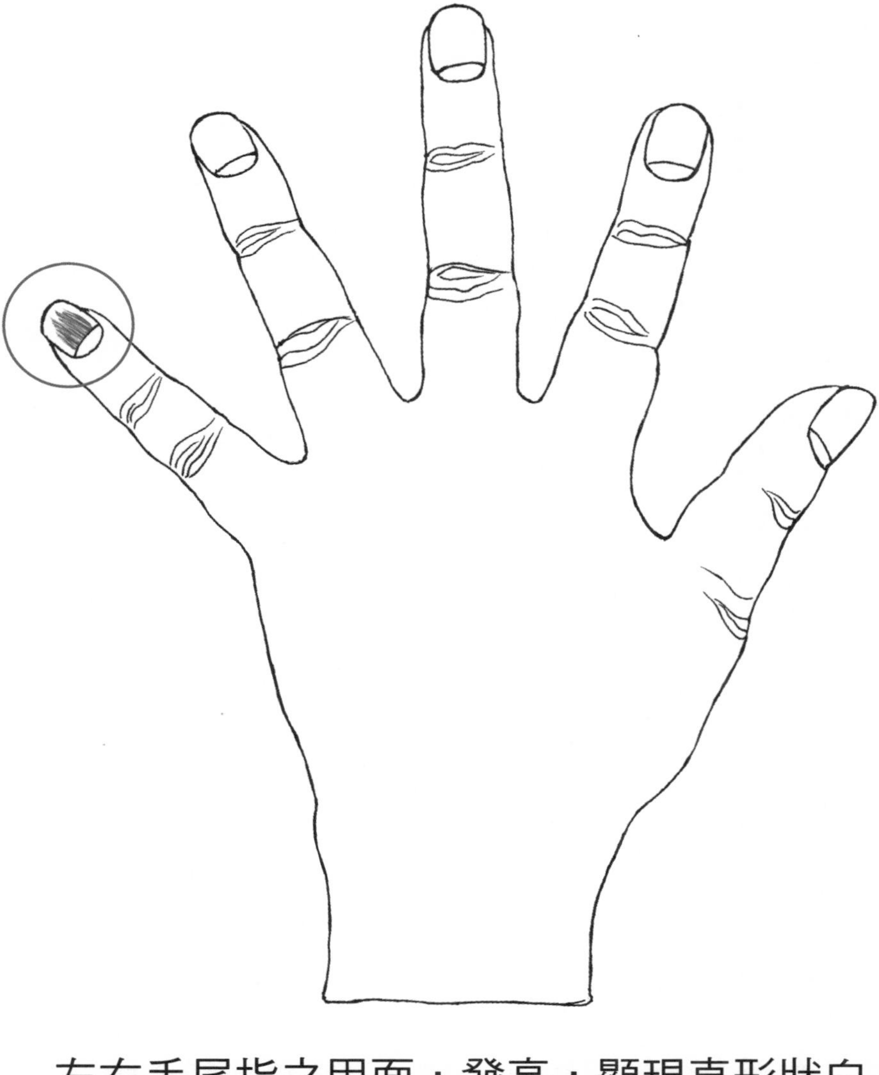

左右手尾指之甲面，發亮，顯現直形狀白色，醫學界定不孕症。左右手相同論。常有因靈異纏身引發病變，所引發色變。

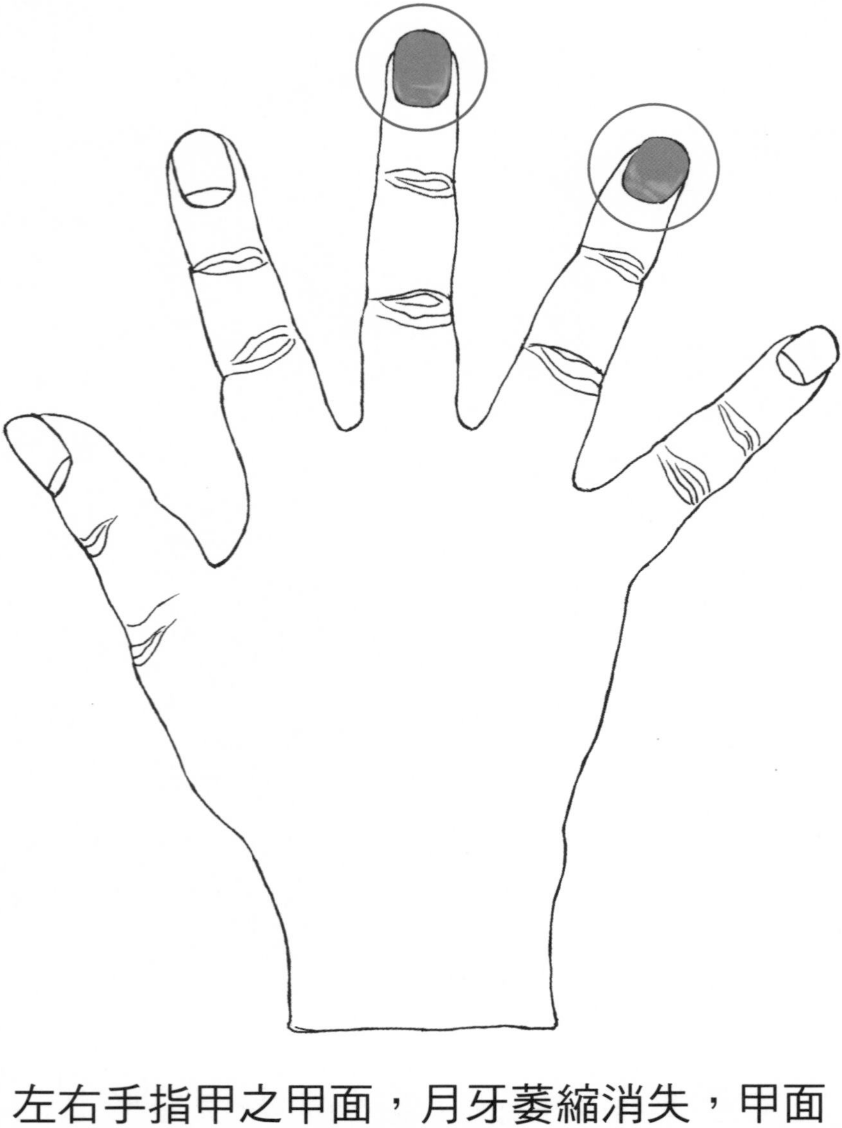

左右手指甲之甲面，月牙萎縮消失，甲面顯現灰黑色，醫學界定貧血。左右手相同論。常有因靈異纏身引發病變，所引發色變。

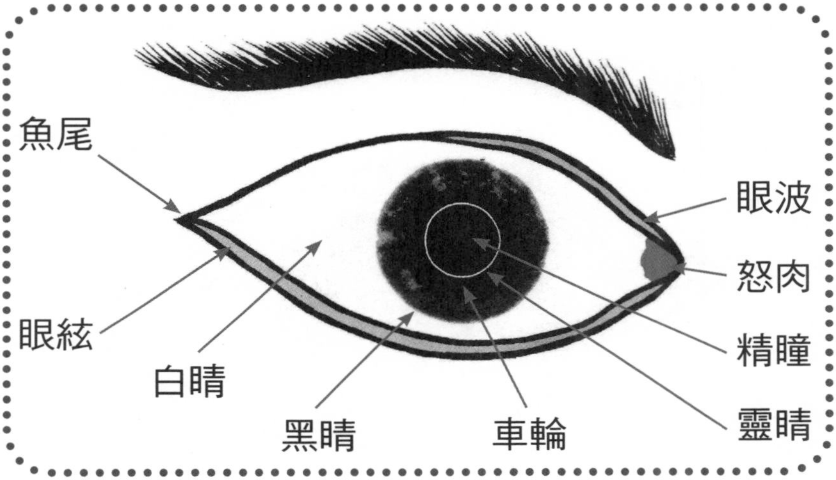

右眼各部位名稱

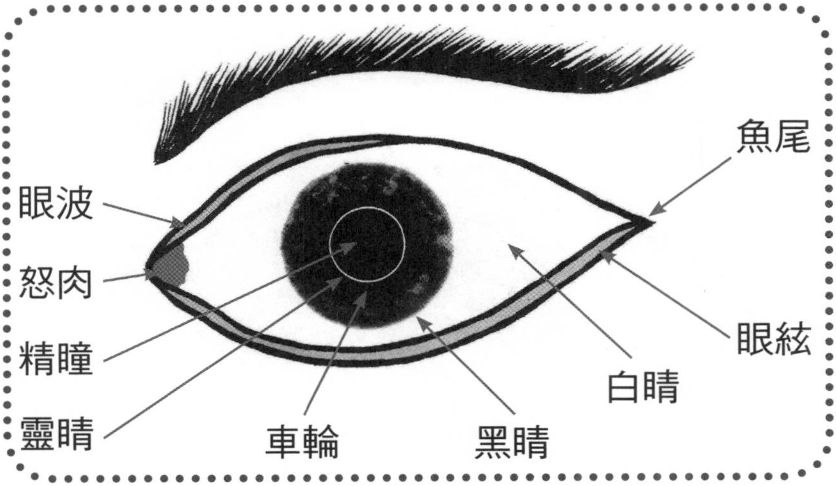

左眼各部位名稱

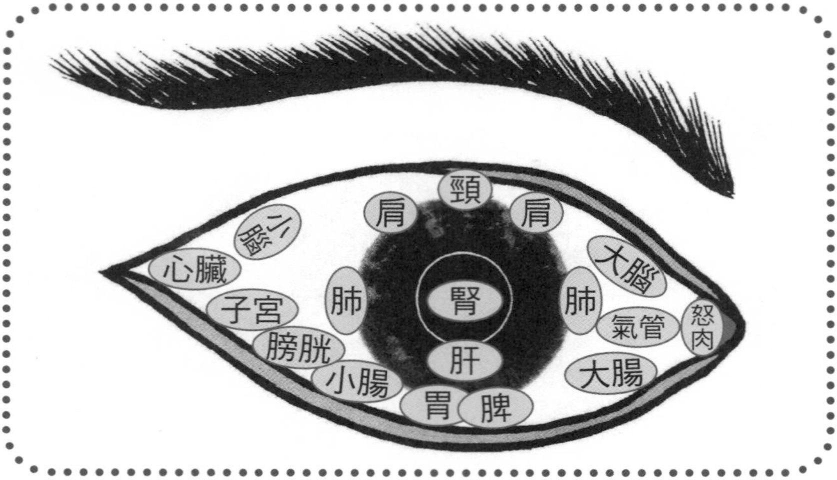

五臟六腑右眼反應區

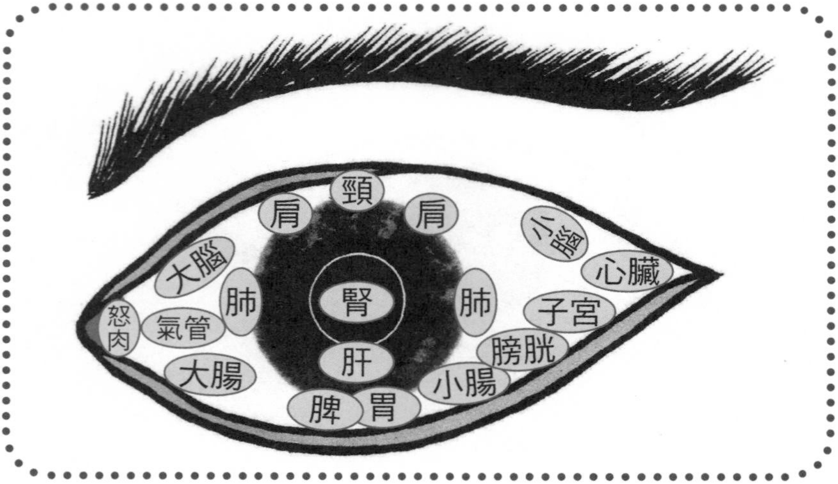

五臟六腑左眼反應區

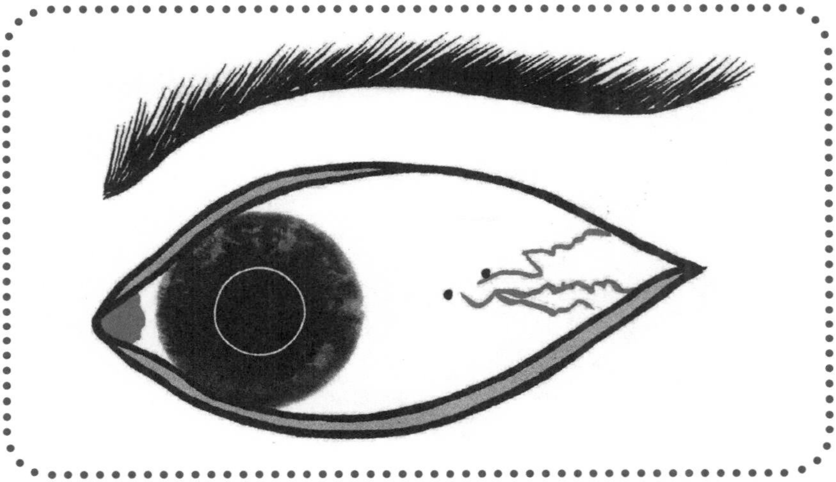

眼白睛串赤筋，醫學界定偏頭痛。靈異學界定沖犯陰煞，引起記憶減退、心律不整。

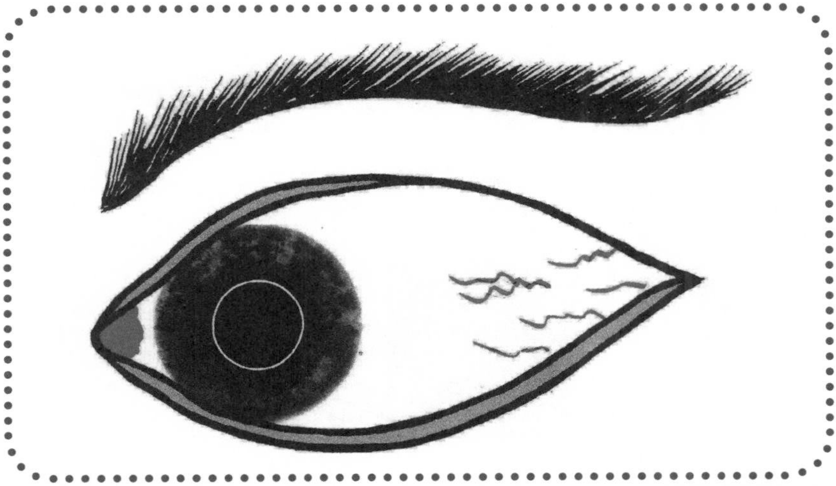

眼白睛串赤筋醫學界定失眠多夢症。靈異學界定沖犯陰邪鬼魂，引起心神恍惚精神異常。

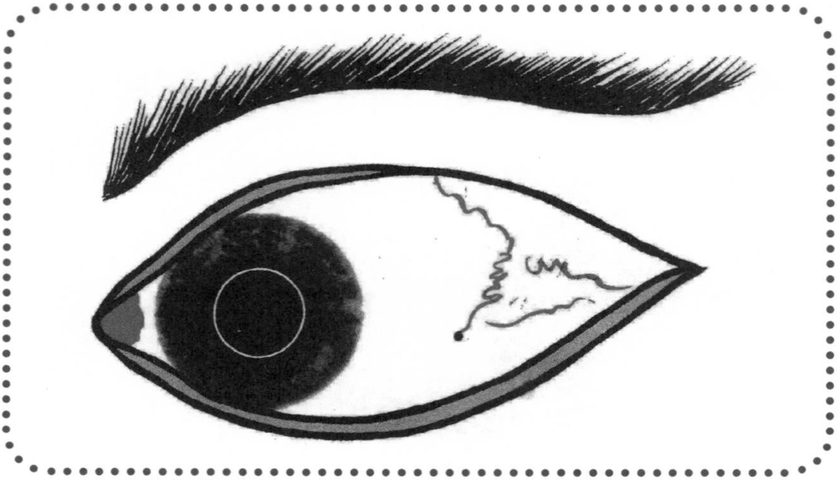

眼白睛串赤筋醫學界定神經性頭痛症。靈異學界定沖犯陰邪鬼魂，引起精神異常又急躁心神不寧。

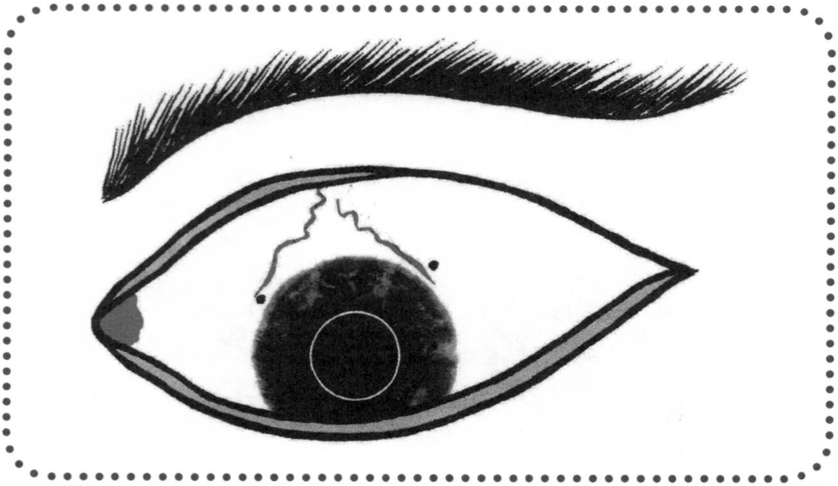

眼白睛串筋醫學界定受到重創頸椎受傷。靈異學界定沖犯陰邪鬼魂，引起頸肩腰痠痛，精神恍惚失神。

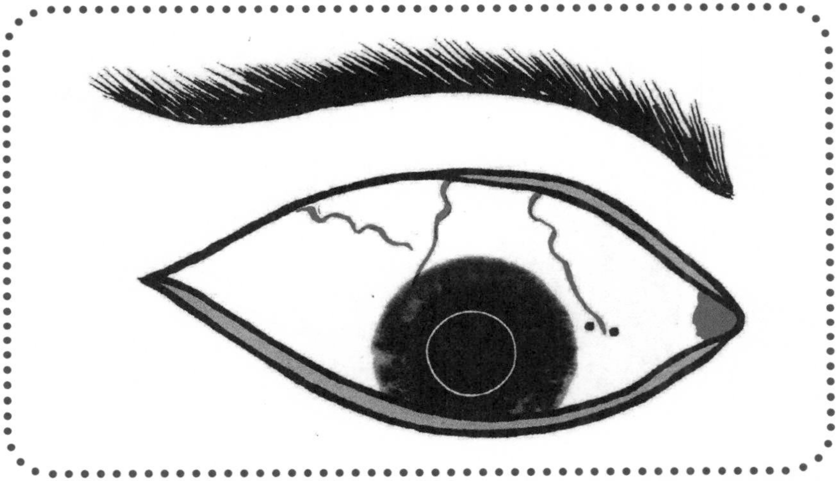

眼白睛串赤筋尾端逗黑點醫學界定頸背劇痠痛。靈異學界定沖犯陰邪鬼魂，引起心神不集中，嚴重者腰及膝蓋劇痠痛。

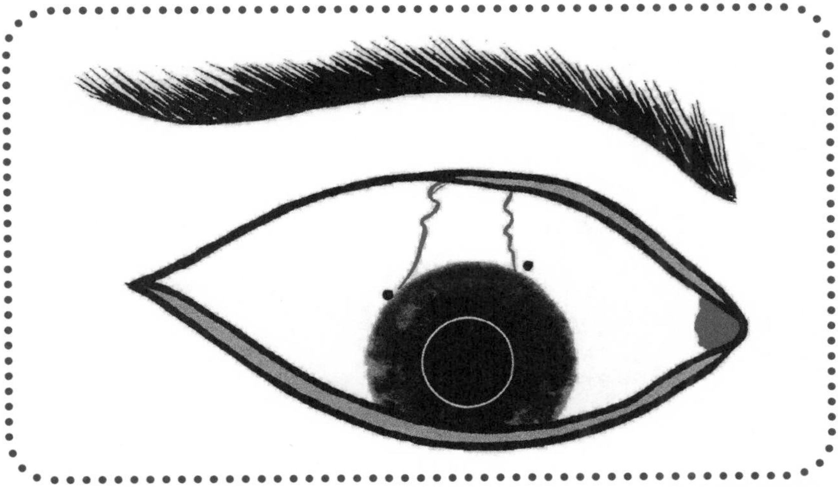

眼白睛串赤筋尾端逗黑點醫學界定肩胛痠痛症。靈異學界定沖犯陰邪煞，引起心神不寧。

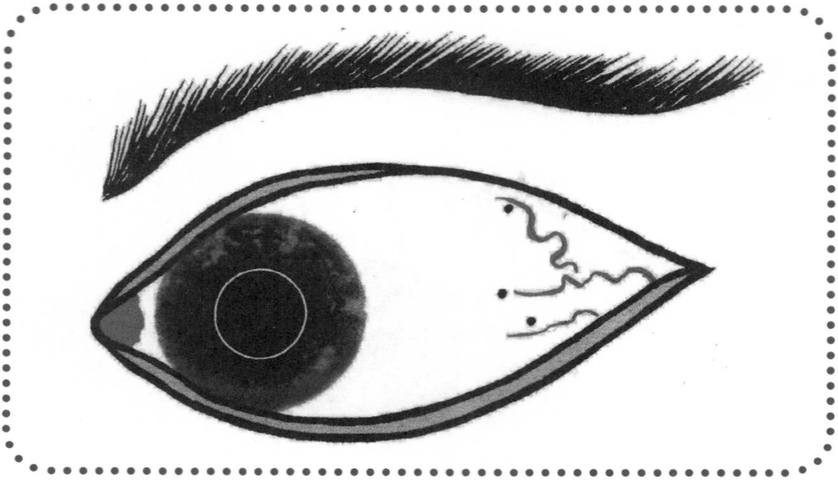

眼白睛串赤筋，尾端逗黑點，醫學界定憂鬱症。靈異學界定沖犯陰邪鬼魂，引起心沉不語精神異常，不知食不知眠，偶爾胡言亂語。

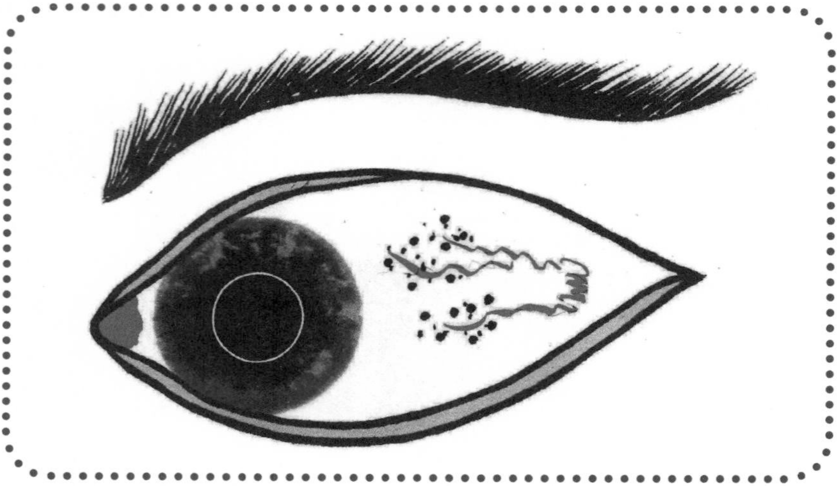

眼白睛串赤筋，尾端逗黑點又雜亂，醫學界定躁鬱症。靈異學界定沖犯陰邪鬼魂，引起精神錯亂偶爾罵人，動手打人砸器物。

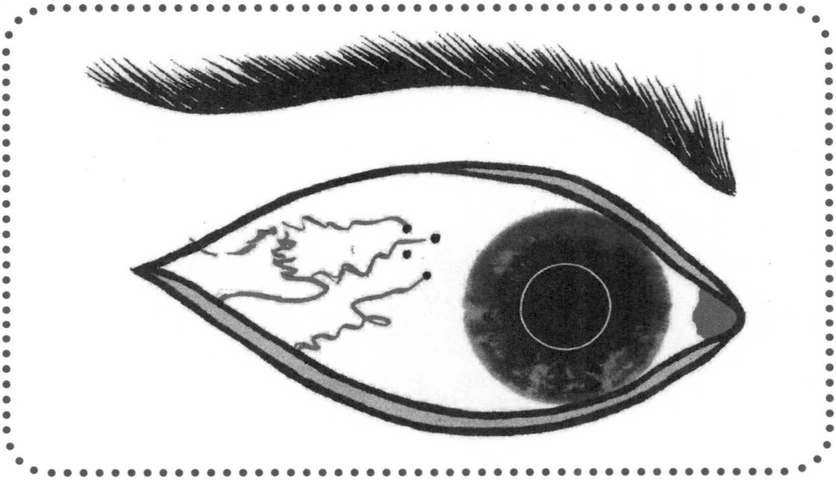

眼白睛串赤筋，醫學界定焦慮緊張症。靈異學界定沖犯陰邪鬼魂，引起不言不語、心神恐慌、睡眠不正常。

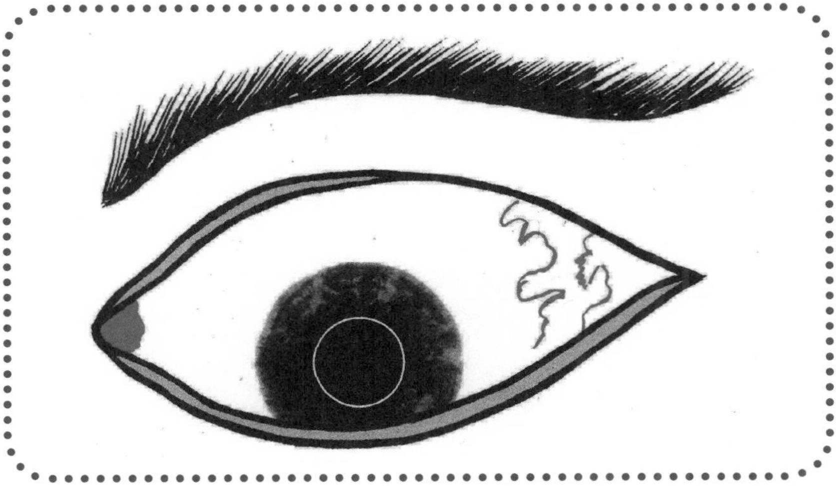

眼白睛串赤筋，醫學界定婦女子宮寒冷不孕症。靈異學界定卡陰邪煞，引起懷孕容易流產。

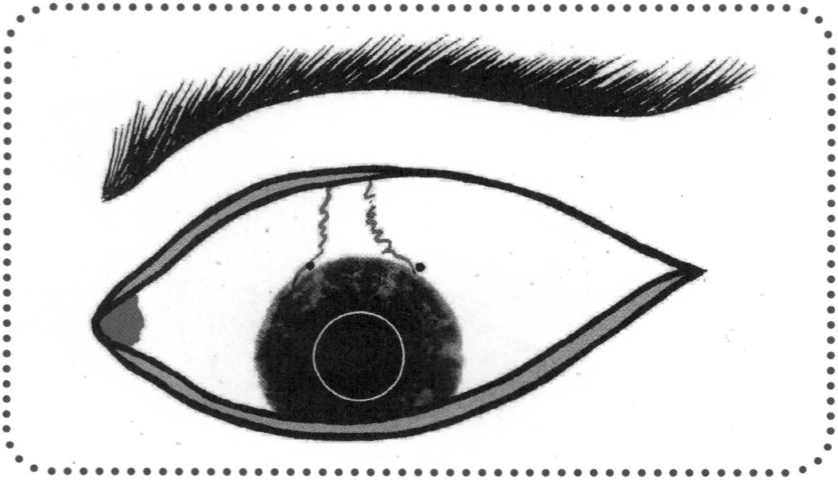

眼白睛串赤筋，主因沖犯凶神惡煞。筋尾端逗黑點，靈異學界定肩頸痠痛、精神異常、性情暴躁、容易傷人、粗口罵人。

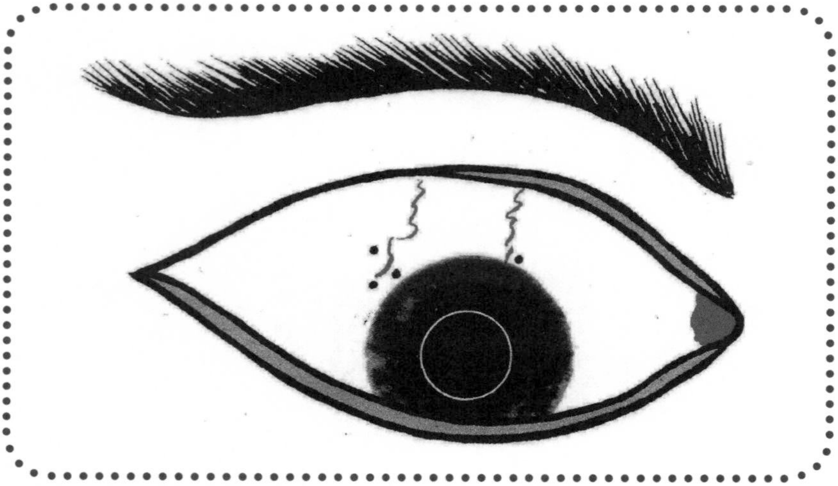

眼白睛串赤筋，尾端左右逗黑點。醫學界定肩頸痠痛症。靈異學界定卡陰煞，引起精神恍惚。

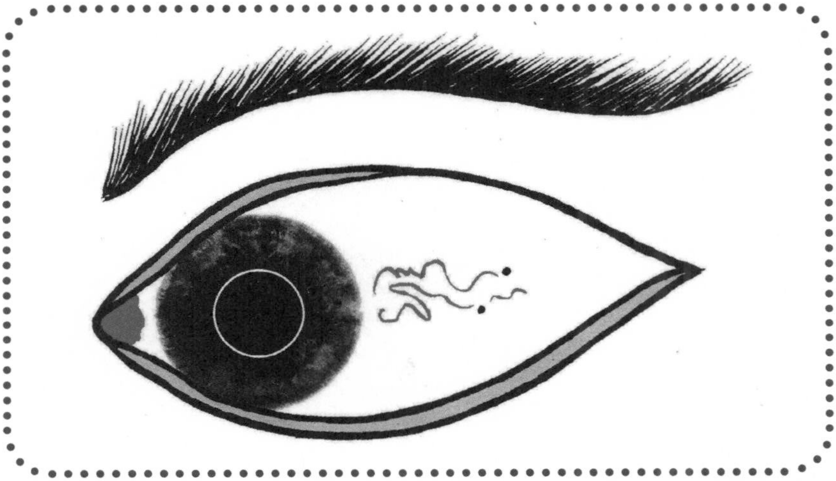

眼白睛串赤筋，醫學界定肺氣短息呼吸系統病變。靈異學界定沖犯陰邪煞，引起魂魄不守身、精神恍惚。

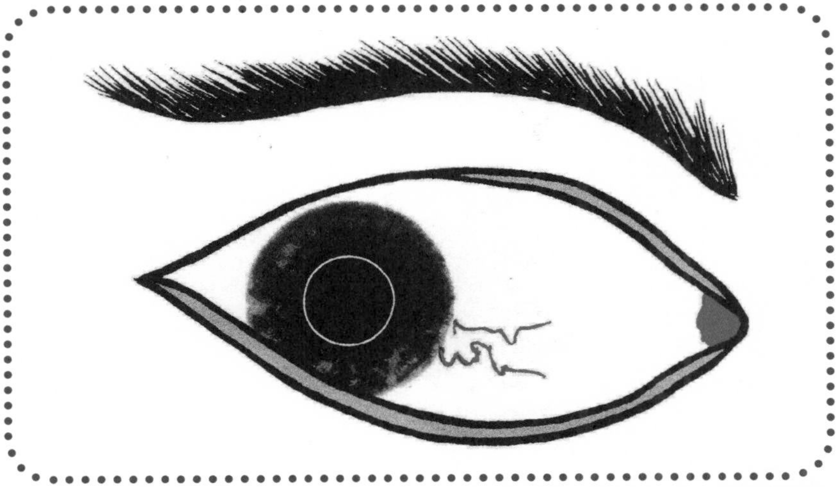

眼白睛串赤筋，醫學界定心肺病變。靈異學界定沖犯陰邪煞，引起心律不整氣短，精神恍惚。

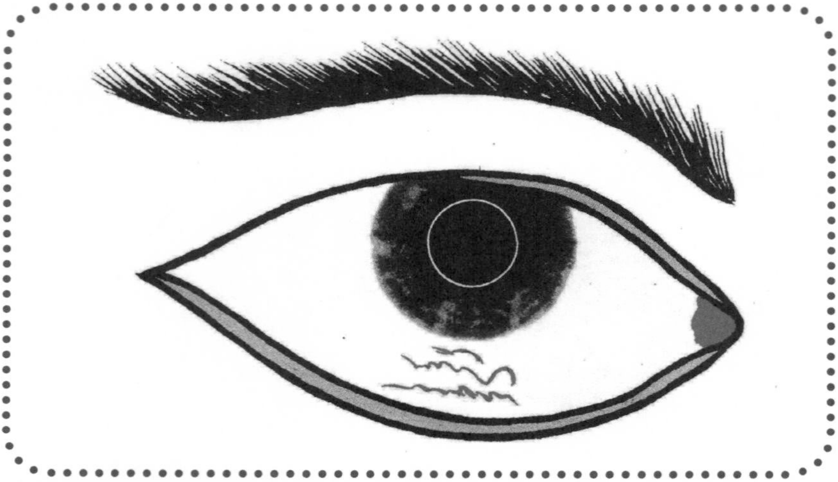

眼白睛串赤筋，醫學界定脾胃病變。靈異學界定卡陰煞，引起心神不寧飲食沒胃口。

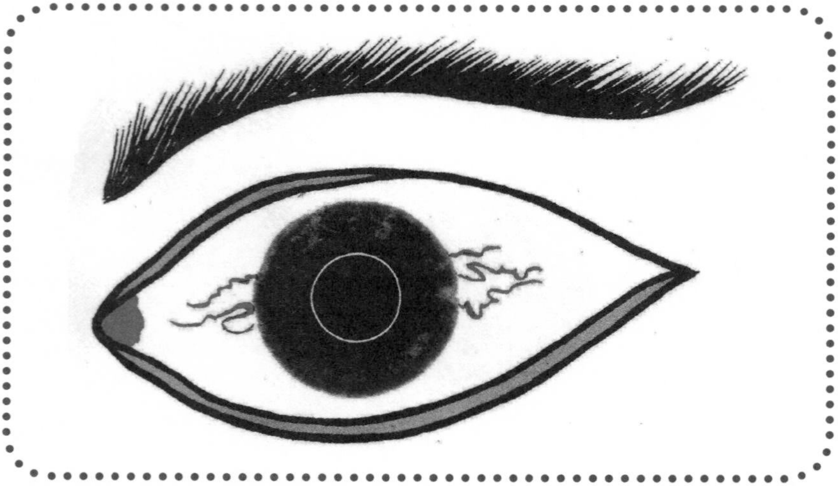

眼白睛串赤筋，醫學界定心肺病變。靈異學界定沖犯陰邪鬼魂，引起三魂七魄不守身，精神異常。

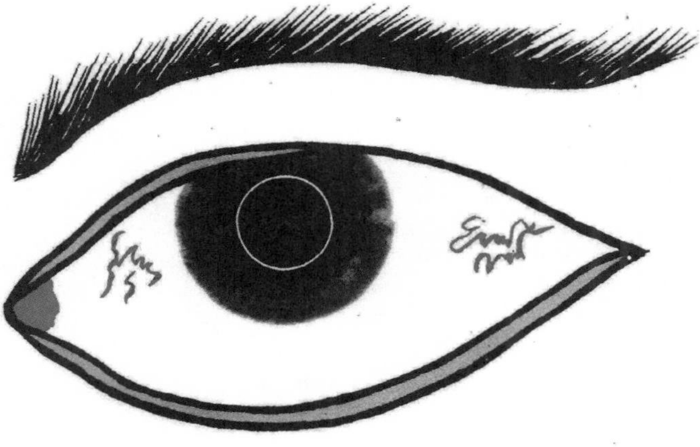

眼白睛串赤筋，醫學界定心律不整。靈異學界定沖犯陰煞，引起精神恍惚。

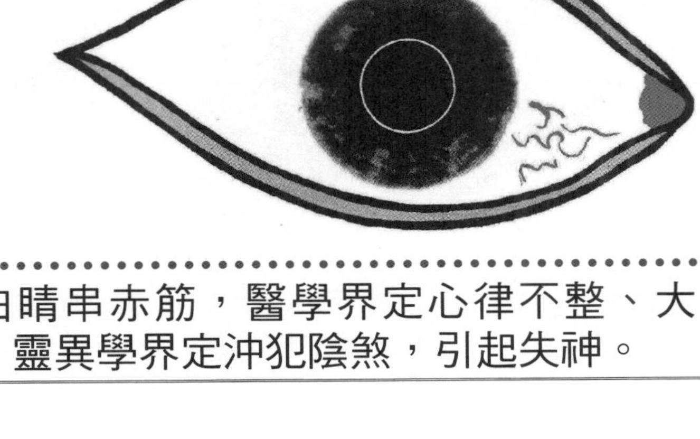

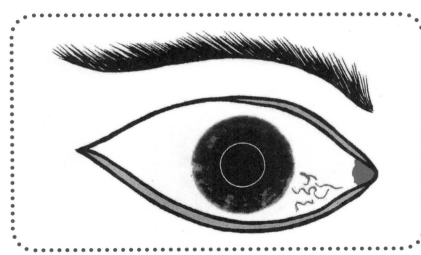

眼白睛串赤筋，醫學界定心律不整、大腸病變。靈異學界定沖犯陰煞，引起失神。

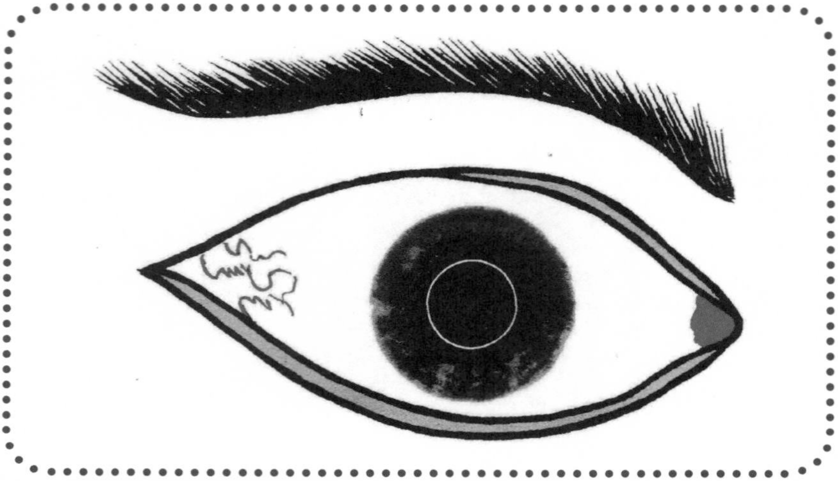

眼白睛串赤筋醫學界定心律不整。靈異學界定卡陰邪煞，引起心神不振，易恍神。

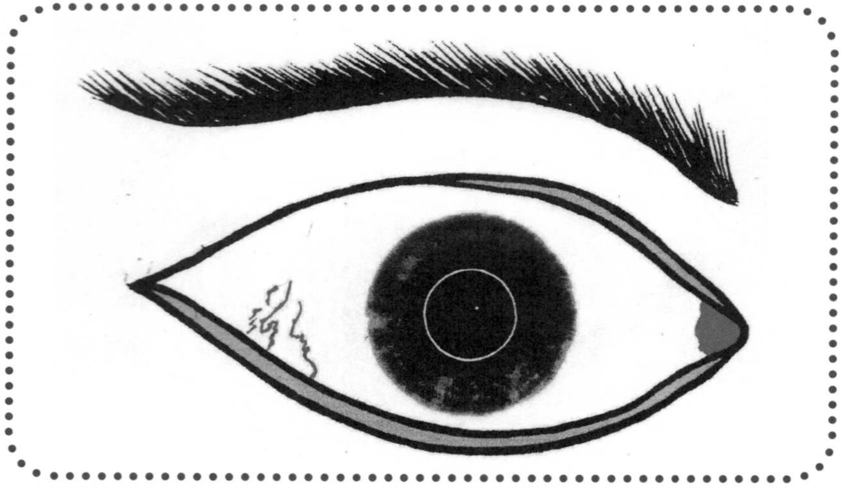

眼白睛串赤筋醫學界定男膀胱女子宮病變。靈異學界定犯陰煞，引起腰痠背痛。

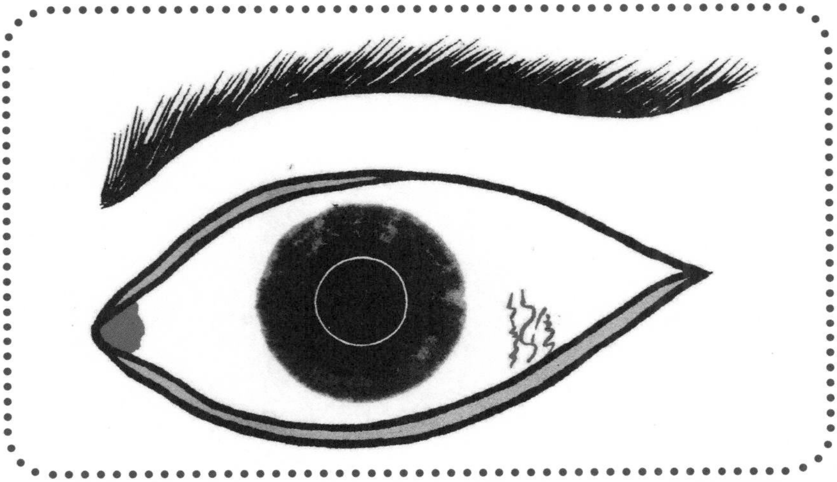

眼白睛串赤筋，醫學界定男膀胱女子宮病變。靈異學界定犯陰煞，引起腰瘦痛。

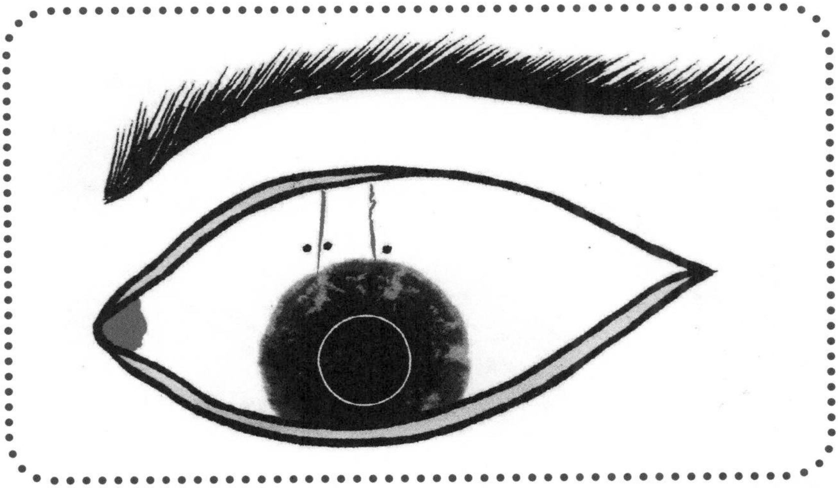

眼白睛串赤筋，尾端直下串睛瞳，左右有逗黑點。靈異學界定吃錯符，引起精神失常。

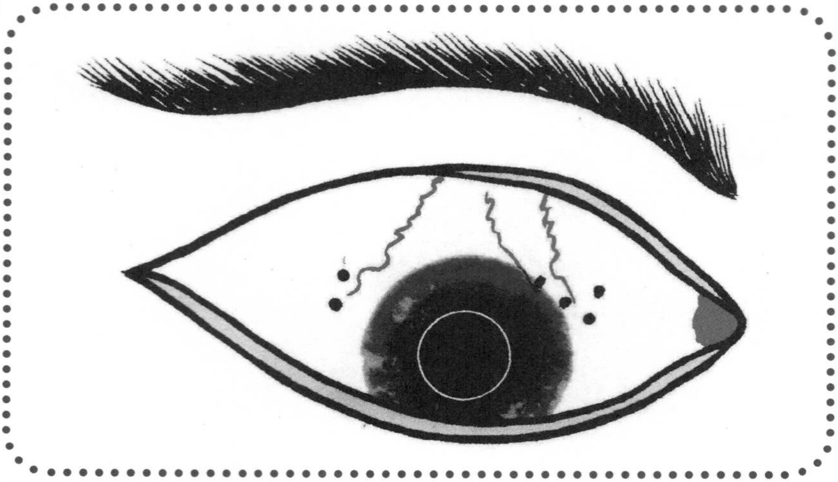

眼白睛串赤筋尾端逗黑點，筋彎曲形。靈異學界定沖犯凶神惡煞及鬼魂，引起精神不振精神恍惚。肩頸痠痛。

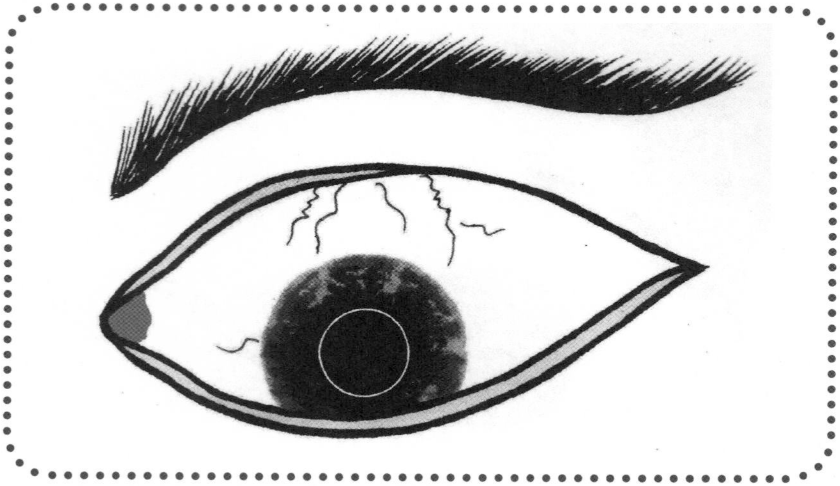

眼白睛串青筋，靈異學界定沖犯內陰煞，祖先牌位不安，神明不安。居住房屋是陰地，引起陰病就醫難癒。

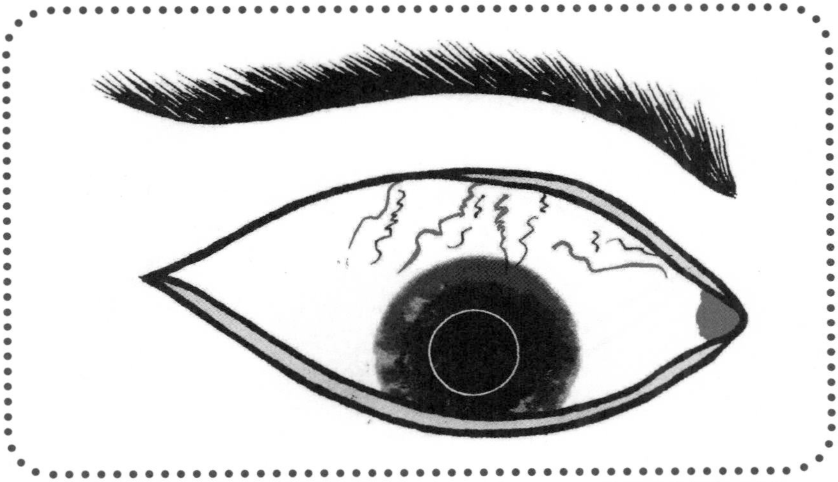

眼白睛串赤筋及青筋同出，赤筋及青筋相纏，靈異學界定沖犯陰兵，陰將，邪兵，邪將，引起精神失常與錯亂，常有雙手合拾亂拜。

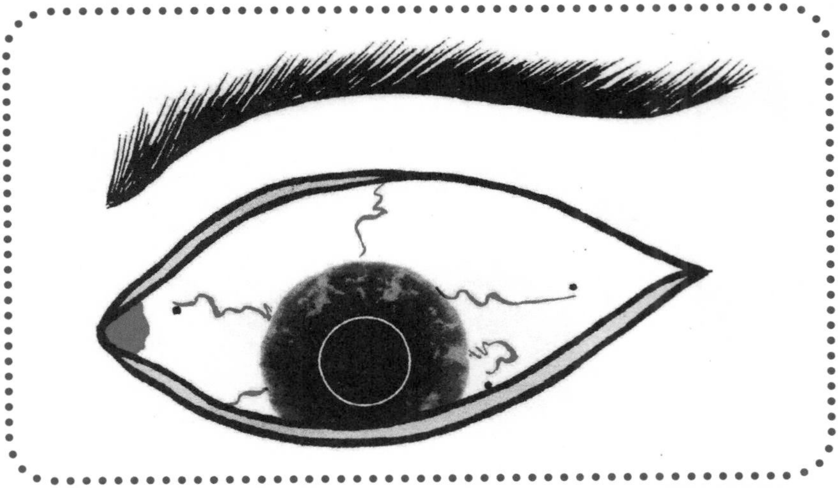

眼白睛串赤筋彎曲形狀四面亂串，靈異學界定祖輩曾做傷天害理致人於死，己身曾陷害他人致死，被陰鬼纏身，致使精神失常恐慌。

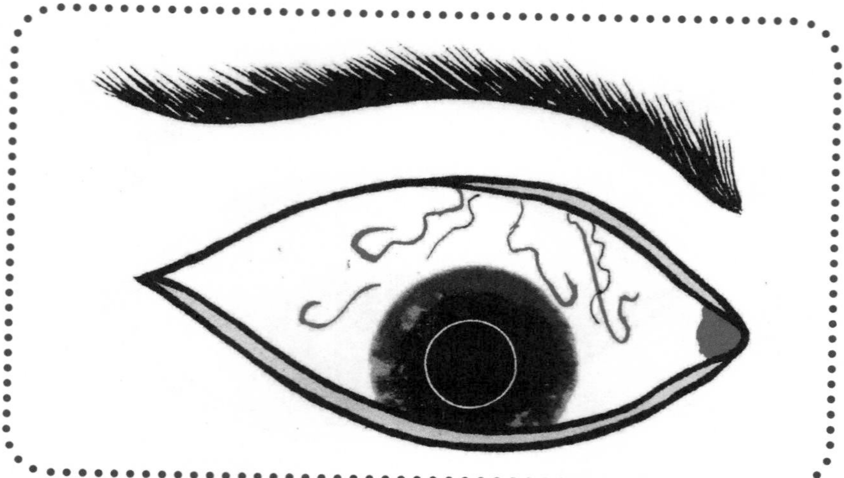

眼白睛串赤筋及青筋同出，靈異學界定家有人冤枉死亡成陰鬼，引起精神錯亂，六親不認，不知餓不知眠，街頭巷尾亂跑。

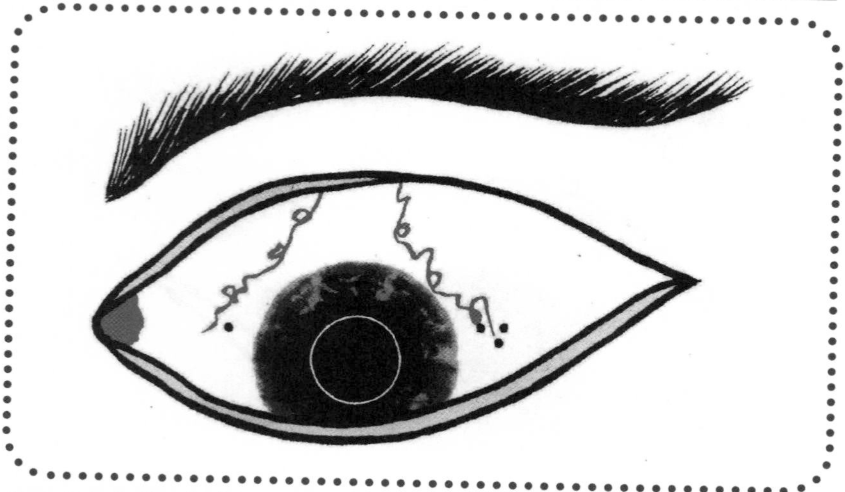

眼白睛串赤筋環節形狀，色變枯紅枯黃，靈異學界定家中神位、祖先牌位，被外陰外邪侵入佔位引起精神異常。

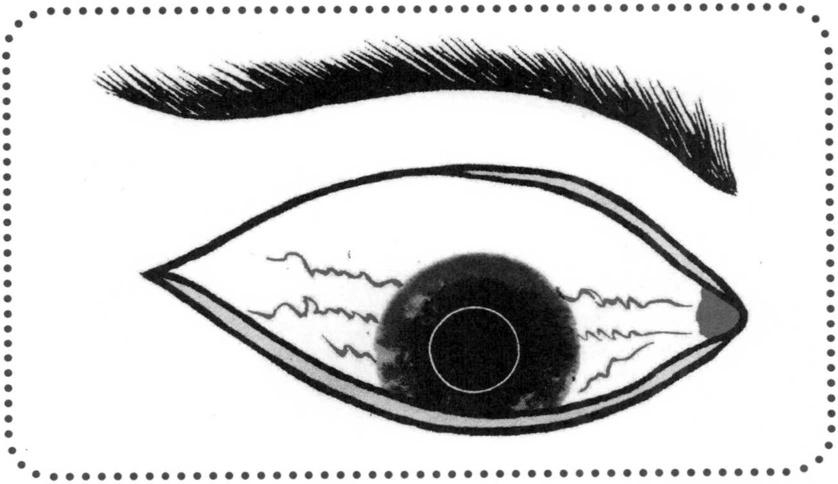

眼白睛串赤筋，色變枯黃枯紅色，靈異學界定祖先墳墓被人破壞風水。祖先靈位被陰邪侵入靈位不安，引起精神異常。

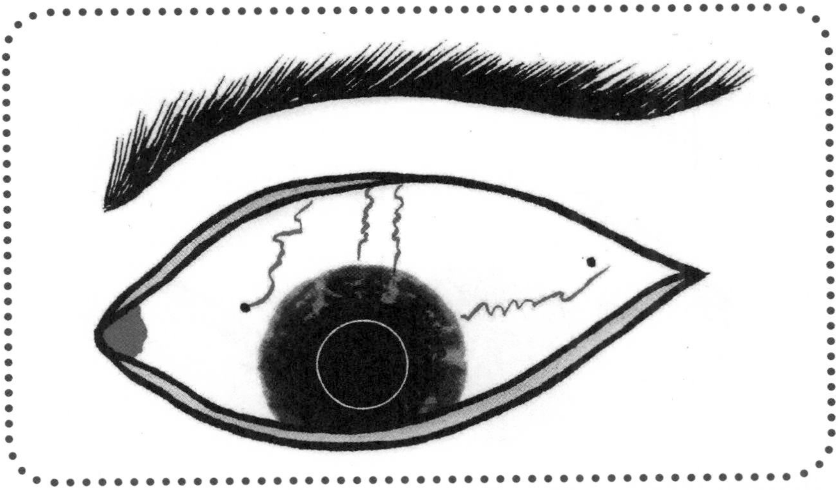

眼白睛串赤筋彎曲形，靈異學界定曾向無主孤魂、陰神許願未還願而成陰病，精神昏沉病不癒。

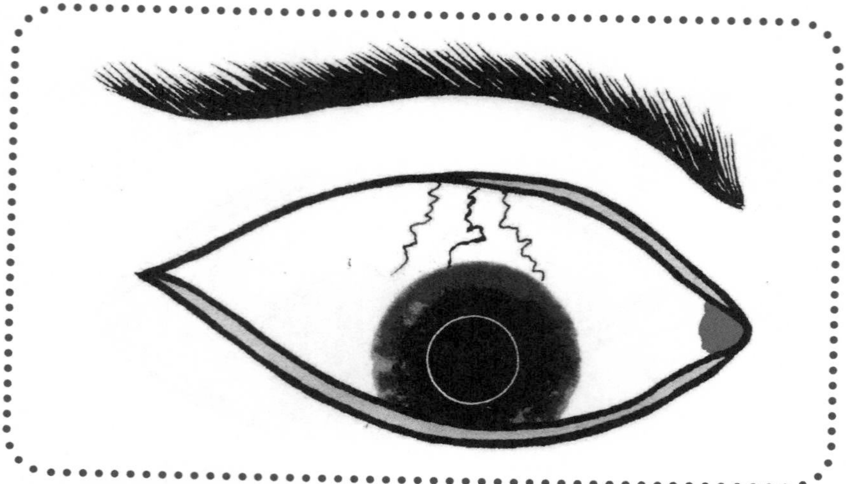

眼白睛串黑筋及青筋同出，靈異學界定沖犯土木煞，動土飛煞，引起精神恍惚且會吐。

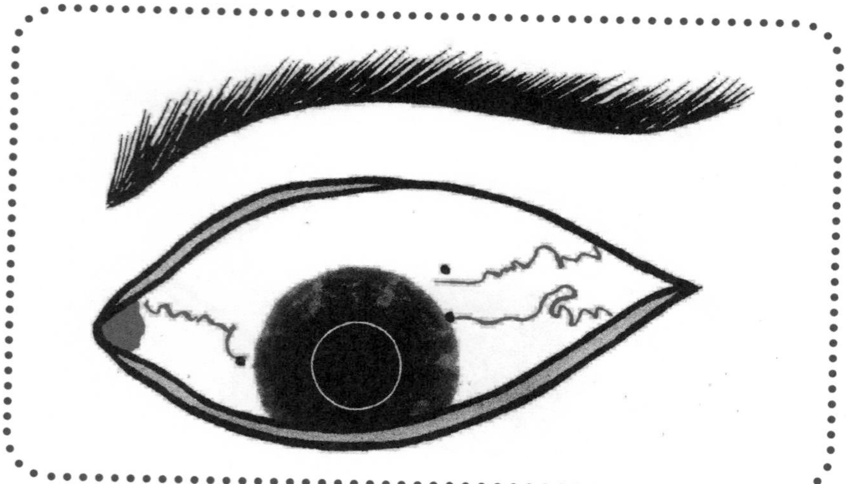

眼白睛串赤筋，尾端逗黑點，靈異學界定曾向無主孤魂許願沒還願。曾得罪地頭神，引起精神恍惚。

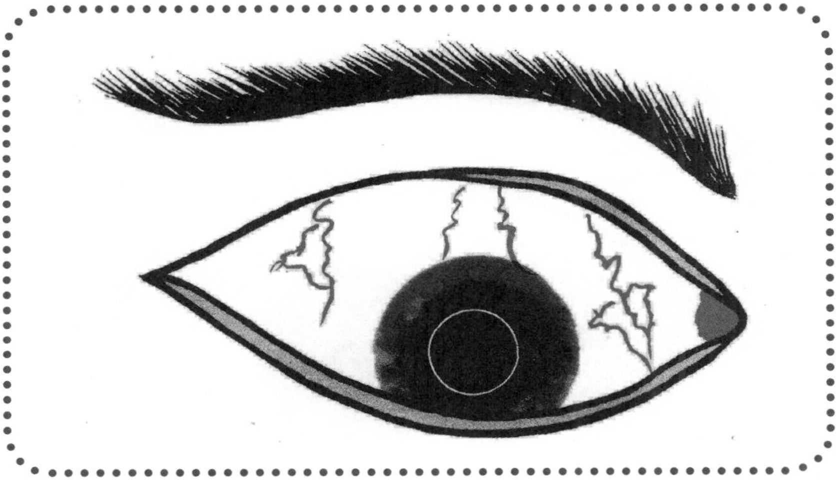

眼白睛串赤筋，尾端串睛瞳，形狀有如三角旗，靈異學界定被人下邪咒邪符，引起精神異常，胡言亂語，情緒暴躁不穩。

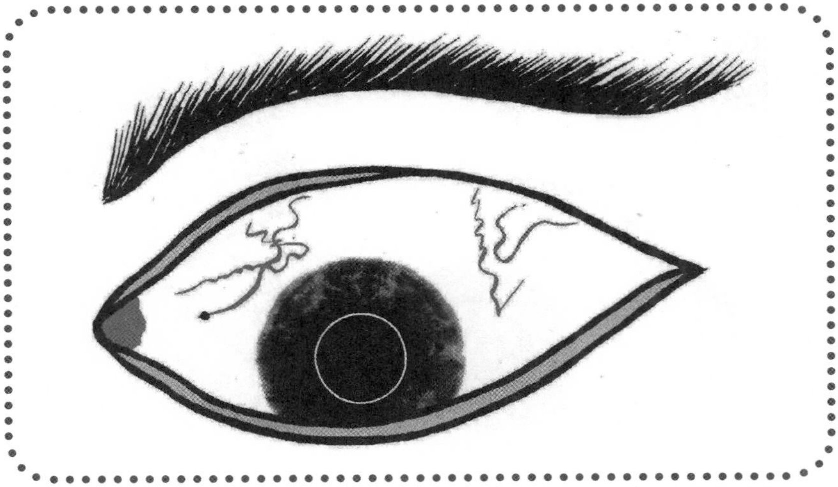

眼白睛串赤筋，靈異學界定沖犯到空棺木煞，引起頭暈冒冷冒熱。嚴重者暈倒死亡。

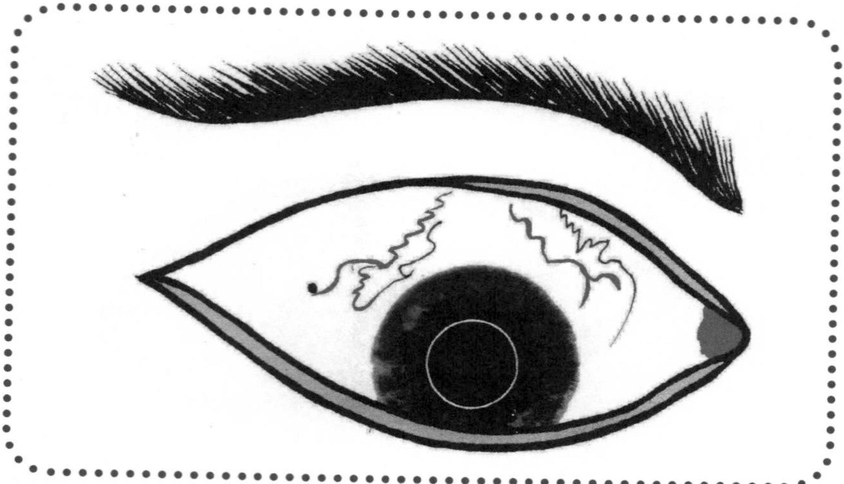

眼白睛串赤筋及青筋同出，靈異學界定陰兵邪將、鬼魔日夜相纏，引起精神急躁失常。會動肝火傷人，砸生財器具，六親不認。

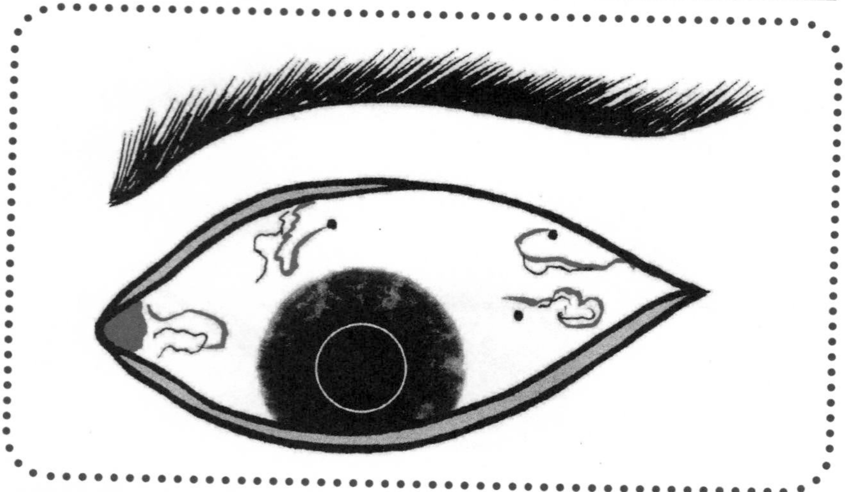

眼白睛串赤筋及青筋同出，靈異學界定沖犯迷魂陰兵、遊路亡魂。精神恍惚，整天昏昏沉沉，不知眠不知食，也可昏睡。

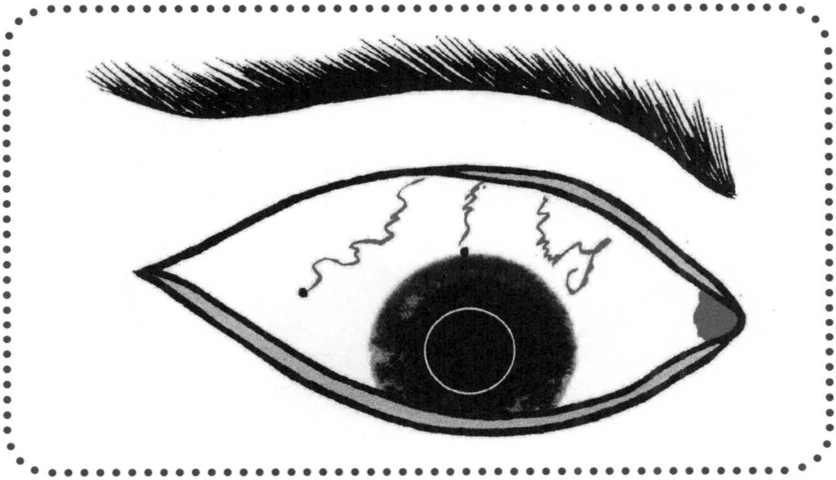

眼白睛串赤紅筋，靈異學界定沖犯陰煞，引起肩頸痠痛，精神不振。

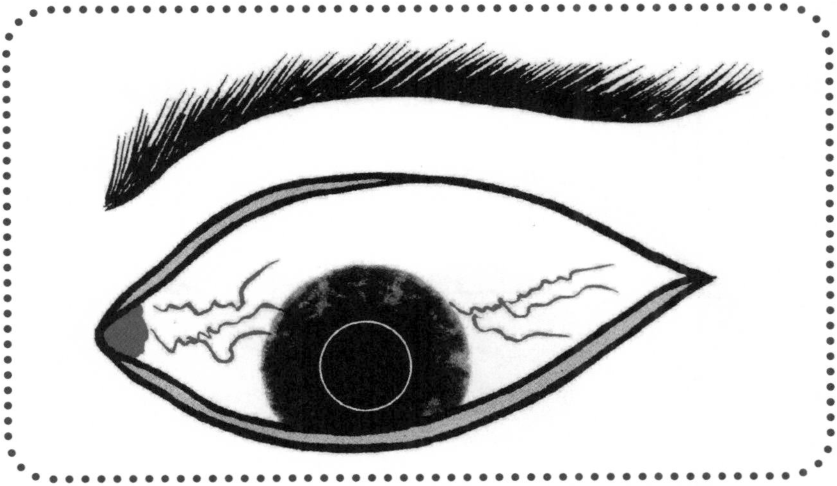

眼白睛串赤紅筋，靈異學界定沖犯陰邪煞，心神不寧，易會有幻想。

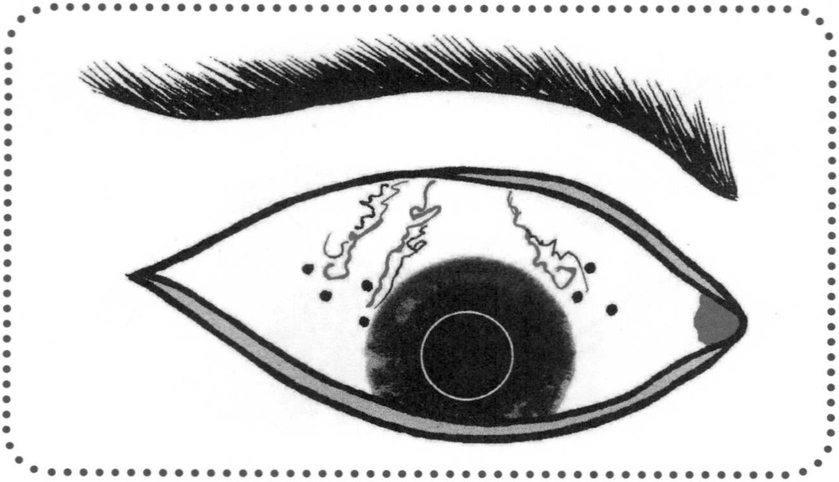

眼白睛串赤筋及青筋同出，靈異學界定沖犯遊路亡魂，引起精神失神，睡眠及飲食均不正常，心神憂鬱。

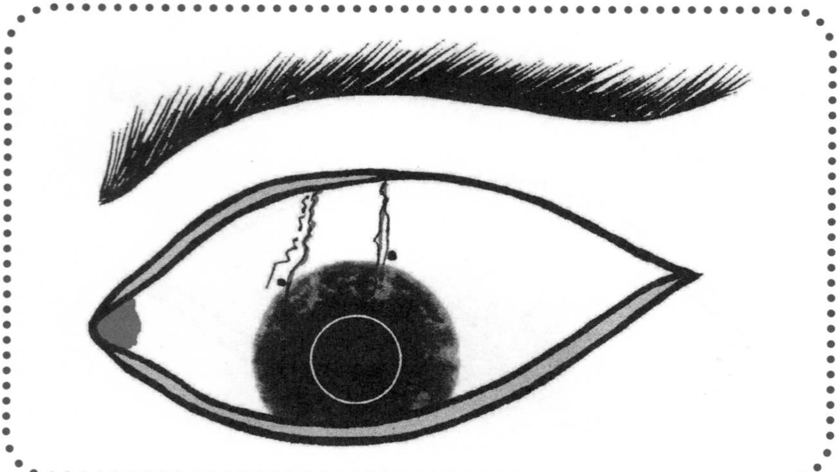

眼白睛串赤筋及青筋尾端直下，靈異學界定被心惡之人下邪咒邪符，引起精神異常，心神會瘋瘋癲癲，時好時壞。

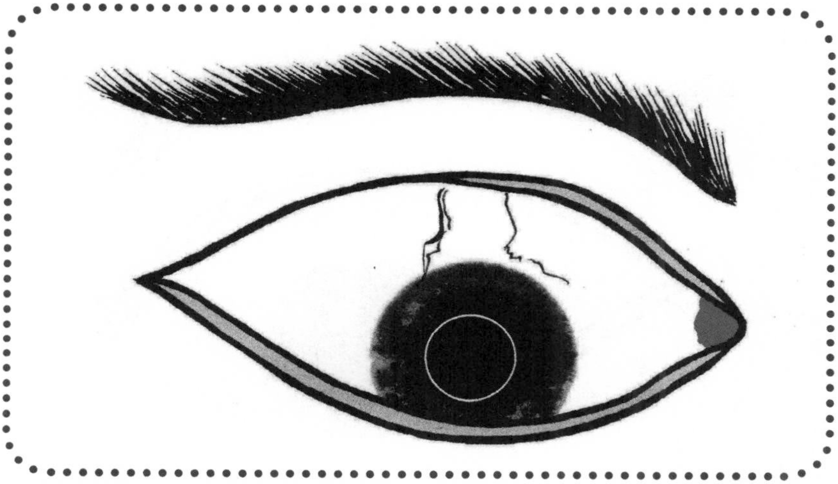

眼白睛串赤筋反灰黑色及青筋同出，靈異學界定沖犯五鬼陰兵，引起精神異常，肩膀痠痛。

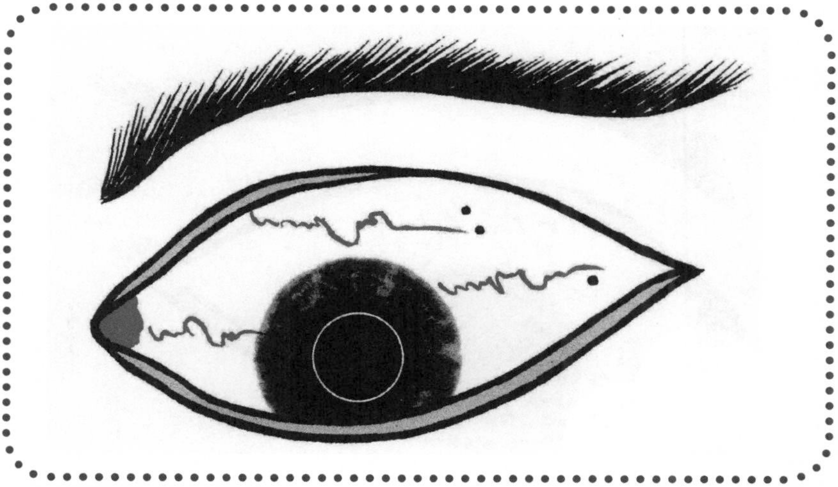

眼白睛串筋在上方，靈異學界定有長輩冤枉死，在下方主有晚輩冤枉死，被冤魂纏身要求代替訴冤。

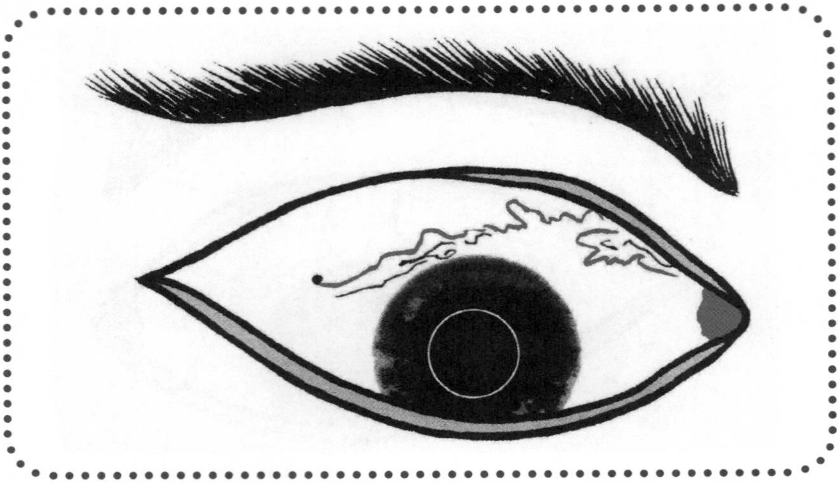

眼白睛串赤筋及混有青筋同出，靈異學界定有家人往生未立牌位祭拜，引起精神恍惚。

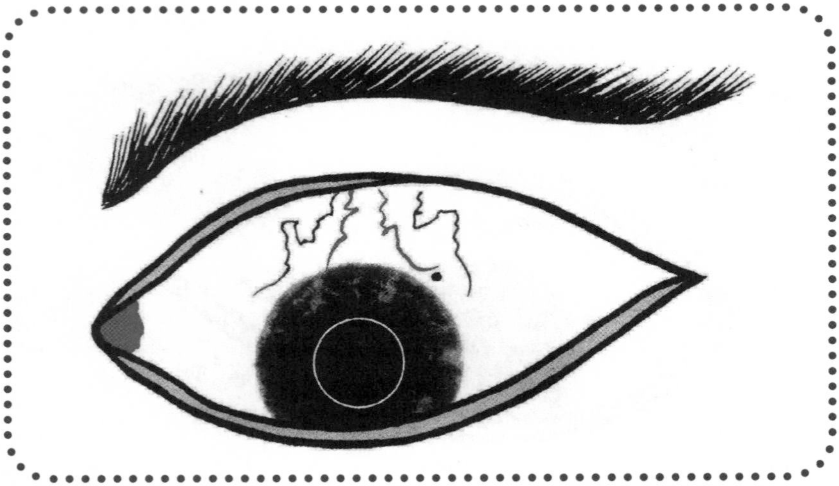

眼白睛串赤筋及灰黑筋同出，靈異學界定沖犯萬應公或陰兵或無主孤魂，引起精神亂神，眠睡及飲食不正常。

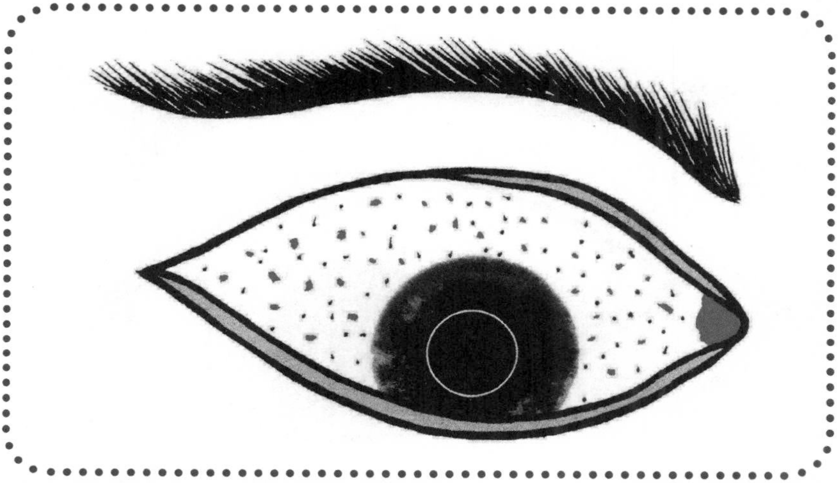

眼白睛串赤紅點混逗黑點如砂狀，靈異學界定犯陰邪煞，引起精神不寧時好時壞，心神不穩定。

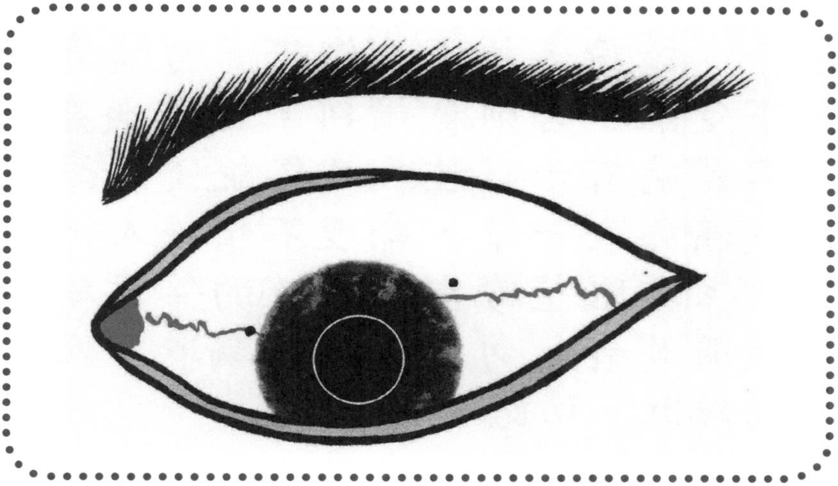

眼白睛串赤筋尾端串睛瞳，靈異學界定卡陰煞，引起有橫厄災難，依民間習俗最忌農曆每月初四日、十四日、廿四日，發生變故。

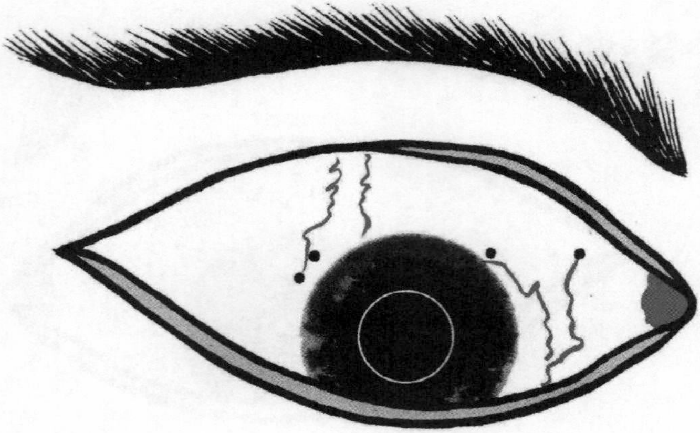

眼白睛串赤筋尾端逗黑點，靈異學界定卡陰邪煞，引起精神不集中且肩胛痠痛，有災殃難即將發生。

請讀者須深入鑽研。勿隨意下定論，否則會誤判。冥界幽靈與體病有千百種，又俗說：醫學不精誤人一命，命理不精誤人一生。觀眼望診需有正確的答案給被服務者，勿花言巧語騙取客人的錢財。切記！

蛇精伴妖女夜夜來催婚

在台灣南部的一鄉下農村，鄉下人依靠農業生活，據張傑敘述年輕時的家境生活，父親是自耕農，自家有旱地田園，魚塭池塘，攏攏總總有十五甲地左右之田園，在該鄉下農村算是大戶農家，其母親隻身上台北創造個人的行業，張傑在該農村過著是上等生活。農村農作物收穫期，需要雇請農夫，農婦來幫忙收成，隔壁村莊來了一位村姑表明應說，願長期受雇領工資，那村姑表明姓氏，稱『葉蝶」，時齡二十三歲，容貌長相及身材相當姣好。受雇農作物採收工作勤快，來工作不到三個月，就極受張傑的鍾愛，倆人很快就成為一對情侶鴛鴦。自家魚塭邊蓋有一間小工寮，是一處倆人約會釣魚的好處所，約三~五天相約一次會。倆人戀情很快傳開了該農村羨煞了很多農戶人家。倆人感情陪養發展到相當程度時，戀情在一年後，女方葉蝶懷有身孕，就很高興的告知張傑，當天倆人相約續到魚塭去釣魚，也巧遇農歷十五日，通俗農歷十五日都是月圓星亮，當晚倆人立下山盟海誓，張傑對葉蝶說：『非卿沒娶』，葉蝶對張傑說：『非君沒嫁」，有了這兩句話，女方葉蝶即認為，這是婚姻的保證。相隔幾天後張傑也有履行雙方的承諾，即向父母雙親敘述了倆人交往過程的前言後語，父母雙親聽完，雖得到父親允諾同意，但得不到母親的允許，在這此時晴天霹靂的事發生了！張婦反對理由是女方葉蝶家庭經濟不好，與我們張家門風差別甚遠，可請葉蝶先到婦產科去打胎，事後再給一些金錢上的補償，若是將孩子生下來，我們張家給她一筆撫養孩子的生活費，這不是了事嗎？葉蝶聽到這訊息後，即哭訴著！回說：「我要完整的婚姻。要孩子有完整的雙親，不要粉身碎骨的胎兒，希望未來的婆婆要有人性。」張婦聽到葉蝶的回應後，即說婚事尚未答應，豈有未來的婆婆之稱。張婦更惡毒的在後，無論打胎或生完小孩，我可安排葉蝶到台北來賺錢，台北市萬華的茶藝館，坐檯執壺賣藝賺小費，以及夜渡資抑或到娼妓館舉牌賺錢！茶藝館俗稱「茶桌仔」，舉牌俗稱「脫褲子賺男人的錢」。葉蝶聽了後也心涼了一半，就託人帶話給張婦說：「我寧願在鄉下賺取微薄的工錢度日，也不願上繁華的台北，賺取貧賤錢，三餐饔享鮑魚、魚翅，過著榮華富貴的日子。人在鄉下雖然過著苦一點的生活，但過著很安穩，到市井賺取皮肉錢也恐無福享受。」又俗說：「三餐饔享貴物，吞落三寸喉也會變屎。」就在此時張傑的父親跳出來講話了，開口大罵：「妳們母子是一對「惡妻孽子」」。依照人情常理以及鄉下習俗，女方一旦有了身孕，是雙喜臨門，雖女方門風不相對，但婚姻不可論貧富。應擇取黃道吉日娶過門拜堂，做為張家的大媳婦。」張父並責罵惡妻說：「妳在市井經營了娼妓館，用金錢去買賣綁約貧戶良家婦女，做為產物的生財器具，在這鄉下左右鄰舍何家不知何家不曉，我張某人出門常遭人舉舉指指。此時這老婦人，聽到葉蝶說：「賺取貧賤錢」，又聽到張夫說：「用金錢綁約良家婦人，賺取他人的皮肉錢。」受譏攻心獸性大發，即頂回張夫及葉蝶，用很不人性又惡毒的話說：「今生又不是沒看過，青春年華少女懸樑自盡死，若妳葉女羞愧懸樑自盡也不足為奇！」

「我在市井賺錢也買了好幾間樓層，都登記在張傑名下，妳葉女什麼都沒有，妳有何條件過門做張家的媳婦！」過程鐵戰公雞好幾回後，葉女也無良策婚不成難過門，這時老婦人吃了秤錘鐵了心，向葉女揚言說：「兒子是我的，我要他娶誰就娶誰，輪不到妳來嫁給我兒子。」葉女眼看大勢已去，摸摸鼻子回到鄉下靜待孩子的出生。據說這老妖女蹂虐女人不手軟，在營運妓館對管教妓女心狠手辣，娼館妓女一天舉牌不超五張牌的妓女，都剉咧等。這老妖女都會命妓館內的跑堂，折磨蹂虐不認真賺錢的妓女，致使妓女無法忍受時，利用妓館跑堂鬆管時逃離，妓女一旦逃離即是違背綁約。人若被找到抓回來，沒人能逃過飽餐一頓的毒打虐待，也有受虐承受不了的妓女，利用晚上睡覺無人注意時，自己懸樑自盡，且舌頭伸出長長的恐怖死像很難看。據老妖女的夫婿張某描述，妓館內死了一妓女有如死一隻貓狗一樣，因她營運妓館領有合法執照，有很多的推脫諉由，將刑責推卸掉，逃過法律刑責。當葉蝶回鄉傻傻痴等了八個月，在這期間這老妖女就以重金聘媒，為兒子完成婚姻。在張傑婚後半個月，婚事也很快傳到葉蝶耳裡，葉女嚎啕大哭一場，空留遺恨，述說郎君已去留我無用。當時葉女已有九個多月的身孕，可說將要臨盆，一時怨恨難消，也就喝農藥自盡結束青春年華的生命，造成一屍兩命。在葉女香消玉殞的訊息傳開後，張傑的父親以道義責任，提供一筆金錢給張傑替葉女辦理喪事，事隔兩年這老妖女相繼去逝，屍體運回家鄉自家的田園埋葬。葬後七年內，張傑家運往下滑，衰事連連，經商屢創屢敗無有回頭的餘地。家中二弟陰鬼纏身，就醫精神科不癒，在醫院大樓跳樓粉身碎骨死。家中的兒子腦部長瘤，經二次開刀治療後也死，張傑在走衰運的幾年中，又家中常常鬧鬼！常在睡覺半睡半醒中，有看見一襲白色人影，鬼魂身上有磐纏一條蛇，妖蛇的舌頭吐的很長，話說要冥婚！常常到深夜夢到妖蛇伴女鬼來訴求要冥婚，幾乎都嚇到醒來不敢再入眠睡覺。據張傑敘述約三～五天就來一次，連續有一年之久，整個人幾乎面臨崩潰。曾有幾次到神壇去求神問卜，神明的回覆都說，女鬼前來報復。經神明與女鬼溝通，都被女鬼頑固的回絕！經過幾天後。張傑前來道館找作者，詳談所有經過。作者聽完所有過程敘述後，作者即建議張先生：「若你今天所講是事實，我建議你將那女鬼吊來問話，看原因出在哪裡？」張先生很驚奇的問說？若能把女鬼吊出來溝通，花多少錢都無妨，張先生就與作者約定再隔兩天。在第三天張先生來了道館，作者也耗費很多的時間與準備，一切準備就緒後即開始吊女鬼魂。約十五分鐘女鬼已出靈，附在張傑的妻子並哭的很慘！

老師問：請問女鬼妳是與張先生情仇未了結的女鬼魂？妳為何哭的那麼淒涼，妳可暫停不哭嗎？妳有什麼冤屈可用講話表達嗎？

女妖鬼回：恨～恨～恨。報復的時機到了！他生意失敗，死了一個兒子還不夠。我要報復到他更悽慘，我的怨氣才能平復。

老師問：張先生現在不夠慘嗎？家財已敗光了，兒子也腦瘤死了，家庭也雞犬不寧了，難道這還不夠嗎？老師請妳女鬼先放下怨氣，我來作你們情仇恩怨的橋樑好嗎？

女妖鬼回：不要你管。我身邊的蛇精是我未出生的兒子，現在已修練成蛇精。我現在要復仇的對象是他的妻子。你知道他的兒子，為什麼十多歲就腦瘤死掉了嗎？

老師問：張先生在四十年前與妳相戀時，有同妳立誓非妳沒娶。結果受到母親左右而未與妳成婚，造成不幸一屍兩命。四十年後妳的怨氣難平，採取報復的結果。

女妖鬼回：算你道行高深，知道前因後果。除非他能與我冥婚，否則沒完沒了。我要報復到他全家滅亡，才會甘願。

老師問：據張傑的轉述，當時四十年前反對這門婚事的母親，往生後死狀也很慘很難看。在她死後七年有幫她撿骨，棺木蓋打開看是全身蔭屍。屍體沒有腐爛，頭髮長了約兩尺長，指甲長了約兩寸長，屍肉尚有彈性，嘴巴張的開開牙齒有如獠牙。為了趕時間骨頭要裝甕，屍體請了兩位撿骨師，千刀萬剮一刀一刀的割，一刀一刀的剮，這種慘狀妳的報復已夠了，希望妳的怨氣可以平復了。依我的經驗妳怨氣這麼重，應是妳的墓穴地理不好。我來與張先生協商，另找一塊福地將妳屍骨重新埋葬。抑或將妳的骨頭裝甕送去靈骨塔，早晚有專人燒香奉拜。妳可靜下怨氣思考，萬事皆要有條理才能成事嘛。有關妳女鬼乞求冥婚之事，妳可要知道人鬼殊途不兩立，應放棄冥婚這個念頭。其餘二條任選一條才能圓滿，解決你們的情仇恩怨。

女妖鬼回：停了很久沒有回應，你們會不會串通來騙我？

老師問：妳只會變鬼，不懂會變通，老師建議妳女妖鬼選擇去佛堂靈骨塔，每天早晚有人獻香敬拜，豈不是很好的一個選擇嗎？

女妖鬼回：好～就依照你們的安排，但需要兩個塔位，我未出生的兒子也需要一個塔位。

老師問：既然妳已同意安排，我來與張先生協商盡快擇個黃道吉日，來幫妳開棺撿骨裝甕，但希望妳近期勿再出靈去騷擾他們一家人。

事隔半個月進行開棺撿骨

在撿骨過程先是準備一些祭拜供品，獻紙錢，即請撿骨師進行撿骨工作。棺木蓋一打開，棺材內懸出一隻蛇來，蛇頭的頭上有一團如小球般大，懸出來後往山上去。女妖鬼的屍體未寒，屍體沒有腐爛有如一個活死人，頭髮長了約有60公分左右長，手指甲長了約有四公分左右長，肉體尚有彈性，雙眼張開未闔眼。屍體埋葬四十年沒有腐爛，加上女鬼能出靈求冥婚，稱之蛇精伴女妖鬼確不為過。事後依各種情況研判，女鬼的怨恨難平也確有苦衷。再研判那隻蛇頭冠上一個小球，也就如張先的兒子十多歲，即生長腦瘤經過二次開刀後也無法救回一條小生命。蛇頭冠有一個小球，如人頭長一個腦瘤，實足讓人讀讀稱奇又巧合。又有張先生婚後沒有平靜的生活，先是敗光家產，再失去一個孩子，過程實是毛骨悚然啊！

作者回憶本案例女鬼之凶頑

作者與鬼魂歷經百戰，從未見過本案例女妖鬼之凶頑。女屍修練成妖，胎兒修練成蛇精，出靈來報復都成真。張傑的母親死後七年，屍體仍陰屍，自古流傳至今，長輩死後蔭屍會吃子兒孫，讓後代敗光家產，抑或災殃禍難亡。據張傑的轉述，有請教名地理師，經地理師的告知，其埋葬的黃道吉日有誤，日子與方向是埋回頭貢殺，不但對亡靈不利，更對後代不利。自從這老婦人死後下葬七年之內，家中的二個兒子均敗光家產，且第二兒子跳樓亡。又長孫的長二孫十多歲，頭部長腦瘤也開刀死，這種種恐怖實不讓人不懼怕，從這老婦人的蔭屍，頭髮長了約兩尺長，指甲長了約兩寸長，屍體未腐爛，嘴巴又張開。死前不安好心，死後受人千刀萬剮，真是不寒而慄。作者覺得很毛的是，女妖鬼想要報復的都成真，從頭到尾都沒對本道師凶悍過，實讓本道師百思不解。本道師歷經那麼多的鬼魂案例，不是被凶悍的鬼魂嗆聲要單挑，即是被破口大罵多管閒事。抑或被敲桌嗆聲有本事有法力你盡量來，被鬼魂忽然來一個拳打腳踢常碰到。本案例的蛇精伴女妖鬼應是有靈性道行了！豈能那麼容易被我道師說服，這是讓我很不可思議。

婦人邪魔纏身拍桌嗆聲要道師單挑

新北市新莊區有位黃先生，於民國100年十月十二日下午五點，來電請示老師。電話中說起其太太被陰鬼卡身，已有七年之久，到處求醫不癒，找過道家法師祭改無解。問過無數的宮壇神廟，只要有親朋好友介紹，哪家宮壇神明很靈，就前去求神望能問出一絲希望。據黃先生電話中表示七年來跑遍全省，求過兩百家以上的神壇。話講到此將電話接給黃太太，轉由黃太太直接跟老師說原委。該婦人接通電話第一句不是說話，依老師聽到的是好像是吹狗螺的聲。起聲是先打嗝，再由打嗝的聲音拉長聲喔～～喔。打嗝聲拉長約有二～三秒之久，聽起來很恐怖，而且連續不斷的打嗝。據該婦人表示，幾乎整天都是這樣嗝個不停，電話中講話斷斷續續，老師聽沒幾句，即請黃先生接聽，回說你太太講話老師沒能聽清楚，最好是你將黃太太帶來道館，老師當面看比較好，也較能了解狀況。黃先生與老師相約下午七點到道館。犯者準時七點來到道館，一進門坐在老師的對面，雙眼往上吊白眼露出，雙眼變圓形帶兇眼，嘴又打嗝不停，喔～～～喔拉長聲，又每隔約二～～三分鐘嗝一次，讓人聽起來很恐怖的感覺。依老師看起來對我很不滿的樣子，雙眼直瞪著我。此時老師與黃先生交談，問說：「你太太的那種打嗝聲，雙眼吊高目不轉睛的那種形樣，七年來都是這樣嗎？」據黃先生回說：「就是這樣。找任何一家神壇也都同樣。會拍桌叫罵，都說天不怕地不怕，叫玉皇上帝來也一樣不怕。」聽完黃先生的敘述後，老師回黃先生說：「這已不是一般靈界鬼魂，這種耍狠的階層依我經驗，應是邪魔才會那麼兇。等喝完咖啡後，我再請邪靈出來問話。」約十分鐘時，我即請那婦人進到內面坐，所有準備就序後即開口問話。

老師問：請問你是何方的靈聖。你是陰邪，邪魔，能告訴我嗎？

邪魔回：我是魔界最兇的魔。手即伸出來往桌上拍一下，聲音實在夠大夠響。又很凶悍的問老師說：「我是你在管的嗎？」

老師問：「你兇什麼兇。」我隨即站起來說：「你膽敢再拍一次給我看看。」雙方僵持約三分鐘不講話。在這三分鐘我自己內心在想，被拍桌這一下說沒被嚇到是騙人的。老師開口說：「好，我再問你一次，祢是陰鬼邪魔？」

邪魔回：你憑什麼要我告訴你，有法術或本事你施展出來啊。乩童持劍殺我，我都不怕我哪會怕你。魔界我最兇惡的了。

老師問：有本事你邪魔再講一次給我聽聽看，你看我會不會動手修理祢。修理到祢元氣大傷為止。

邪魔回：來啊～～來啊。我在等你修理我啊。你出手啊，我去神壇桌子照拍，照樣嗆聲單挑，有本事有法術來啊。

老師問：再問你一次，要不要以協商方式和談，避免雙方傷到元氣。祢邪魔來本道館是輪不到祢用鬧的來解決。若敢再嗆聲挑戰，我的忍耐是有限的。

邪魔回：我講過我是天不怕、地不怕、人更不怕，她找過法師，找過神明，我都不怕哪會怕你。

老師問：此時實在忍無可忍，隨即請助手林志樺化燒一張斬鬼攝邪魔符。我隨即站起來，腳踏罡步，手掌雙五雷指對那邪魔連轟三下，同時口含符水連噴三下，當時我看犯者身體頓了一下，依經驗這是邪魔已被傷到。停了約三分鐘，再開口問那邪魔還敢挑戰嗎？

邪魔回：很不甘願的回說：「我要跟你鬥到沒靈氣為止，現在還可以再鬥。來啊～～來啊。我在等你出手打我啊！」

老師問：你邪魔從頭到尾一直沒善意過。此時我再請助手林志樺點燃三支香，再次的向邪魔勅轟殺鬼魔符。約過二分鐘後見犯者頭已低下，又問那邪魔還敢挑戰嗎？

邪魔回：沒有回應。約過五分鐘後仍沒有回應。

老師問：你邪魔要不要用協商方式妥協，祢開個條件出來聽聽看。先講明，條件過高不接受。若敢無理要求，抑或吃名詐姓來騙取財物，本道師決不寬諒。

邪魔回：不動聲色的又拍桌大罵：「條件都被說死了，我還開什麼條件。你這不等於在騙我嗎？我不開條件，要鬧到你無法收場。」

老師問：好。要鬧到我無法收場以前，我先請祢邪魔抽根菸、喝杯咖啡，我先講明，我先禮後兵。等一下我會違反戒律，傷到祢邪魔元氣大傷為止。

邪魔回：好啊。菸拿來，咖啡端來啊。

老師問：你先將那根香菸抽完，咖啡也喝完再到外面坐。因這裡相隔一張桌子，我不好出手。

邪魔回：菸抽完，咖啡也喝完，即自動走到外面坐下。雙眼吊高且一直瞪著老師不合眼，又目不轉睛的問：「你不是要修理我嗎？」又拍桌說：「不怕你修理啦！前幾年下來，在神壇、法師面前，我從來沒怕過，我也從沒被修理過。我要看你今天有多大的本事。」

老師問：不動聲色的請助手林志樺再化燒一張轟殺邪魔符。再次腳踏罡步，手掌雙五雷連續轟出六次。約轟完二分鐘後，那邪魔的打嗝聲已變約小聲了一半。老師看那被沖犯者婦人無能坐正，整個人坐斜全身靠在椅子扶手上方。我就問邪魔說：「有本事祢就坐好坐正一點。」

邪魔回：此時全身動彈不得，全身軟趴趴的頭趴在椅子扶手上，只有聽到打嗝的聲音。喔～～喔。但聲音聽起來很小聲，看是已沒有元氣了，什麼話都停了下來。完全沒有回應，約有十分鐘左右。

老師問：此時再補一下五雷指。請助手站在犯者背後，右手掌五雷指按在犯者的額頭，我本身站在犯者前方，右手掌五雷按在犯者胸部的八卦處。時間約十分鐘等放手後，見之邪魔已完全沒有反抗能力，而且講話也已沒有力氣回話。此時我向黃先生說給坐個半小時，再帶你太太回去。話講到這裡那邪魔忽然醒過來。

邪魔回：你剛才請我抽菸，及請我喝的咖啡有毒，我才暈昏過去的。我現在醒來了，我養精蓄銳元氣已恢復了。雙眼又瞪大了。

老師問：你邪魔在胡說八道。若是香菸及咖啡有毒，婦人早已送醫了，哪輪到祢還會醒來。不是香菸咖啡有毒，祢邪魔今天喝四杯符水，你既然自稱祢是魔，難道不知道喝符水如喝毒嗎？想不想再喝一杯符水。

邪魔回：再給我喝，我就要吐掉你拿我沒辦法。我不想喝，也不想再抽菸，你要怎麼樣。

老師問：若你邪魔不想我再轟祢，不想我再傷祢，祢就乖乖安靜坐好。我重點不是要傷祢，是要與祢協商。雙方妥協各讓一步，祢好犯者也好。祢開個條件，要怎麼做祢邪魔才肯接受，祢才肯放手不再續纏卡身在婦人身上。限祢三分鐘以內回答我的問話。

邪魔回：她婦人三年前已死過一次了，她家人也都準備辦喪事了。後來等到第二天她婦人又醒了過來。那次我是不想給她那麼早死，我想要再折磨她幾年。等她死後我再帶她來我身邊修行，做我第三任的妻子。

老師問：婦人三年前已死過一次，黃先生已在電話中跟我講過了。那次的死是祢邪魔在整她是嗎？祢這麼做豈不是很殘忍嗎？好啦，我看祢講話也已沒什麼元氣了，我不想再傷祢。我們雙方各退一步，用妥協的方式和解，祢願不願意。

邪魔回：願意是願意，我身份這麼高，你們也不能太隨便太馬唬啊。

老師問：身份高祢的大頭鬼啦！祢現在還有身份可言。辦一場小法事來祭拜祢，算是對祢很客氣了，很尊重祢了，祢還想要求什麼？若敢再過高的要求，祢會什麼都沒，只有送祢雙五雷，及雙劍追殺指，抑或發香箭追殺祢，三種通通來讓祢沒有選擇的餘地。

邪魔回：你這麼兇，不跟你講。

老師問：好啦，今天所有過程到此結束。只要婦人家屬同意要處理，絕不虧待祢邪魔。有處理會再次請祢出來，我希望在未處理前祢邪魔不要再惡整婦人。

回憶邪魔兇悍二小時

陰鬼邪魔妖精，兇悍搗蛋，嗆聲挑鬥，程度各有不同。靈界在陰間欺負弱勢鬼魂習慣了，來到陽間相對的死性難改。作者長期以來，歷經無數的鬼靈，最常見聽到的一句話，靈界附在犯者身上，只要一見面抑或一坐下，第一句話據老師最常聽到的是，我不怕你，有本事做你來。第二句話是：挑戰較高的，有法術做你施展出來，若是本身沒經驗，抑或經驗不足，遇到類似語詞，必是自己先驚嚇三分。一般靈界都會先聲奪人，讓主事者自己嚇自己。一般靈界出來哭的很慘，幾乎是含冤而死，無處可申的冤鬼。法師都很明道理，會很寬心的善待。遇到嗆聲不理性的靈界，起先均會以軟性的言語相勸，但用勸的方法是很難得到兇狠的靈魔接受。悍靈常是會得寸進尺，用舉動抑或語言不斷的向法師挑鬥。例：本案的邪魔約每隔二~~三分鐘，均會打嗝順勢拉長聲，喔~~喔。又雙眼吊高白睛露出，雙眼成圓形，看起來很兇悍又恐怖。且語詞強悍加上會拍桌叫罵，讓旁人不得不驚恐萬分，閃躲一邊。以本人身經百練遇到的類似邪魔，邪魔的層級能叫人不怕嗎？說不怕是騙人的。怕的重點是邪魔要出手打人，很難去注意祂什麼時候出手。另外是邪魔出手的力道夠大，人看人怕。但對付邪魔的方法不能先出手，應先讓犯者喝下斬邪魔符水，三～五分鐘後邪魔的靈力傷到元氣，即自然力氣與兇悍的狠勁會消失減半，此時再出手才能戰勝邪魔。例本案那邪魔本來打嗝是喔～～喔拉長聲，到兩個鐘頭後，聲音變成嗯～～嗯，而且音轉成有氣無力，整個人癱軟在椅子上，完全消聲。這可見邪魔已被法術控制住了，短時間內不敢再有動作，此時不能當作邪魔已完全倔服。若犯者家人沒有進一步的託請法師，再進一步處理，等祂過幾天，邪魔養精補足恢復元氣後，會更加兇悍。一般常人很難靠近身邊的。

惡鬼吸陽人精氣公然向道師挑戰

家住台中有位蕭姓年輕人，年齡二十多歲，人長得很俊俏，身材一等一，面宮容貌極俊。依老師研究人體工程學的經驗，蕭姓年輕人必有相當女人緣，但很可惜的是被惡鬼纏身。其父親於100年9月23日，自高雄來電與老師相約。9月26日星期一去台中帶兒子北上，請教老師查看我兒子卡陰的事。當天下午的一點多兩父子到時，在樓下視看房子外表，沒有五官堂的招牌，又躲在二樓。父子內心有些微的存疑，我們會不會找錯人。蕭姓年輕人在台中書局看到一本靈界導遊一書，其父在高雄書局買到一本靈界導遊，父子交叉互結是一樣的。同一位老師的寫作後，再先電話上來說林老師我們到了，現在人在樓下。我聽完電話續按門鈴請上來。其父子上來坐下後，在鈙述這些靈異過程。我邊泡咖啡請客，邊傾聽其父子的轉述。父子兩在北上路途中，那惡鬼已附身在蕭姓青年，出靈與其父談聊。老師聽完所有的細述後，表示一般鬼魂會操控犯者的鬼，以及會附身在犯者身上講話的鬼，都很凶惡。要調鬼魂出來問話，我須要一位助手。老師先撥一通電話給助手林志樺，在等助手的約十五分鐘時，老師向蕭姓青年表示，依我研究人體工程學的經驗，提醒蕭姓犯者，依你的年齡二十多歲，沒有理由你面宮的淚堂下方，反赤紅似瘀血色，這是你在荒郊野外亂撒尿卡到的。你的五臟六腑，其中的腎臟及膀胱已出問題。蕭姓犯者回應：「喔這個有，現在膀胱已有問題了。」此時我的助手林志樺也到了。我即時向在場的三人交代，等一下吊鬼魂出來時要特別注意，這個鬼魂應該是來者不善，依我的經驗判斷是一隻凶鬼。若出來誰被鬼傷到都是無可討回公道的，算是多衰的。老師先請助手折二疊壽金，各七張。再化燒一張殺鬼符，化陰陽水。交代助手林志樺，鬼魂出來若是太凶會傷人，無法控制場面時，將那杯殺鬼符水潑灑在蕭姓犯者頭上，惡鬼即會停止舉動，不敢再傷人。此時蕭父接續說要注意，在中部問神，神明指蕭姓犯者有乩骨，要將他訓成乩童，要蕭姓犯者晚上去宮壇睡覺三十天。去睡沒幾天那個桌頭被那惡鬼打到很慘。話講完，老師向蕭父表示，這個我們會注意的，而且我們也經過好幾個的經歷，鬼打人是不說理由的。好，話講到這裡，老師隨即準備吊鬼魂的工作過程。取來一只貢末沉香粉爐，先化燒一張吊鬼魂符，再化燒一張五鬼陰邪符，續舀二匙貢粉點燃後，隨即貢爐邊擺放兩台收錄音機。一台播放請神咒語，一台播放請吊鬼魂咒語。

老師馬上右手持三支清香，左手劍指挾七張金紙，即開始催符唸咒完。腳踏七星步前進，向天庭玉皇大帝，三官大帝，稟報要吊請陰間鬼魂顯真靈，來某某地方附身在犯者蕭姓青年，借體講話以及跟老師對話。過程的動作完後，老師隨即坐在桌子前本位，等候鬼魂來附犯者身。等約十分鐘完全沒動作，老師即開口問蕭姓犯者，鬼魂有沒有來，蕭姓犯者兩個眼睛張大瞪著我。

且回問老師：「你在吊什麼？我隨時都附在蕭○○的身上。你找我來要做什麼。沒得商量啦。我看你法術有多高強，盡量施展出來，我們來比比看。看我修練過的靈力比較厲害，抑或是你的法力比較高強。」

老師向鬼魂回說：「好，你既然來了，我來問你。」

老師問：你鬼魂哪裡人祇？你是怎麼死的？你今年幾歲？你死時家人有沒有人幫你招魂收屍？

惡鬼魂回：你憑什麼問我。我不願回答你咧！你無法度我，我只回答你，我是魔界第二凶的惡靈，你憑什麼干涉我。

老師問：你總是要講個道理嘛！你這樣回話有一點不講道理，等於是橫材拼入灶，是一個野蠻無厘頭的凶鬼。請你回話客氣一點。

惡鬼魂回：我就是無得商量。我就是要橫材拼入灶，阿嘸你是要按怎。有本事你來啊。在中部來一個我打一個，他們有講給你聽了嘛。

老師問：你這種說法是陰鬼向陽人嗆聲，你要比法力這樣子不好嘛！我不想違反戒律傷到祢。人鬼不互相傷害，各留一條活路，用協商的方法不是比較好嗎？到現在祢還沒跟我講是哪裡人，怎麼死的，有什麼情仇恩怨。

惡鬼魂回：我是大陸來的惡靈，不願跟你說哪裡人，不願就是不願，我就不願說。我就是要吸蕭〇〇的精氣，吸到他死再帶他來我身邊，我會將他修練成惡鬼。

老師問：你將他陽氣吸盡，他不是會死在你面前嗎？那你豈不是罪惡嗎？你這樣傷及無辜，他不是變成可憐鬼嗎。

惡鬼魂回：我就是要吸他的陽氣，吸到他死干你什麼關系，你在管什麼事。此時另外一個外來鬼來借蕭〇〇的身體講話。

外來鬼回：我是翁〇〇老師你要小心，這個是有修練百年以上的惡靈，他很凶講不聽的惡靈。這要將祂修理一頓後再跟他談，他是很頭痛的惡霸，修理祂下手要重一點。我一聽到翁〇〇這個名字，內心一時覺得很熟。就開口問說：「你是不是台中那位翁〇〇。新聞媒體轟動全省，震動社會治安的翁先生。」

外來鬼回：是，我沒下地獄，我上天庭。我是來保護蕭〇〇的。因那個惡靈會雙手鎖住蕭〇〇的脖子，等於是鎖喉。你向玉皇大帝稟報時，我剛好在凡間巡視，聽到就進來了。我沒有出聲，只是在旁邊聽，有看到那個惡靈很凶。

老師問：你沒有借體開口講話前，確實不知道你是翁〇〇，有失敬的地方請你諒解。你既表明身份，我應遵稱你是翁氏仙人，翁真君。翁先生哪一種稱呼比較有禮貌。

翁氏仙人回：我現在已在天庭，我是人人好，隨意叫都可以，我不計較身份。

老師問：你生前在中部是一位社會很有份量的人士，請問你那土豆的傷口好癒了嗎？再問你在天庭是不是很吃得開，時間很自由嗎？你既然來了，我請助手化一些亡魂錢給你好嗎。那你先請坐，請你喝一杯茶。

翁氏仙人回：我在天庭要什麼有什麼，就不必客氣了。傷我的人已經被法律制裁了，也不想再談些什麼事了。那個年輕人是被利用的。我現在很好也很自由，我是跟在濟公禪師的身邊，吃喝玩樂都很自由。

老師問：你有沒有回去探視家庭？有沒有回去家鄉去找以前道上的朋友？

翁氏仙人回：我常回去探視家庭。道上的沒有啦，因我現在身份有點特殊，就不方便了。

老師問：你既成天庭仙人，我請助手化些仙錢給你受納。另外拿一張椅子你請坐，一杯茶你請喝，你應也有抽菸，我點一支香菸給蕭○○抽。翁氏仙人你暫時休息一下，先將蕭○○的肉體還給那個惡鬼靈。

老師問：請問你這惡鬼有沒有商量的餘地？你會講台語，大陸根據我知道有一省會聽會講台語？你是哪一省，我們先講好，不得吃名詐姓來欺騙陽間。

惡鬼魂回：沒本事就不要問我。你先施展你的法力，我們先鬥看誰的法力強。除非你能打退我，要不然我什麼都不告訴你。

老師問：能不鬥就不鬥，逼到不得已的時候，我還是會出手的，所以不要逼人太甚。法師的法力不是你鬼魂可以試的。

惡鬼魂回：來啊……來啊……來啊，我等你出手施展法力，看有沒有本事傷到我啊。若沒本事講話就小聲一點。

老師問：此時我實在忍無可忍，自己停頓下來，點一根香菸抽順便吸個氣。內心在想再耍無賴的惡靈都遇過，看情況已到不出手不行了。就請助手林志樺點燃三支香，化燒一張追殺惡鬼符。準備要動手時，翁氏仙人又借體附在蕭〇〇的身上，說你的法力比祂那惡靈高，你可以下重手修理祂。

翁氏仙人回：我實在看不下去了，有這麼講不聽的惡靈，從頭頑抗到尾。這個要處理二、三次，要下重手。老師你的背靈是鍾馗，在後面助你。你每做一件好事天庭都有記載的，以後你也會上天庭的。

老師問：隨即拿一幅鍾馗圖，給翁氏仙人看，問是不是這個黑面的。回是就是他，他就是鍾馗。老師續說天庭玉皇大帝，有派司命真君，司管凡間好歹事每一筆都會記載。好，請翁氏仙人你暫旁邊坐，隨即動手。在犯者蕭〇〇胸前敕靈威，追殺符，另在額頭用劍指敕畫符。兩動作做完，隨即兩腳踏罡步，口含符水，連開三次雙五雷轟鬼指，口含符水噴向那惡鬼。看那惡鬼坐著沒動靜，等約二分鐘後，我隨即開口問那惡鬼還敢挑戰嗎？還敢不商量嗎？

惡鬼魂回：我沒有受傷，只有頭暈暈的，就不講話了。約過了三分鐘後惡鬼頭抬起來，兩個眼睛瞪著我且目不轉睛。

老師問：據翁氏仙人說，你抱著肚子在地上打滾，還說祢沒有受傷。若沒受傷祢頭怎麼會暈暈的？我還是求祢惡鬼用協商的方法，祢放蕭〇〇一條活路，祢也有一條生路，這不是很好嗎？雙方用和解的方法不是兩全其美嗎？祢要有同情心嘛，蕭爸爸已是欲哭無淚。

惡鬼魂回：我不協商你要怎麼樣，我就是要吸蕭〇〇的精氣，你憑什麼管我。我要吸他的精氣，吸到他死，吸不死也要帶他去自殺，跳樓死。

老師問：祢帶了幾個鬼靈騷擾蕭〇〇，有男有女在蕭〇〇的耳朵講話騷擾不停，祢今天要從實招來。若不講實話今天不放過祢的，此時翁氏仙人再借體附在蕭〇〇的身上。

翁氏仙人回：開口說這個惡靈是嘴硬，老師你要逼緊一點，下手要重一點。這個惡靈依我看要處理三次他才會軟化，因這個惡靈有修練百年以上了，而且後面有邪師在操控，老師你遇到的鬼靈可能他最凶。但是他現在被你轟到抱著肚子在地上打滾，元氣已大傷。祂不服輸，現在又在施展法力。在等恢復元氣，準備要報復。老師回翁氏仙人說好你先旁邊坐，我來問那惡鬼魂。

老師問：你要不要協商，我原本不想傷害到祢，但祢講不聽，我也是很不得已的。祢可冷靜下來，雙方好好談嗎？我願留一條活路給祢。

惡鬼魂回：嗆說：「已經講過了，不協商就是不協商，要我講幾次你才聽懂。若是不拼不鬥哪知道誰會贏。」

老師問：不協商是嗎？隨即請助手林志樺將桌上的貢末爐拿開，馬上站起來腳踏罡步，雙手掌雙劍追斬指，在惡鬼面前敕畫追斬符。畫好坐下來時，翁氏仙人又出來講話了。老師你這招就厲害了，傷到祂已在地上打滾。

翁氏仙人回：這次傷的比較重，他已經沒力氣了。他現在抱著肚子不言不語，滿臉痛苦不敢叫出來。

老師問：我再問那惡鬼，要不要再鬥。我願意給你機會，若祢肯放手，不要再糾纏蕭○○，我就不會修理祢。

此時蕭〇〇的爸爸切入，做和事佬。勸那惡鬼說好了，有玩就好。

惡鬼魂回：我以為你在嚇我，你真的有三兩步七的法術。你不是說一次要把我解決掉嗎？怎麼我還能講話，我還活著好好的。

老師問：今天尚未處理法事，等蕭〇〇家人同意，才會解決問題。今天暫時到這，祢要好好思考，是祢靈力強還是我法力高。

惡鬼魂回：有力無氣的說。還是要拼看看。才知道輸贏。

老師問：祢今天沒有傷痕累累，我才不相信，祢還說要拼看嘜。講實在話，我確實不想傷害祢。祢今天喝下三杯符水，那是毒藥（符水）不是飲料。祢這三天內肚子一定是很難受，不像祢說的只有頭暈暈，祢還會拉肚子下瀉。今天到此結束，等辦法事時有本事，祢惡鬼再來跟我鬥個輸贏，祢可先退回陰間去。

回憶惡鬼靈嗆聲翁仙人暗助

在這三小時的過程中，最讓人驚奇的是翁氏仙人的出現，言語舉動相當的客氣。我本以為來了不速之客是一位影武者，經查問求證中部確有這位生前人士。本以為是來鬧場的，但再回想，翁氏仙人一出現隨即表明，我是翁〇〇，我上天庭沒下地獄。老師隨即開口問說：「翁先生你怎麼能出現來這裡？」翁回說你有向天庭稟報要吊鬼魂，我在天庭是跟在濟公禪師的身邊，時間很閒，有空就到凡間巡視鬼魂擾亂陽人的事情。老師問：「你既是翁仙人那你請坐，我請你抽根菸，請喝一杯茶。今天你能來相助我很感謝，暫休息一下，我來問這蠻橫霸道的惡鬼。」話講完，惡鬼即回說，我就是蠻橫霸道不講理的鬼，你要對我怎麼樣。我回憶起來真是有驚無恐，內心也是很怕被惡鬼靈傷到的。

其實我遇過幾百個案例中，也曾經遇到凶鬼。嗆聲要單挑，動手格鬥，人鬼各施展法力互鬥，種種都曾遇過了。遇到凶鬼說不怕是騙人的，因凶鬼要動手打人是不預告的，我們是防不勝防，若是有被凶鬼傷到自己是知道。凶鬼被法力傷到，祂是無形的我們陽人肉眼是看不到。唯一能看出來是，低聲下沉回話軟弱，這就知道凶鬼已元氣大傷。若不是翁氏仙人能看到陰界，也不知道那凶鬼傷到什麼程度。

例第一次掌雙五雷連續轟三下，有沒有傷到看不見。經翁氏仙人的轉述，這個惡靈現在抱著肚子在地上打滾。第二次掌雙劍追殺指對凶鬼勅殺，同樣是看不到傷到什麼程度。又據翁氏仙人轉述，這次傷的比較重，祂現在閃在旁邊等恢復元氣，可是祂還不肯認輸。這個惡靈是陰界第二凶惡，任誰也勸不聽的，你要注意一點。一般通常遇到凶鬼，祂身邊都會帶小鬼，會以連環鬥的方式來跟法師鬥。原本翁氏仙人的出現，我以為是來鬥或鬧場的，可是印證起來全然不是。

由哪裡證明不是呢，我向犯者蕭〇〇的父親，提起若是要處理法事時，應準備一副牲禮敬拜翁氏仙人。從頭到尾我講三次，翁氏每一次均是回說，我不用，你請我抽菸喝茶就行了。而且過程講話都是很客氣，不像那些凶神惡煞，需索無度。由此可證明翁氏仙人非凶神惡煞。再證明一點就是問翁氏仙人你怎麼跟犯者蕭〇〇有相識？翁氏仙人回老師說不相識，是我以前那些小漢跟他有認識，我是來保護他的。而且翁氏仙人不時的跟蕭爸爸交談。翁氏仙人還對老師交代說，你所開的條件祂都不接受，祂要的東西祂可以自己變化，要什麼有什麼。祂的目的就是要吸取蕭〇〇的精氣，擴展祂自己的靈力，所以從頭到尾祂都不妥協。聲聲句句都說要吸他的陽氣，吸到他死為止。經翁氏仙人的指點我已經明白了，怪不得我罵祂，祢這種行為舉止是可惡至極。那惡鬼回話也是很強硬，我就是可惡至極，我就是霸道。什麼話都能頂回來。其實我也知道這個凶鬼來者不善，我自己也要特別小心不可粗心大意，才不致傷到我本身。

幽鬼難纏道行深高不懼鬼魂惡
雙劍指訣追殺鬼魂必傷痕累累
五雷轟出千妖萬邪魂飛魄散亡

女鬼附體相纏王小妹妹四年不罷休

於國曆101年4月24日農歷4月4日，早上九點三十分時，王小妹妹今年十二歲，其母親來電諮詢。起先問說，請問書局有售一本「靈界導遊」一書是不是林老師你的著作？老師回說是。王小姐即說，我有閱讀該書的內容，老師你有處理過很多的鬼魂的案例。我想請問老師一些有關我女兒的靈異問題，不知老師有沒有方便，老師回說可以你講。王小姐即說，我女兒今年十二歲，在四年前我女兒就能看到滿面青色，雙眼瞪著大大的眼睛，牙齒有獠牙，頭上長有兩支角。我女兒在家中擺設的洋娃娃雙眼會眨眼，家中常看到有位老婆婆在走動。在有一天王小姐帶著王小妹妹，去逛百貨公司買衣服。王小妹妹看到櫥櫃擺架一套唐裝，即向媽媽表示，那老婆婆就是身穿這種衣服，在這四年當中王小妹妹，耳朵常聽到有人在跟她講話。大概都講些，妳好爛，妳很不中用，妳什麼都跟不上別人的一些雜語。有時常在耳邊向她吹風，妳趕快去跳樓，跳樓也不會死，跳樓也不會怎麼樣，跳樓很好玩。耳朵長期有聽到鬼魂在講話，有時很雜聽不清楚。王小姐話講完隨即問說，請問老師這種處理酬金需要多少？我女兒的這種是病抑或靈異纏身。在這幾年當中已就診過幾家大醫院，一直都沒有改善。例有照核磁共振，照過超音波，全身身體檢查，症狀仍然存在沒有改善。也有問過幾家宮壇，找過老師處理。在我看靈界導遊一書中，老師你有處理過諸多案例，應該很有經驗。請問老師這個費用要多少？王小姐講到這裡時，老師即向王小姐回說。妳現在問價錢沒有用，我須要找出妳女兒的症狀癥結在哪裡？才能告訴妳價位，請問妳住哪裡遠不遠？王小姐回說不遠，居住三重。不過我現在在上班不能走，也走不開。我現在打電話請我媽媽帶我女兒過去找老師。約過一個小時王阿嬤帶著孫女王小妹妹。來到道館時，老師隨即請王阿嬤及其孫女請坐。王阿嬤隨即要跟老師說，其孫女王小妹妹的靈異經過。老師向王阿嬤說妳先坐，暫時不講話，坐靜後我先看王小妹妹的氣色，再來論斷症狀才不致誤導。

就在此時老師泡兩杯咖啡，王阿嬤表示不喝咖啡，只要一杯開水即可。老師即端送一杯咖啡給王小妹妹，一杯開水給王阿嬤之後。老師隨即請王阿嬤說，王小妹妹的靈異狀況。王阿嬤說我孫女早上起床後準備要上學時，說後面有人打她的後腦，轉頭回看後面沒有人之後，臉上又被打一下，隨後又在王小妹背部寫字。心臟就會逼的很緊，好像有東西重壓在胸前。王小妹妹向阿嬤哭說有人在耳孔前罵她說，妳很沒用，講很多且聲音很雜。王小妹妹的阿嬤聽說後，隨即向學校請假。據阿嬤說，類似這種情形是偶爾約兩個月左右，就會發生一次。此時老師打斷王阿嬤講話，說好妳講到這裡，老師來補充說。根據我的經驗，王小妹頭之上方應會好像有重物壓在頭上。再來是五官面宮，兩邊太陽穴的地方偶爾會抽痛。再來是注意肩胛偶爾會痠痛，腰之兩側也有一點點會痠痛，更要注意膝蓋會痠痛。以老師的經驗，王小妹妹的症狀，這尚是中等的症狀，嚴重時腳踝會痠會腫。請問王小妹妹剛剛所講的有妳說有，沒有妳說沒有。王小妹妹回說腰不痠痛，其它都有痠痛。話講到這裡時，老師向王阿嬤問說：「像妳孫女這種靈異算是中等，若妳有同意，我來調那鬼魂出來問話，妳有沒有同意。」王阿嬤回說：「若能調鬼魂出來問話那是最好的啦，我這孫女已被靈異整了好幾年了。」老師向王阿嬤說：「能不能調的出來不知道，若能調得出來，快的話約五分鐘，慢的話約十分鐘。若鬼魂有出來請王阿嬤不要怕，妳可直接跟鬼魂對話，老師在旁邊協助，王阿嬤回說～～好～～好～快一點。

在此時老師隨即點燃三支香，折了七張金紙，從抽屜取出一張調鬼魂符，挾在七張金紙內且點燃。再進行催符唸咒，腳踏七星步。進行調鬼魂步驟完，馬上獻鬼魂紙錢，給鬼魂過路橋過路費。隨即用事先準備好的貢末燻王小妹妹，在身上繞了幾圈後，隨即持三支香在王小妹妹胸前，敕調鬼魂符，請鬼魂速速顯真形。所有動作完成後，那鬼魂約不到五分鐘即來附在王小妹妹身上。鬼魂來時第一句話說，活要吵死太吵了。本來放在桌上的錄音機是放調鬼魂咒，老師隨即將錄音機關掉。也同時向那鬼魂說「歹勢」。聽那鬼魂的聲音是女鬼魂的聲音，此時老師馬上向女鬼魂問話。

老師問：請問妳是何方神聖？抑或何方的孤魂？今天妳既顯真靈來，不得吃名詐姓來欺騙陽人。若是敢騙的話，本師不是將妳女鬼魂踢去酆都去受苦刑。即是將妳女鬼打落十八層地獄，讓妳永不得超生。

女鬼魂回：你是誰那麼凶，我不敢騙你啦。

老師問：妳很殘忍呢，王小妹妹今年才十二歲，妳就纏著她四年不放手。

女鬼魂回：不是我啦，我才跟著她兩年。是其她三位同伴纏她比較久啦。

老師問：那早上從後面打王小妹妹的頭是不是妳打的？為什麼要打她纏她又在耳朵講話騷擾她呢。

女鬼魂回：我沒有打她，是另外那三位打的。

老師問：好~現在由王小妹妹的阿嬤跟妳講話，妳要講實話。若敢用騙的老師會修理妳喔，現在妳可跟阿嬤說話了。

阿嬤問：我孫女還那麼小，妳纏她有什麼好處。

女鬼魂回：我借妳孫女的身體講話，我是感覺好玩，才要跟隨王小妹妹啦。

阿嬤問：妳說還有三位，她們有沒有來，能請她們講話？

女鬼魂回：她們沒有來。她們三位都很凶，我不敢跟她們講很多話。在這女鬼與阿嬤講話的過程約有半個鐘頭之久。王小妹妹的阿嬤在與女鬼講話，聲音都很輕聲細語。而且阿嬤在與女鬼交談中，都說一些平常話。老師認為所問的話都不關緊要，又聽不太清楚，所以老師就很不在意。約30分鐘後老師即介入講話問那女鬼。

老師問：請問女鬼魂妳跟阿嬤講那麼久，應會口乾，我泡一杯咖啡請妳喝。而且妳當孤魂應是長年飢餓，我請妳先吃糖餅，這是嘉義名產叫老鼠糖。

女鬼魂回：好啊～我最愛吃糖餅。我不要咖啡，給我一杯茶就好。嗯糖果好吃。

老師問：妳糖餅先吃了，茶也喝了現在我來問妳，妳要從實招來妳纏著王小妹妹不放的理由，若敢騙或胡說八道，妳可要知道後果。據妳所說尚有其她三位女鬼，妳可叫她們三位一起來？

女鬼魂回：她們三位很凶我不敢，你自己叫她們啦，我叫她們也不聽我的。

老師問：好～好～由我來請她們三位出來問話。此時老師即又開始動作，催符唸咒，及獻紙錢給孤魂做路費。結果等了約十多分鐘，其她三位女鬼魂沒顯靈出來。老師再次的請已出靈的這位女鬼去轉答請她們來。

女鬼魂回：約過三分～五分鐘時，女鬼魂回來說：「她們三位看到我都搖手，就馬上跑掉了，我也沒辦法，她們都很凶我不敢講太多。」

老師問：好～現在我問妳，妳是哪裡人氏，是怎麼過往的，妳們家還有什麼人在世。

女鬼魂回：我家還有一位弟弟。我是生病死的，我家住南部，住哪裡我記不起來了。

老師問：妳是什麼病死的？妳今年幾歲？南部是哪一縣市的人氏？妳慢慢想一下再回答我，我等妳，妳不要急慢慢想清楚再回老師的話。

女鬼魂回：我是頭上生腦癌死的。我今年三十二歲，我只記得住的故鄉有一個～～林，但我忘掉了，想不起來了。

老師問：那好。我問妳在妳死前有沒有結過婚。

女鬼魂回：我三十二歲還沒結婚就死掉了。

老師問：既未結婚就死掉了，等於是個姑婆上不了妳家的神桌。妳家人有沒有將妳的靈位送去佛堂供拜。

女鬼魂回：若有我也不會在外在做孤魂了。

老師問：妳既是一個孤魂，請問妳現在身上有沒有銀錢可用？那妳現在有沒有穿衣服？妳是不是餓很久了？我現在請阿嬤化一些紙錢給妳好嗎？

女鬼魂回：我沒有錢。現在身上穿的衣服只有一件沒得換，衣服很髒。她們三位都穿的很漂亮，只有我沒衣服換，你能送我衣服嗎？

老師問：我請阿嬤先化些紙錢給妳，如果阿嬤及王小妹妹的母親同意要處理的話，我可做主在新台幣二仟元以下我可做主。若超過二仟以上，需要經過他們的同意。

女鬼魂回：此時王小妹妹的阿嬤即說，要啦～要處理啦，妳要幾件衣服？女鬼魂回說要貳件漂亮一點，粉紅色的衣服。話說完隨即改口說，阿無四件好啦，可以的話再給我兩件裙子。話講完時，阿嬤隨即問說。那要不要鞋子。女鬼魂隨即說鞋子不用了，我現在穿的鞋子很漂亮，我很滿意，我很喜歡啦。

老師問：若是王小妹妹家人同意，剛才所說算是，若不同意剛才所說的全不算是，老師不能做主，須主人同意我就可以做主，妳女鬼魂可要記得。

女鬼魂回：好啦～你們去決定。

老師問：我看妳應該是個善良的女鬼，若是有處理，我開兩個條件給妳去選擇。一是將妳們四位孤魂送去應公廟仔，二是將妳們四位孤魂送去觀音佛祖，身邊去修練等待日後有機會，才去投胎轉世。到時我會請本境福德土地神替妳們開路，請引魂童子來帶妳們的魂，請引魄童郎來帶妳們的魄，帶去觀音佛祖身邊去修練。

女鬼魂回：好啦～我可以走嗎？

老師問：不可以，沒有我同意前不可以走。

女鬼魂回：喔~我來很久了呢，

老師問：妳女鬼魂既都同意也答應了。在還沒做法事前的這幾天，妳要跟妳的同伴三位孤魂講，說老師交代的，不得再前來騷擾王小妹妹。若敢的話，老師會以五雷轟妳鬼魂永不得超生，要記得轉告她們三位。要走前老師化些紙錢給妳帶回先用，但要記得妳身邊留約1/4在身邊，其它要分給她們三位，不可私吞。下次做小法事祭拜妳們四位孤魂時，會準備一些菜飯，再化多一點的紙錢給妳們受納。老師這麼講妳們應該會滿意才對。

女鬼魂回：知道了我可以走了嗎？

老師問：焚獻紙錢若是收到了，就可以走了。但要記得妳現在身邊有路費了，應回陰間歸位到時請妳們出來，才可再出來。好啦，妳可以走了。

回憶善鬼還是有善意

在這過程約有一個多小時，女鬼魂退了之後，老師問王小妹妹，妳剛才講了什麼話妳還記得嗎？王小妹妹回說不知道。那妳剛才有吃老鼠糖妳知道嗎？王小妹妹回說沒有阿。好~再問妳，剛才妳吃老鼠糖配咖啡，抑或開水妳知道嗎？回說沒有不知道。這個案例王小妹的媽媽及阿嬤，同意在國歷五月一日，農歷四月十一日，當天為那四位孤魂祭拜做小法事。過後的第四天農歷四月十四日的凌晨，約在一點三十分左右，老師做了一場夢。夢境很清楚的看到一位小姐，穿著粉紅色的洋裝，現靈在我眼前，但一直沒有開口講話。本來這位小姐離我距離尚有一段距離，在我夢境中看起來約是三十歲左右年齡，看起來尚有一點似是美女。等幾分鐘後坐到我身邊來時，看起來臉蛋不怎麼樣，以我個人的標準看是位醜女人。在夢境的最後階段我只跟那位小姐說，啊~妳的婚姻不美滿，說起來也是很可憐。此時我夢醒了隨即起床，想要再睡就不能再入眠。續後就起床在客廳坐，泡了一杯咖啡喝，抽了一根菸，且打開電視，一直到凌晨六點半才再去睡。這場夢景最讓我百思不解的是，這景象跟那女鬼魂很相近。身上的洋裝又是女鬼魂乞要的粉紅色，由這兩點實讓我很迷思。事後想起來這夢境是我迷信，抑或女鬼魂來報恩，至今這個結我尚未打開，由讀者來評斷。

事經過七天後，農歷四月十七日，星期一，王阿嬤打電話來請問老師說：「我孫女在學校安親班，發生頭暈，嘴巴周圍反青。她每次被鬼魂騷擾嘴邊周圍都反青。」電話中老師回說：「把她帶過來我看看。」王阿嬤說好。到了晚上八點二十三分，又來電話說我孫女說她很累不去了。隔日早上王阿嬤又來電說：「我帶我孫女去看醫就診完了，現在要到老師那裡，請老師幫她再看一下，是不是那女鬼魂又回來找我孫女，約在早上十點四十分時到。到時老師問王小妹妹，妳現在頭會暈嗎？妳心胸會悶嗎？妳耳朵有人在跟妳講話嗎？王小妹妹回說都沒有。妳阿嬤說妳嘴邊周圍都反青，依老師看那豈是反青，是周圍長一些細鬚，不是反青啦。

王小妹妹說我自己有看照鏡子，那是長鬍鬚啦，我手上也有長毛啊。之後老師請王阿嬤到另一邊，跟王阿嬤講：「那不是女鬼回來找妳孫女啦。」老師跟王阿嬤說：「我試給妳看，依我的經驗，若那女鬼魂再回來找妳孫女，我與妳私下講妳孫女沒有聽到。我出兩招，如果是女鬼魂再回來找妳孫女，這兩招出手後約十分鐘左右，妳孫女會有狀況。一是會想吐但是吐不出穢物，二是她會全身癱軟，坐椅子會斜斜的，沒能坐的很正。若是有以上這兩點，老師認定女鬼魂再回來找妳孫女。若是完全沒有任何異狀，那就不是，王阿嬤隨即說。好～好～。經阿嬤同意後老師隨即動作。

起先老師焚化一張符令，請王小妹妹喝下約五分鐘後，老師即開始。雙手掌雙五雷在右腰側，腳踏五雷步前進，催符唸咒。口唸：「腳踏五雷轟陰邪，一勅一進乾坤動，二勅二進火輪急，三勅三進七星明，四勅四進八卦靈，五勅五進雷聲響，雷公雷火石破天驚，五鬼陰兵凶神惡煞急急閃開走四方。閃得開閃得離無代誌，閃無開閃無離。五雷步步進，踢去酆都受苦刑，打落地獄永不得超升，急急如律令，神兵火急如律令。」

同時口含符水噴向王小妹妹身上。又向王小妹妹身上開了三下雙五雷轟鬼指，再右手掌單五雷。在王小妹妹胸前推三下，由下往上每推一下。均請王小妹妹吐一口氣，連續三下吐三口氣後。王小妹妹坐在椅子上不動如山。隨後即請王小妹妹回來坐好。此時老師向王阿嬤表示，以十分鐘做基準，有問題有異狀即是女鬼魂回來再找妳孫女，若十分鐘完全沒有異狀，那是王阿嬤妳亂想的。在這十分鐘當中王小妹妹不但一直在玩手機，且又說肚子好餓，我可以回去吃飯嗎？老師回說我先拿個餅乾給妳吃。約在三分鐘左右王小妹妹再問說，肚子好餓，我可以回去吃飯嗎？老師回說可以。王阿嬤笑笑的說她若來你這裡，她的精神都很好。過程到此結束了，倆嬤孫就回去了，

請讀者注意鬼魂出靈動態，冥界幽靈真有出靈附在被沖犯者身上，必會整個人行為舉動異於常人，言語方面也會怪裡怪氣的。不能以個人的幻想幻化幻影心裡恐慌時來論斷事實。陽人與陰鬼世隔不兩立，真有被冥界鬼魂卡身須經道家來論述斷定！切記！

女鬼相纏四年夜夜春宵逼冥婚

台北市有位呂姓中年人，時齡三十六歲，來電請問老師訴苦情。一開口即說年齡已高，總是找不到適合對象可成婚。自己很埋怨的哀嘆說，請問老師我怎麼每認識一位小姐，往往總是交往一段時間，女方即會無緣無故的離開我。在這十年當中，我曾找過六位命理老師，每位命理老師講的理由均大同小異，都說桃花不旺，須要補桃花。我也曾經試過二次，給兩位講的比較有道理的老師，很讓我心動。第一次做補桃花，沒做還好，事隔九天女友連說一聲都沒有，就將自己衣物整理好，趁我不在時，就偷偷離開。後來又認識一位離異過的小姐，兩人又同居在一起。經過三個月後，兩人論及婚嫁。內心自想，若是這次沒把握好，女方會不會變卦，內心忐忑不安，又跑去找一位命理老師做桃花術。這次就更慘了，桃花術做完的第四天，女友談判要分手。兩人談判不成，隔天女友就離開我身邊。我茫然的跑去找那位命理老師，問說桃花術做完女友也離開了。老師聽完我的敘述後，回說，我再幫你做吊魂術，將女友吊回來，請問林老師這有幾分的效果？話講到這裡。

此時我回問呂先生的話，我聽你電話中講話的尾音有氣無力，你是想婚想昏了嗎？我看你連工作天天都會很疲憊，若是有空來道館我幫你看一下。呂先生答應兩小時後到。來到道館時經我看了後，回呂先生的話，我看你陰鬼陽人大小通吃，你胃口真是不錯。活人也要，死人也要，你不要命了嗎？呂先生聽完這些話後，頓失神了一下。開口問說，老師你講的話我聽不太懂，能解釋簡單一點嗎？你不懂？好。我拿鏡子給你自己看，看你的眼下，稱淚堂雙眼下眼胞全反灰黑，而且目不轉睛。依我多年來的經驗，這是鬼魂纏身啦。你還想沒有桃花。況且命理老師跟你講桃花不旺，須補桃花。這是吃屎的人才講的出來。難道你沒有注意到，晚上睡覺時身邊會多出一個無形的人，同你相眠，形同夫妻或情侶，相眠相慾，而且這種情況至少也有三年以上了。此時呂先生回說已有五年之久了，剛開始時直覺那種快感很好，而且身體狀況也沒怎樣，就沒有很在意，延續到今。呂先生說我前面找了六位命理老師，從沒有人能說出這些情形，老師我真的很佩服你。此時老師回問呂先生，你要桃花抑或要命。要桃花你找別人，要命你找我。呂先生回說當然要命啦！好。要命今天已晚，你可否明天再跑一趟來館，我幫你吊鬼魂出來問話。呂先生很驚恐且懷疑的問說，鬼魂怎吊得出來？鬼怎麼會講話？老師我講實在話，我被纏了五年之久，也很想要知道那個女鬼，為什麼不去找別人。我常看到女鬼的身影，不過都看不清楚，只能看到霧茫的影子。老師回呂先生的話能看得清楚是人，看不清楚才是鬼啊，到此呂先生回說後天下午一點到。呂先生準時一點到，老師隨即準備吊鬼魂工作，準備好後即開始。催符唸咒~~~~約十分鐘左右，女鬼魂已來附身在呂先生身上。

老師問：妳女鬼魂什麼因由，纏上呂先生有五年之久不離不棄。妳是怎麼死的？把話講出聽聽看。

女鬼魂回：哭…哭…哭沒有言語。

老師問：不要哭。妳講話啊~~~~妳沒有回話，妳是不能開口講話嗎？女鬼魂點頭~~~點頭~~~。老師問我幫妳開喉讓妳講話好嗎？女鬼魂點頭。過程是喝符水及手訣動作，不再敍述。

女鬼魂回：你們找我來做什麼，沒事我要走了。

老師問：妳鬼魂暫不要走，我有話要問妳，妳可要具實說，不可吃名詐姓來騙陽人，妳是怎麼死的？死時家人有沒有幫你收屍。

女鬼魂回：我是為感情跳水死的。我的屍體被水沖走了，家人找不到我的屍體。我是水流屍，魂飄流在荒郊野外。

老師問：呂先生是怎麼跟妳相遇的？為什麼妳跟呂先生相纏五年之久，沒離開他呢？

女鬼魂回：我在山區遇到他。我也很愛他，我有去他家睡覺很久了，他都沒趕我走。你憑什麼問那麼多，你好管閒事，我要走了。

老師問：妳回話的口氣不好喔。若妳敢再口氣不好，我會修理妳喔。妳還是坐好有話慢慢講。據我了解，呂先生每交到一位小姐，都很快離開他。是不是妳女鬼魂在作弄，讓他交不成。

女鬼魂回：我已經愛上他，他要娶我不可以再交別的小姐，你們不可拆散我們的感情。

老師問：愛妳的大頭鬼。難道妳是想要冥婚嗎？妳可要知道陰陽是不兩立的，況且冥婚依現今社會的習俗，家人都不可能同意的。妳要想清楚。

女鬼魂回：很生氣的說：「敢不娶我，我要讓他生病或災禍死亡，我就能跟他永遠在一起，你們陽間的人管不到我們。」語氣很大聲的說：「誰敢管我，我就跟誰拚到底，感情是無價的看誰敢拆散我們。」

老師問：這場所輪不到妳大聲威脅，若敢再威脅我就以雙五雷伺候妳，將妳鬼魂踢去酆都去受苦刑。再嚴重的話，將妳鬼魂打到魂飛魄散，打落十八層地獄永不超生。

女鬼魂回：你這麼兇我要走了。

老師問：話還沒講完，若妳敢走我就敢動手。妳還是安靜坐好把話講完，妳開個條件，要有什麼條件妳才願意放手離開他。

女鬼魂回：我講過了嘛，娶我嘛。

老師問：冥婚的事免談，妳開其它條件出來聽聽看，要求太高不答應。妳開個兩全其美的條件，否則妳什麼都免想。太過頑強的話妳只能接受五雷轟頂。

女鬼魂回：那你講來給我聽聽看。

老師問：妳鬼魂聽清楚，我來講較兩全其美的方法是，請犯者呂先生準備個菜飯祭拜妳一番後，化燒一些鬼魂紙錢給你受納。再請引魂童子，引魄童郎，再請當地的土地公帶路。一是到當境內的廟寺跟隨神明修練，二是引妳到應公廟仔萬人堆歸位。

女鬼魂回：你們這樣逼我，我很無可奈何，也不知道去哪裡比較好。

老師問：妳這個笨鬼，當然去廟裡跟隨神明修練比較好嘛，還要選什麼。

女鬼魂回：你們不可以騙我喔，若敢騙我，我會回來再找他就不要怪我了。

老師問：妳鬼魂要給呂先生及其家人同意，因牽涉到須要費用問題，妳總要給他十天左右的考慮，妳鬼魂要切記。今天的事情到此結束，妳女鬼魂可先退離呂先生的肉體，

事隔十八天女鬼魂再回來

呂先生沒電話通知老師，即直接來找老師。一進門即開口問老師，老師你看我的脖子的瘀青，連續兩天晚上，那女鬼都來壓我身體，抓我脖子，頸項的瘀青都那女鬼抓的。話講到這裡那女鬼隨即附身，在呂先生的身上大哭大鬧一場。呂先生的家人很驚恐的問，老師該怎麼辦。老師回說不要緊張，我來問那女鬼魂。

老師問：妳怎麼哭又那麼生氣呢？有什麼冤情委曲嗎？妳慢慢講來聽。

女鬼魂回：你們都在騙我，我一天等過一天，一直都沒有訊息，這不是在騙我嗎？你們都是大騙徒。

老師問：這不是我在騙妳，因犯者及他家人沒有答應，我沒能處理。我講過了因牽涉到費用問題，今天他家人有在身邊，有話直接講。

女鬼魂回：他家人有在身邊又怎麼樣。我想信你，你反而來騙我。他頸項的瘀青是我抓的，再騙我，我就再抓。

老師問：妳鬼魂講話要明理一點，總不能誣賴說我在騙妳。我問他家人給妳鬼魂聽，請問呂媽媽？今天所有過程妳都看到也都聽到了，要不要處理，要不要妳們做決定，我來回給女鬼魂。呂媽媽回說要是要，不過我們金錢不方便，給我們再十天的時間。

女鬼魂回：我都聽到了。

老師問：既妳鬼魂都聽到了，妳就稍為再忍個十天。若是他們有反悔或耍賴，就隨妳鬼魂再去找他們。今天到此結束，妳鬼魂先退離。

男鬼魂相纏十年痛苦到生不如死

據台東的一位陳小姐轉述，自二十四歲時被一隻男鬼纏到，今年已三十三歲了，算一算已有十年之久。十年前同男友出去夜遊，回來的隔天整個人就精神恍惚，又昏昏沉沉站也站不穩，全身忽冷忽熱。去就醫時醫生說打個針，吃個藥就會好。

經過十七天左右不但沒好，反而病情加重。見求醫不癒，改到宮廟求神。神明說是卡陰鬼，說這陰鬼是為感情不順，恨而自殺死的冤鬼。當時聽到神明這麼講，嚇到整個人腿軟。人稍為清醒後，求神明幫忙要怎麼做陰鬼才會離開。神明的回答是先開符，回去化陰陽水喝就會好轉。確實有舒服約三天。

第四天又開始精神不振，整個人又開始恍惚，再前去宮廟再度問神。神明回說那個陰鬼不願放手，且越來越凶須要祭改，若沒有祭改妳的魂會被陰鬼帶走。陳小姐嚇到哭出來，直求神明要救我，神明也答應了，約定隔兩天幫陳小姐祭改驅鬼。

未料祭改後的第三天晚上，那個陰鬼來的更凶，在我睡覺時顯人影給我看，但沒能看得很清楚。沒多久我整個人就開始昏睡了，在昏睡時有感覺到那陰鬼在撫摸我的全身，感覺全身很癢，想要喊出來好像快要絕氣的樣子。手也揮不出去，全身開始僵硬。約幾分鐘後人清醒過來，內褲已經濕透了，感覺上有被陰鬼強姦了，一直到現在大約有十年之久。

陸陸續續三至五天會來一次，我真的嚇到晚上都不敢睡覺，都將房間大燈開著，頭上再蓋被單，我男朋友也嚇到在九年前離開我。在這十年來我真的生不如死，常想要跳樓自殺，經過幾次都沒跳成。但手上的傷是拿美工刀都割到傷痕累累，幾次下來左手不知道總共縫了幾針已數不清了。

老師我有看到你的著作，網路命理站也有看到你的解說，你應該很有經驗。今天來求救老師，請你救救我。醫生我也就醫過，也求過好幾家宮壇過，全都無解。我知道求救道家法師都很貴，我問過道家法師酬金都很高，問完的數字實在我們付不起。老師我跟你講白話，我自小就是單親家庭，自父母離異後，我跟著媽媽過著小康家庭。媽媽辛苦打工，栽培我讀書。畢業後大概的工作，是擔任家教的工作，又常被學生家長中途喊停，原因都是看我怪怪的。

所以收入都很微薄，到現階段已到山窮水盡，我跟我媽媽過著很潦倒的日子。

講這個過程給老師聽實在很慚愧，不過這些都是事實。老師你的酬金不要算太高，我會終生感謝你。陳小姐講到此階段邊說邊掉淚。

此時老師插嘴說酬金倒不是大問題，問題出在妳十年前剛卡到那段時間，祢並沒有講出起因。依我研究人體工程學的經驗，我拿鏡子給妳照看，妳眼睛下方是淚堂，已經反赤紅似瘀血顏色。依我經驗推測祢有在荒郊野外亂撒尿，抑或有男女不雅動作，引起鬼魂的不滿而報復。況且妳今天已瘦到皮包骨，又臉色蒼白。再注意祢每個月癸水來洗，已減量又不順期，成亂經的現象。妳也達到貧血很嚴重，又手腳冰冷冬天棉被蓋不暖的地步了，人蹲下約五分到十分鐘站起來頭暈會昏眩了。

我問妳，妳跟男友出去夜遊有沒有在荒郊野外做男女四肢交流的不雅動作，陳小姐回說，老師你剛說亂撒尿是有。又我男友跟我出去夜遊，都說打野戰比較刺激，我傻傻的都聽他的順他的慾意。那麼男友怎麼都沒事。

老師你講的這兩點我確有，我實在很後悔十年前的傻事。好。請問陳小姐妳的時間夠不夠，我來吊那鬼魂出來對話，妳有沒有同意。陳小姐回說若能將鬼魂吊出來問話那是最好的啦。

請問老師那鬼會出來嗎？

老師回說妳不用問，妳先回我同不同意。陳小姐回說當然很同意。既陳小姐妳同意。我就請助手準備吊鬼魂的動作。準備就緒後，我隨即催符唸咒，不到十分鐘鬼魂已顯靈附在陳小姐身上。

老師問：你鬼魂附在陳小姐身上約有十年之久，請問你是怎麼死的。人死後應該下地府，你怎麼留在陽間擾亂陽人。陳小姐與你有仇嗎？

男鬼魂回：我是在二十四歲時為感情自殺死的。我不甘願被女友棄捨，一時想不開而跳河死的，屍體被河水沖走。

老師問：你家人沒有找到你的屍體嗎？那你二十四歲已是成年人。天下女孩子那麼多，女孩子不要你，你就跳水自盡你青春的生命，不值得同情可憐你。你這個混蛋鬼我看你下地獄好啦，不要在陽間擾亂人。

男鬼魂回：我已經死的很冤枉了，不要在罵我了。我遇到她我也很愛她，我要跟她冥婚做夫妻，有什麼不好。

老師問：冥婚你的大頭鬼啦！你沒看到她已剩下皮包骨，何況陰陽不兩立，你有什麼條件可冥婚，叫陳小姐去住你的鬼屋喔。若你敢再講冥婚的事，我就動手修理你。

男鬼魂回：你有法術嗎？來啊～來啊～。我們鬥看看誰比較厲害。若你鬥不過我就別想趕我走，我會永遠纏著她不放，你要怎麼樣。

老師問：我不希望違反戒律傷到你。若敢再嗆聲挑戰，你就不要怪我傷你。我是希望你鬼魂用協商方式妥協，請你鬼魂開個條件出來聽聽看。

男鬼魂回：我不要條件。除非你能逼離驅退我，否則我不相信你有法力，你就是騙子。你是貪多無厭的人，誰怕你。

老師問：你這惡鬼真的要硬幹嗎？好，你就準備受刑。

男鬼魂回：來啊～～有本事你就來嘛，我才不怕你。你有什麼招術，盡量施展出來。

老師問：你這個惡鬼準備受刑挨轟，我已是忍無可忍，若我再是容忍你這個惡鬼，你會越來越大膽。此時我隨即請助手林志樺準備修理鬼魂動作程序，一切準備好後老師就開始催符唸咒，勅～～腳踏五雷轟陰邪，一勅一進乾坤動，二勅二進火輪急，三勅三進七星明，四勅四進八卦靈，五勅五進雷聲響。雷公雷火石破天驚，五鬼陰兵兇神惡煞急急閃開走四方，閃得開閃得離無代誌，閃無開閃無離，五雷步步進，踢去酆都受苦刑，打落十八地獄永不得超升，急急如律令。神兵火急如律令，~~~行進五步催符唸咒後，隨即連開三次，雙五雷轟鬼指，就停約五分鐘等看鬼魂的反應動態。

男鬼魂回：有氣無力的說。你道師開了三槍，我只中了兩槍，第一槍我有閃開，現在我還有一半的元氣。你等我十分鐘，我去陰間招幾個兄弟來跟你鬥，我有很多兄弟我來拼看誰厲害。

老師問：十分鐘已超過，你這個惡鬼去招了幾個。告訴你我已佈下天羅地網，來一個轟一個，轟到擾亂陽間的鬼魂殘缺不全。

男鬼魂回：我招三位好兄弟，但不敢進來說你太兇了，他們不敢與你鬥，他們要離開了。

老師問：你請他們三位鬼靈暫不要走，我請助手燒化一些鬼魂錢，給他們做路費。善鬼我就善心招待，惡鬼我就以殘暴的方法對付，你現在應該可接受我的勸告了嘛。

男鬼魂回：好啦反正我現在傷到也沒有元氣，我要回去休養療傷。我認輸了，總是可以嘛。

老師問：你既受傷也認輸，我也不要那麼殘忍，你先坐著不要動，我幫你療傷好後，再將轟出法術收回來。但勸你鬼魂以後不要再擾亂陽間，我請助手燒化一些紙錢給你受納。所有過程到此結束。

讓人無法接受的陳小姐死要面子

鬼魂退離後，陳小姐也清醒過來。老師開口問陳小姐，剛才的一切妳腦海裡有沒有記憶起來，回說我是昏昏沉沉完全不清楚。好，你既不清楚，我來大約敘述給妳聽。有關鬼魂想趁妳在睡覺時，鬼魂會撫摸妳的全身，且姦淫妳。依我看還沒處理前，鬼魂暫時不敢再有動作，這幾天妳可安心。講實在話，很讓人憐憫的是你青春年華的光陰，全耗掉且瘋顛了十年讓人很不捨。依我接過的案例諸多，陽男被女鬼纏到，陰女被男鬼纏到，幾乎都會被鬼魂姦淫，能逃過這一劫的人少之又少。話講到這裡，陳小姐忽然傷心哭了出來。邊哭邊說，好歹我也是家教老師，我也需要尊嚴。你們兩位都是男人講我被鬼魂姦淫這個話，聽起來很刺耳也很丟臉你知道嗎？我還想要結婚，我不想要再聽下去了。此時老師也有一點火大了，回陳小姐的話。好～～停了一下，妳可暫時不要哭，我從沒見過這麼瞎的客人。十年下來妳能交到男朋友嗎？被鬼魂纏身的男女，哪一個能成婚，哪一個不被鬼魂姦淫。妳這種心態除非同鬼冥婚，否則留著當姑婆，現在依我看誰也幫不了妳。妳這種心態的客人我放棄救妳，妳自己保重。據妳所述，十年來找遍宮壇，找過道家法師，都沒救好妳，妳還有路可走嗎？告訴妳，不管任何男女老幼，人一旦被鬼魂卡身沒驅退前，沒有婚姻可結，沒有尊嚴兩字可言。妳這種心態是逃避事實，妳不要問我酬金多寡，妳現在可以回去了。陳小姐聽了邊哭著回去，所有到此也全結束～～事後我直想有這種心態的人，我實在沒有理由去救她。這種人根本就是神仙難救無命客。

被男女鬼魂纏身附耳講話八年

居住新北市有位高小姐，來了一通電話表示給靈異騷擾了約有八年之久。無論就醫精神科，到宮廟求神都無能解決困擾，請問林老師你有沒有空？我大約一個小時左右到你道館去，諮詢靈異方面的問題。作者即回說我就是林老師，妳可以來。當高小姐來到時，即向老師講說老師你網站，有很多資訊我看了很心動。我現在很怕！老師即向高小姐問說？妳為什麼會很怕！妳先請坐，我泡咖啡給妳消消氣。高小姐再問老師：「林老師你要泡幾杯咖啡？除了我們兩人身邊還跟一男一女總共有四人。」老師隨即向高小姐問說：「除了妳們兩位小姐，難道妳說跟著一男一女是鬼魂嗎？」高小姐向老師問說：「老師你有看到還是有陰陽眼。」老師回說不是有看到，是妳講有『跟著』，兩個字。依我們通常的經驗，客人即是犯者都會反應給我們，常有犯者會反應鬼魂跟隨在後面。好……妳不用怕，既然有一男一女跟隨，我就泡五杯咖啡，另兩杯就請那鬼魂喝嘛。高小姐問老師說，老師你怎麼都不怕！我打電話給你，祂們都知道。在半路途中祂們就對我很凶！在耳朵罵我妳敢找人對付我，我也不是那麼好惹。話講到此時老師向高小姐說：「妳先靜下來，暫時不講話。」老師隨即向那一男一女鬼魂講話：『祢們既然跟著高小姐來，來者是客我有多泡兩杯咖啡祢鬼魂請便用，不要客氣。能喝即喝，不喝擺著無妨，但要安份一點。」老師向高小姐問說：「妳這問題有多久了？妳就診精神科醫師怎麼說？」高小姐回說：「大約已有八年以上。我將過程講給精神科醫師聽，醫師回我說不要迷信有鬼魂事，妳是精神腦神經方面問題。依醫師說妳是人格分裂症，慢慢吃藥就會病癒，也同時有去神壇請示神明，乩童神明向我說是卡到陰鬼，可是找過好幾家神壇說法都相同。也有祭改花了不少錢了，均都沒有改善。我今年已過三十歲了，每一次交男朋友一論及婚嫁，都是無疾而終不了了之。我不但每天都在驚恐中渡日，實在也交不到男朋友。」講到這裡時，高小姐忽然向老師問說：「老師你的臉一會兒變紅臉，一會兒變黑臉，我看起來更加惶恐我很害怕！」此時老師向高小姐述說：「妳不用怕！常有犯者與妳問的都是相同。我在三年前就有神界與靈界講過，我是鍾馗化身，說我背靈是鍾馗，所以常有被陰邪鬼魂卡身的犯者，問的都相同話題，我的臉變紅變黑有很多犯者問過。」話講到此。老師問高小姐與妳同來的是姊妹或是朋友。高小姐回是朋友姓蔡，好！老師問妳們兩位？要知道高小姐被鬼魂纏身八年的正確答案，老師來調鬼魂附在高小姐身上講話，妳們兩位有沒有同意？高小姐馬上回說，老師我要的就是這一點，我在網站看了很多資訊才來找老師的。好——既然妳們同意，老師就來準備調鬼魂的工作程序，過程屬於內部工作不再敘述。高小姐坐靜後約兩分鐘，鬼魂已附身開口講話。我隨時都跟在高小姐的身邊。老師就問那鬼魂祢既已附身。老師來問祢：

老師問：祢鬼魂是那裡人祇？為什麼纏著犯者八年不離開。我所要問的祢鬼魂要據實回我的問話？若祢敢吃名詐姓騙陽人，我是會動手轟祢喔。請祢鬼魂回答我的問話？

男鬼魂回：你憑什麼問？我就要回你話？我不講。有本事你儘量來，要看你的法術有多高，我就是要纏到她死為止。

老師問：若祢鬼魂敢再以刁蠻的口氣回話，就不要怪我動手修理祢。祢還是俱實將姓名、死亡原因、幾歲時往生的，今年幾歲，請一一的告訴我。我來替你們的陽人與陰鬼，情仇恩怨排解。

男鬼魂回：講也沒用，你要怎麼排解，我是要報仇，這個仇沒報枉費我生前是道上兄弟。

老師問：道上兄弟又怎樣高小姐與祢有仇嗎？祢講鬼話，祢生前的恩恩怨怨，我相信與高小姐不相關。若有相關早就被祢鬼魂整死了！還等到現在已有八年之久。祢生前的恩怨講來給我聽聽看，不得說謊。

男鬼魂回：我生前年輕力壯喜歡與人打鬥，被人圍毆慘死。死狀很慘魂魄流落在荒郊野外，她經過我一眼就看上她、喜歡她。

老師問：一眼就看上她喜歡她，這理由尚有不足。祢還是講明確清楚一點，講話要讓人聽得進去，才能讓人信服。

男鬼魂回：她在我面前不但不尊重我，還在我面前小解撒尿，這樣有夠清楚嗎？這樣我就是要報仇的理由。

老師問：她不尊重祢，她看得到祢嗎？若是高小姐看得到祢，嚇就嚇死了還敢在祢面前撒尿嗎？祢這樣說要報仇也報錯人了嘛。祢應該回去找與你打殺的那些人才對啊。

男鬼魂回：……！停了一下才開口講話。道師你能幫我報仇嗎？

老師問：我們做為道師只有幫鬼魂排解，不幫鬼魂報仇。到現在祢還沒講姓名，幾歲時死亡，現在幾歲了，請祢回答我這個問話？

男鬼魂回：講了你會對我不利。老師插話有利不利都要說，否則原因不明沒有人可以幫祢。鬼魂回說姓翁，人家叫我壞星仔，當年我二十四歲，現在我……五十二歲了。

老師問：二十八年前的往事，祢怎麼會在八年前纏上高小姐，又常常在夜晚她睡時來跟她性愛。祢有沒有看到高小姐身瘦如柴，又面色飢黃。據高小姐述說她生不如死的哀怨，難道祢沒聽到她的哀嘆聲嗎？

男鬼魂回：我要跟她做陰間夫妻，我會對她很好。

老師問：祢真是講鬼話，她年歲跟祢相差二十二歲，我還是勸祢鬼魂放棄這個念頭，留一條活路給高小姐。老師來與高小姐協商，請她同意給祢祭拜一番，化燒一些陰間銀錢給祢收納，再化燒金童玉女給祢做伴。另外一條路是請土地公開路，請引魄童子，引魂童郎，引祢到附近的應公廟仔。兩條路讓祢走，祢要選擇哪一條，請回我的問話？

男鬼魂回：……不回話

老師問：不回祢也得回話，不要讓人生氣，要讓陽人留活路，也讓祢鬼魂得歸位，這兩全其美豈不是很好嗎？聽起來祢還不算是惡鬼。

男鬼魂回：隨你們安排。鬼魂即退掉了。不到一分鐘另一女鬼魂又附身在高小姐的身上，就一直哭，哭個不停！

老師問：請問妳有什麼冤情，妳可暫停下來不要哭嗎？將妳冤情講給我聽聽看，妳是怎麼死的，妳鬼魂哭的那麼慘必有冤情。

女鬼魂回：我……是……被……火……災燒死的——魂！飛——魄散在做孤魂野鬼的啦！

老師問：妳鬼魂稍為休息一下，講話快一點。我盛一杯茶給妳喝，喝完不要再哭了。話講快一些。約三分鐘後老師再問：『妳說是被火災燒死是幾歲時？』

女鬼魂回：是五歲時被燒死全身焦黑，我現在沒衣服穿，全身都很髒啊！現在流落在外無依無靠，我不知道路回家找家人。

老師問：妳家父母親還在嗎，妳有沒有兄弟姊妹？妳能講出家人的姓名及地址嗎？若能說出詳細姓名及地址，我願幫妳鬼魂跑一趟告訴妳的家人。

女鬼魂回：那個時候我才五歲記不起來啦！我沒有騷擾她啦，我只是跟隨在她身邊偶爾在跟她講話而已，騷擾她都是那個叔叔不是我啦，

老師問：妳今年幾歲了，什麼姓名，記得起來嗎？妳講給我聽聽看。

女鬼魂回：我叫阿燕……我今年好像是三十四歲了，流落在外長年飢餓，又沒有衣服換穿，我也沒鞋子穿。身上的衣服及鞋子都被火燒光了，你能不能送我衣服及鞋子。

老師問：回女鬼魂阿燕，我請我助手現在就化燒有方便的部份，先化燒一些陰間紙錢，再化燒一些經衣妳先受納，不足的部份妳用銀錢去陰間購買。約十分鐘後，老師問女鬼魂有沒有收到？

女鬼魂回：很感謝道師你，有些部份被同孤魂野鬼搶走了，祂們都很凶我很怕，有的還在旁邊還沒走，說還要搶我的部份。

老師問：好～妳不用怕，我再請助手多化燒一些給祂們，再請祂們走。紙錢化燒

完，我隨即點燃三柱香向在場的其它鬼魂說，現場的無主孤魂若是收到錢銀，請速速離開，若是不離開本師五雷轟到你魂飛魄散，再五雷步步進踢去酆都受苦刑，打落十八層地獄永不得超生。

女鬼魂回：停了一下——道師祂們都跑了。

老師問：妳還有什麼要講的，還有什麼心結打不開的？若是沒有道師來與高小姐協商，請她準備一些祭拜供品，向妳女鬼魂祭拜一番後，給妳有銀錢用。再請引魂童子，引魄童郎引妳去廟寺觀音佛祖身邊修行，等待投胎轉世好嗎？

女鬼魂回：邊回說好。邊笑說很好——很好。

老師問：當事人高小姐同意後，我再催符唸咒請妳與那男鬼一起同時出靈，但我們要先約束好，如果當事人高小姐不同意，我們這個約束取消。若是同意也請妳們男女鬼魂聞香出靈，速速前來高小姐居住處享納供品，受納金錢，事後不得再相纏，今天的事到此結束。

回憶三小時男女鬼魂過程

今日的一男一女鬼魂，還算溫和。作者常見鬼魂一出靈即會很凶悍，不是要與老師單挑，即開口野蠻罵人，敲桌要打人，要踢人。種種粗魯動作嚇人的語言都看過也聽過，實在不足為奇。自我出道以來，從不畏懼鬼魂凶悍，怕的是鬼魂善良與鬼魂哭訴。例今日遇到的男鬼魂雖一開始有些刁頑，但後面過程尚溫和，女鬼魂一出靈即哭個不停。以我個人經驗，不分男鬼或女鬼，出靈即哭必有冤情。我雖對鬼魂很凶，但也有我善良的一面。凡遇到要妥協的男女鬼魂，都會盡量取得鬼魂的同意，安排鬼魂有個歸位處所。也常遇到凶悍不妥協的男女鬼魂，嗆聲，打人，拍桌吼罵。會依我個人的道規，先向凶悍鬼魂講明，我的忍耐度只限一個小時，超過一小時如再繼續凶悍，我也就不留情面。常有鬼魂被我轟到在地上打混，例今日所遇的一男一女鬼魂，我就極為客氣，不罵也不出手，給祂們一條活路。

閃避雷雨招惹鬼魂來纏身求冥婚

家住中台灣南投縣的鄭姓少女，當齡二十歲時，因年輕愛玩，又剛好暑假期間，就偕同二位女同學，三人約好到南部高雄去玩，第二天相約到高雄的旗津，三人同行相約到海邊戲水，到海邊不一會兒，天空變天，天昏地暗下起大雨來。在此時雷雨交加，人躲鬼閃，找到一間沒有人居住的舊屋子躲雷雨，三人即在海邊空屋處躲避大雨兩小時，巧逢鄭姓少女剛好是生理期，就趁機更換清理衛生。不知空屋內鬼魂也躲到同一處。等大雨過後，三人偕同到鬧區繼續二天的旅程，三人嘻哈喝樂，到下午六點多時，其中鄭姓少女忽然感覺有一陣涼意，隨即嘔吐心悶，其中二位同行的朋友笑稱，妳有了是在害喜。鄭姓少女否認有了的笑話，自己堅稱從來未交過男朋友，哪來的有了。自第三天返回中部家中，感覺渾身不舒服，自以為是在旗津淋到雨受風寒，全身忽冷忽熱不很在意，應是看看醫生就好了。連續五天掛病號，醫師查不出病因，但打個針吃個藥後即會有一個小時的暫時舒服，每到晚上病情都加重。

整個人都是昏昏沉沉的，要吃飯沒胃口，頂多喝個牛奶會比較好一些。一個禮拜下來病情沒有好轉，反而病情加重。每到要上床睡覺時，將房間的大燈關掉，僅剩微光的小燈，幾乎都不到十分鐘，面前都顯現出一個人影在晃動。大聲喝斥是誰，都沒有回應。只要看過人影後，整個人就感覺昏昏沉沉，渾身不舒服。就躺下床上，並不是睡著，是昏睡的感覺，但腦海裡尚有意識，旁邊好像多睡了一個人。嘴張開問是誰，沒有回應，伸手去摸沒東西，想要起來開大燈看清楚一點，但是渾身乏力爬不起來。不一會兒，整個人即開始昏睡。在昏睡意識中感覺有人在與自己做愛，從此開始才知道鬼會姦淫陽間的人。自己驚恐害怕到整張棉被單蓋到頭上，每晚上床一關燈就嚇到全身曲縮，被單全身蓋到頭上。連續一個禮拜七天沒停過。自己發覺被鬼姦淫的那種滋味快感，極是好舒爽，但等到天亮起床都爬不起來，須要賴床個幾分鐘才起得了床。白天整個人都很疲憊，好像做苦力工作過度。自己越想越怕，整個頭腦昏沉意識不清，越想越恐怖。到第七天按耐不住了，就撥電話到兩位女同學家，去尋問她們有沒有事，聊去玩過程有沒有什麼異樣。鄭姓少女向同學哭訴說，我的貞操第一次，都獻給鬼了。同學就建議既然醫生看不癒，應該轉換求神。鄭女向父母雙親反應這七天來，每晚發生的事一一的講給父母聽，母親聽完心裡七上八下急死了，就開口罵鄭女怎麼拖到今天才講。鄭母就帶著鄭女到處求神，始終都沒有改善，據鄭女表述，前三年父母都很關心，三年後到現在已經十二年，父母已放棄，故求救無門，家財也耗盡了，那鬼魂附在我身上，自二十歲到現今年齡已三十二歲了，整整有十二年之久。想起來要哭也哭不出來，也無能上班工作，每天在家坐以待斃。經濟已山窮水盡，生活過的很潦倒。那鬼魂天天附在我耳邊講話，講個不停，晚上又來姦淫我，我每天都很疲憊。我已瘦到約四十公斤左右，又沒胃口吃飯，老師你能救救我嗎？鄭女講到這段後，那鬼魂隨即附鄭女身上接續出來講話，一開口就問說：「你道師是來騙錢的嗎？我不怕你啦。以前去神壇乩童持七星劍操五寶，我都不怕哪會怕你。你到底會不會？」講到這裡。停了約五分鐘，鬼魂又說你會將我鎖喉，讓我不能講話，我要走了。老師大喊一聲，沒有我同意你鬼魂不准走。鬼魂回嗆說：「我要做人，我不想做鬼。你有辦法讓我投胎轉世嗎？你會不會。」老師回鬼魂的問話：「冤枉死的鬼，善良的鬼，我可幫你投胎轉世。惡鬼、無賴鬼、擾亂陽間無辜的鬼，都要打入十八層地獄，或是踢去酆都受苦刑。你鬼暫時休息一下，我要與鄭女講話。」

老師聽完鄭女的細述過後，再細觀鄭女的眼神與氣色，一五一十的回答給鄭女聽。第一當年你們三位同學應是你的精氣神是最虛弱的，因鬼魂最會趁虛而入。第二人會躲雷雨，相對的鬼魂也會閃雷躲雨。妳們避雨的無人空屋，應是那鬼魂避居處，妳們三人侵犯到鬼魂的地盤。第三當時妳在更換生理期有穢氣，鬼魂有很多的禁忌。鬼魂最忌被撒到尿或屎，當時妳在更換生理期的衛生棉，因女人的癸水有穢氣。老師今天聽你講這麼多的悲情，實在也很同情妳。

老師將那鬼魂請出來問話，請問鄭小姐妳有沒有同意。鄭女回說：「當然同意啊。」「好妳請妳的朋友注意聽鬼魂出來講的是什麼話。此時老師隨即催符唸咒，請鬼魂出來講話。請鬼魂出來附在鄭小姐的身體，借體講話。

老師問：請問亡者鬼魂你是怎樣死的，為什麼纏上鄭小姐。不得吃名詐姓來欺騙陽人，若有欺騙你可知道後果。

鬼魂回：我十四歲時去海邊嘻戲玩水，被海浪捲走死的。我要娶他作妻，因我愛她，我要同她冥婚。

老師問：那你鬼魂在什麼地方遇上鄭小姐的？你纏著她不放，你沒看到她今年三十二歲，全身只剩皮包骨。你還想要冥婚嗎？冥你的大頭鬼。

鬼魂回：十多年前她去南部旗津玩。剛好下大雨躲到一間舊屋內避雨，那是我的居眠處，又脫褲子給我看，我就愛上她，跟著她回到中部去。

老師問：你死的時候，你家人沒有幫你招魂收屍嗎？鄭小姐是生理期，哪是脫褲子給你看，你真是一個色鬼。你講這種話是欠修理喔。

鬼魂回：我被海浪沖走，家人找不到我的屍體。你能帶我回去嗎？

老師問：只要你鬼魂能講出地址，抑或你能講出父母的姓名，兄弟姐妹的姓名也可以，講得出來我會帶你去找你家人。

鬼魂回：我父親死了，我家住三合院，你能請我爸爸出來跟我講話嗎？我家是有錢人，我很想念家。

老師問：你父親姓名你講不出來，你家的三合院地址也講不出來，誰也幫不了你，除非你託夢給你家人。

鬼魂回：我想要投胎轉世，我要做人不要做鬼，做人很好天天有得吃。我被海浪沖走餓了好幾年。我現在有依靠附在鄭○○身上，不受飢餓不受風寒，做人很好啊。

老師問：你要知道陽間的人，給你們陰間的鬼纏上，有哪一個好受的。不是精神異常，就是生病。你鬼魂有了依靠，被你纏到的人就要倒大霉。

鬼魂回：我要投胎轉世做人，你道師會不會，不會就是在騙錢。我有看到你寫的書，你會鎖喉功，你現在將我的喉嚨鎖住，看我能不能講話。

老師問：你是找死喔。想要再死一次是嗎？只要犯者肯花錢，我就把你這挑皮搗蛋鬼，轟下地獄讓你永不能超生。

鬼魂回：道師你那麼凶我要走了。

老師問：不准走，你給我坐好。若敢再動或搗蛋，我就以雙五雷轟到你魂飛魄散。不相信你可以試試看，要不要試一下。

鬼魂回：我不走你道師能讓我去投胎嗎？你做法事要多少錢，我們夫妻沒有錢可支付你。

老師問：多少錢不干你的事，那是犯者鄭小姐在做決定的。你敢跟我談價錢，你不用花錢啦。我兩條路給你走，一條是踢你去酆都受苦刑，一條是轟你下地獄永不超生。兩條你選哪一條。

鬼魂回：兩條我都不要，我要去轉世做人，你道師到底會不會，不會就不要再講了。我們睡在一起，吃在一起，誰也不能拆散我們。

老師問：會不會是你鬼魂在問的嗎？你有膽你就站起來，你若是乖乖的，等一下要走時，會派人燒化一些亡魂錢給你受納。

鬼魂回：我不用亡魂錢，我都是用新台幣。今天給你罵我已算是很衰了，不要再罵我了。亡魂錢我用不到，我附在鄭〇〇身上，一般去買東西都是用新台幣。

老師問：若是犯者鄭小姐家人願意做個小法事祭拜你一番後，你願不願意放手離開，雙方各留一條活路。

鬼魂回：你們不能騙我，若是騙我，我會帶她去投海自盡，可讓她變成我們永遠的夫妻，誰也管不到我們。

老師問：騙不騙不是我你講的算，須經過鄭家人同意。若是鄭家人同意，我會再請你出來對話一次，做最後的決定。你鬼魂可先離開鄭小姐的肉體嗎？

鬼魂回：條件都沒講好，是要我投胎轉世，抑或要我們冥婚，到底是哪一條件。都還沒講明。

老師問：我講過什麼條件是犯者鄭小姐，以及她家人才可做決定。你鬼魂不能逼現在答應你，須等個幾天嘛。

鬼魂回：你們都是大騙徒，這個也不行，那個也不行。既什麼都不行，我就纏到她無法忍受，元氣大傷時再帶她去跳海。

老師問：你鬼魂是在恐嚇是不是，若你敢再說帶她去跳海，我就以雙五雷伺侯你，轟到你魂飛魄散。也就照你意思，將你鎖喉變成一個啞巴鬼不能講話，要不要試試看。你給安靜坐好，若你敢動我就畫圈圈給你罰站。

鬼魂回：我們來鬥看誰厲害，我不相信你有法術。來啊～～來啊。如果你鬥輸我的靈力，我今天就鬧到你無法收場。

老師問：在這個時候我實在忍無可忍，隨即請助手準備化燒一張追殺符水，再點燃三支香。準備就緒我隨起身，在鬼魂面前勅符追殺，並將含口內的符水噴出，續連轟三下雙五雷。此時鬼魂原來坐在椅子上，就隨即滑到地上坐，且頭低低的沒有任何回應。

鬼魂回：算你厲害我投降，有氣無力的說。聽你的，你們怎麼安排就怎麼安排。

老師問：我開出二條件給你選擇。一是請當地的福德正神開路，請引魂童子，引魄童郎，將你鬼魂引去附近的應公廟仔萬人堆。二是將你鬼魂引去附近廟寺，跟隨神明修練一段時間後，再去投胎轉世做你想要的做人。你鬼魂擾亂陽間，若下地獄閻羅王也不會放過你，你選擇哪一條。

鬼魂回：有就好。隨你們安排。

老師問：不管哪一條件，這須犯者當事人的同意，及她家人的同意。我今天只是橋樑商請陽人與陰鬼雙方妥協。若有信息的決定，會再次的把你請出來對話。今天到此結束，你可先退魂，我請助手燒化一些鬼魂錢給你受納，領受完你自己離開。

雷電轟出鬼魂走不停（本篇是故事）

雷公又稱雷神。神話傳說中，雷氣佈風雲，雷聲轟出，雷霆砲火響動震天地。雷公形體，滿面如猴子顏面赤紅色，嘴形似鳥嘴，背有兩翅膀，形如老鷹展翅。雷公翅膀展開能飛萬里。，雷公除了兩眼之外，在印堂上方又長出一眼，額頭的第三眼能射出白光萬丈遠。雷公左手持木楔，右手持木槌。兩眼看千里，三目交輝額眼射光照萬里。

電母為雷公配屬神，雷公雷火要轟出前，電母必先閃電。因由電母未成仙神前，在凡間本姓朱，因朱母身體欠安，朱姓姐妹二人即商量到附近山上採草藥，回來煎煮給慈母服用治病。姐妹二人出發時，是太陽晨出晴空雲清萬里。兩人走走，走走，走到住家三里外到達山下時，忽然變天，昏天暗地雷雨交加，雷火轟出下地，因而不幸轟到朱姓兩姐妹。

雙雙殞命在山下。朱母得知訊息趕到山下時，見到姐妹雙死傷心欲絕，即哭喊著，問訴雷公。朱母邊哭邊說，雷公雙眼無珠誤打吾女，吾女含怨而死雙眼不願合。哭訴完雷公已聽到朱母的哭喊。

此時雷公已知誤轟凡女致死，再次的轟出一聲輕雷，幾分鐘後朱姓姐妹即合眼。消息傳回鄉里，全村村民極為惋惜。這兩位村姑當青春年華，容貌身材姣好。平時孝順父母，尊敬長輩，就這麼不幸年輕早殞。消息傳聞全村，鄉民即協議，設香筵敬拜順時責備雷公幾句。雷公聞香聽到村民罵聲連連，已悔恨不已。

知道錯了，雷公即抱頭思想如何補救凡間這二姐妹。左思右想，想到一個法子，向玉皇大帝稟報此事，且向玉皇大帝認錯，協商補救方法。雷公誠實向玉皇大帝說明原委，說到朱姓姐妹死時，死眼不願閉。玉皇大帝不動聲色，即命雷公下凡先渡二女魂魄成仙後，再歸天庭。在二女魂魄歸仙時，巧遇農曆十二月，民間習俗在農曆十二月二十四日，送諸神眾仙上天庭，萬神眾仙相會十日。玉皇大帝即召二仙女在雷部賜稱電母，並賜電母兩面電鏡，左右手各持一面電鏡。同時再賜雷公一眼在額頭，並命日後雷公在轟雷前，電母須先電鏡閃光射出，讓凡間陽人，陰間鬼魂，先閃避，雷公再轟雷。免得誤轟到凡人，傷到鬼魂。

風神與雨神同是雷公配屬神。風神右手持執一片芭蕉葉，雨師右手持執一支柳枝。若是天要下雨，風神要芭蕉扇搧動一下，即喚氣成風。雨師手執柳枝即搖動催雨，隨即就會下雨。風神能喚風，雨師能興雨。若是天上雲層騰懸半空，天地昏暗雨仍不下時，雷公即會雷火交加的催雨，雨水能渡天下眾生。

雨水下地滋潤萬物能長生，天上轟雷閃電，陽間的人若閃避不及，被雷火雷電轟到，必全身焦黑皮綻肉開。陰邪鬼魂閃避不及，必魂飛魄散。所以陽間辦事對付鬼魂，神明乩童，道家法師，通常都會與鬼魂先溝通。除非鬼魂惡劣到極點，不接受安排惡整陽人，神明與道家才會違反戒律大開殺戒。

一般神明均以操五寶追趕或追殺。道家法師會掌五雷嚇走或轟出，鬼魂一旦被追殺，被五雷轟到，大都會傷痕累累，魂飛魄散鬼不成鬼。一般神明與道家法師，均會控制自己不隨意違反戒律，除非不得已才會出手。

尊敬的林老師您好

新春愉快，新年好，今寫信向老師求救。我被陰邪鬼魂纏身好多年了，幸好我找到香港去有買到你的新書作品，《陰邪破解開運訣》、《祭改陰邪寶典》，二本書，要請老師跑一趟大陸。我先由我祖先說起。三十年前我家祖先的祖墳，被大隊幹部挖掉，在祖墳挖開後看到，棺材內長了很多的紫藤，纏在祖先的骨頭。雖然屍骨有重新撿骨裝甕，然後再將骨甕重新深埋過，但祖宗的亡靈還是相纏著我們家人不放。困擾著我們全家，致使家人個個都生病。我父親很早就過世，我也就在九歲那年高度發燒得病。去就醫時，醫師說我已患小兒麻痺症。經過醫師的搶救撿回一命。雖然命保住了，但落個終身殘疾，現一手一腳行動不便，走路一跛一跛的。

最讓我痛苦的是鬼魂長期附在耳邊，講話騷擾我操弄我，常叫我趕快竄到那快速轉動的車輪底下，車輪底下非常好。整個人是昏昏沉沉的，等昏沉清醒過後的直覺是那個地方不能去。有時還經常叫我趕快去輕生自殺，還經常操弄叫我自玩下體，也常要我拿異物插進肛門，更是常操弄我自己玩陰莖，且不斷的叫我手淫。幾乎整個頭腦全被鬼魂控制住，等醒後雖知道這種行為舉止是不行的。但無法克制自己的舉動，任其鬼魂擺佈耍弄。特別是家人外出時，我獨自一個人在家尤其明顯，會被操弄的更厲害。長期下來我全身都很疲憊乏力，實是苦不堪言。今寫信求教老師有沒有辦法，將那會講話的鬼魂驅趕走。我實在很困擾，大陸這邊又找不到人會處理。

現在我住的房子底下有很多屍骨，而且家中常常鬧鬼，家人又生怪病，且是非不斷。房宅底下的陰邪，一直在顛倒著事情作弄家人，而且家中的財物又經常無故少掉。我母親的右手臂有青筋浮露色很濃，青筋浮露處常常喊痛，又腹肚內有一個氣團如球大。有時會往上跳動，有時會往下跳動。平時多吃東西或吃太飽，那一團氣就在肚內跳動難受，背部也有一股氣在上下的推動，總之媽媽渾身是這樣的不舒服。到醫院檢查也查不出有什麼病因。平時所賺來的錢連看病都不夠，雖知道這房子有陰邪不吉祥，想要把房子賣掉，但從無人要買，想要拆掉重新建造又無資金。我現今已四十五歲了，也找不到對象可成婚。長久以來做了很多好事，別人非但不謝我，反而還回頭來想要害我。我一心想要發展事業工作，但卻得不到伸展機會。

背後一直像有人在拉我退路，不讓我發展。鬼魂搞得我精神恍惚，精神異常天天疲憊不已，現今實在無心學習和工作。由於身體疾病常年纏身，有時全身發軟，全身疲憊乏力，記憶力日漸減退。尷尬的是性慾功能減退，性功能要勃起很困難。縱能勃起也很快就軟化下來，偶爾晚上睡覺會做春夢，女鬼會來淫弄我一會兒就夢泄。這種日子一直不斷折磨著我，實在是痛苦至極，讓我無法過正常生活，實是度日如年。神與菩薩也都求過，至今都於事無濟，救不了我的痛苦。就醫也好，求神也好，均改不了我長期的痛苦。我媽媽經常到廟裡去，燒燒香，唸唸佛。我媽媽的身體就會少許的要好一點，但總是短暫的，並沒有徹底的根除。這次有幸的從香港購買到老師您的著作，使失去生活信心的我又重新點燃見到天日的希望。今天去函想要麻煩老師，希望老師能多發慈悲，救救我們苦命的母子倆，幫助我們應該怎樣祭改，破解宅基底下的陰鬼，以及長期環繞在我身上附耳講話的陰魂，讓我們早日走出陰影的困境。可讓我們家運及財運，能得到些微的改善，本人將會終身的感謝，也決不會忘記這份情，日後有機會一定重謝老師。請回信告知我，祭改鬼魂與破解，要準備哪些東西及祭拜供品。另外我還想購買您的幾本著作，書名如下，總共七本。這些書可有現貨，一共多少錢，包括運費及辛苦的工資，請寫信告知我，怎樣把錢寄給你。請注意，寄書包裹貨單填寫無錫，這樣我就可在當地取貨，否則要去城裡去取貨，因我手腳欠缺方便，上下車很不方便。萬分致謝。許XX叩上

謹祝新春愉快。萬事如意

來信地址：中國江蘇省江陰市XXXXXXX許XX收

手機：00286-13X0X3X5X1X

西元二〇〇九年二月三日

回許XX的來信

許XX兄您好

有關你的來函已收悉，書信內細述靈界的騷擾困惑，我已知悉你的痛苦與心酸。凡間陽人男女老幼，任誰被鬼魂卡身，沒有一個人有好日子過，均是難受不已。鬼魂操弄你，附在你耳朵講話真的是吵死人，唆使要你手淫及拿異物插進肛門，要你鑽進車子底下。依我的研究經驗，這種案例應不只一個鬼魂，通常都會招

幾位同類，男女鬼魂都有可能。被卡身日久是會要人命的，在還沒驅除前，你要特別小心。鬼魂是不講道理的，也是你無法控制自己的。另你嘆說到現在都找不到對象可成婚，勸你暫時別想那麼多。因一般人被鬼魂卡到的男女，不但身體每況愈下，且會精神異常，生怪病。男女縱有桃花感情也會被鬼魂拆散，被卡到鬼魂都會佔為己有。我接過諸多案例，都是終身難婚娶。除非有將鬼魂驅離，否則沒有婚姻可言。

另你要購買七本書，若你確定要我過去，我會順便帶去送給你。因我的著作在市場價位算高價位，例你這種案例需要花一筆錢，酬金電話中已跟你講過了，等你確認，細節有過去見面再談。祈盼家安 林吉成 敬上

西元二〇〇九年二月十五日

尊敬的林老師您好

自從上次與您通信後，即斷續半年，因我缺少資金的關係，所以一直沒有再聯繫，請收到信後回給我電話或來信，已確定要老師跑一趟。來的路線是從台灣坐飛

機到上海，再改坐火車到常州只要一個小時。出發是幾點的火車，請先打電話告知我，我到常州火車站去接您。路程是台灣—上海—常州—江陰。我再細述一次，我家具體情況。全家人都生病，父親早死，上代祖先墳墓被大隊幹部挖掉後，一直有鬼魂附在我耳朵講話，長期騷擾我。現在新造的房子底下有好多屍骨。家中的財物也無故的少掉，家運非常不順且生活顛倒，生怪病就醫難癒。特別的是我，全身以及四肢痠軟無力，腰痠腰痛，所做的生意一直沒有起色。常有是非顛倒的事發生，家運非常不好又不聚財，常遭小人暗算。至今還找不到對象可成婚，實是痛苦至極。每天精疲力倦，精神恍惚。鬼魂長期操弄我手淫，致使性功能有障礙，所有過程讓我痛苦萬分，萬分感謝，許XX叩上

手機13X0X3X5X1X宅電0510—8X1X2X1X

地址中國江蘇省江陰市XXXXXXX

西元二〇〇九年九月十二日

被下降蠱真的不好受

本傳真來自香港二〇一一年七月三十日電話向老師諮詢據李先生來電述說，七月底來台灣旅遊，偷閒去逛書局，購買到兩本有關陰邪鬼魔之書類。回到香港後，閱讀後即撥電話到台灣，請教老師。電話中約鈙述自己身體狀況。這五年來身體一直有異樣，在香港有找人處理過，也有去大陸廣東找人處理，但都得不到改善。我想去台灣找林老師幫我看是病，抑或中邪。話講到此，老師即回李先生的話，電話中講的有點模糊聽不太懂意思，路途又遙遠，李先生你人先不要過來。你先把病況，寫在紙上傳真過來台灣給我看，讓我研判症狀後，我再傳真給你。

林老師 您好

我叫李先生昨天跟
您通了電話 以下右邊
是我身上的感覺最嚴
重是①點

事情是這樣的
在幾年前我大姐
生病了在醫院檢
查都找不到原因
病了一年多我有學
過氣功嘗試幫
忙治療一發氣
給她感覺胸口
一痛 後來感覺身體
備火燒一樣 到現在我
一直練氣保持體力
但運氣一直不好

我大姐呢 身體也一直不太好
但也沒有嚴重的問題 我一見
到她就感覺不舒服！頭部響
的很利害

① 頭部虛線位置
有痕癢 漲痛
早晚不停的響好
像秋蟬叫
下午6到7點比較
嚴重

② 胸部里面
好像有一團
東西在 有壓在
的感覺

③ 身體各個
部份有時候
會跳一跳

④ 睡不好 有頭昏

李先生

李先生　您好

你傳真的內容我已研判過。有關你的頭如秋蟬在叫，胸部腹肚內有一團氣如籃球會跳動，依我多年的經驗，那不是病，那是被下蠱。這五年來的痛苦我可理解，我傳真給你，判斷八點你先看有沒有正確。若有正確你再過來台灣，判斷如後。

你的病狀依我判斷是被下降蠱

一、你的體溫應是比正常人低一點。

二、你蹲下約五～十分鐘站起來頭會暈且站不穩。

三、你晚上睡覺時數很難超過四小時。醒來很難再入眠睡。

四、你每天下午太陽要西下時，約五點起即會胸悶，且有一點恍惚又坐立難安，偶爾會昏睡。

五、你最好睡的時間是早上太陽要出來時，會睡得比較安穩。

六、胸內的氣團是可漲可消的，再注意一下偶爾會跳動的。

七、皮肉表面會有如蟲在爬癢癢的，且偶爾會有如針在刺，痛一下即消失。

八、頭上會有如重物壓著且會漲漲的。偶爾會抽痛，偶爾頭會暈暈的。

九、我必需要看到你本人，才會有較正確的答案。

台灣台北林吉成傳二〇一一年七月三十日

李先生看完老師的研判後，第三天即過來台灣三天。老師幫李先生處理後，回到香港的第三天中午，打電話來台灣問老師。說自我回到香港後連續三天，整天都是想要吐，但吐不出什麼東西。老師回李先生的話，我預計你會不舒服約七天，能吐的話盡量吐沒關係。七天以後若再有不舒服，你打電話告知我。李先生聽完後自此沒再打電話說病況了。

曾女被鬼魂纏身回信向父親訴苦

本案例是曾小姐自己撰寫，回信向父親訴苦。痛苦的陳訴被鬼魂纏身過程之敘述，於101年7月12日親自提供給作者，要作者公開被鬼魂纏身的可怕。本篇有些語詞不很順暢，讀者需多費心神，慢慢細讀。

曾父給女兒的一封信~人總是會成長的——有時我自己會不覺得「過幾年，已經快60歲了，人生每一階段都有不同的收獲、失落、喜樂變煩惱，要用怎樣的心態去面對，怎麼安然的來渡過，都考驗著你的智慧——

妳現在的階段正該是衝刺事業結交異性朋友，最忙的時候趕快改變作妳的人生觀，該放下的就放下多結交朋友與朋友往來吧。機緣到了就是自己組成家庭的時候了，以後你內心生活就不再單是與爸爸、弟弟間的親情了！

雖然自己在外飲食與睏眠一定要按規律，知道嗎？這是曾父給女兒的一封信

爸06—19

——————————

曾小姐回父親的一封信~

這全是被鬼惡整過程請讀者慢慢鑽讀，因曾小姐非專業，內容寫得沒有很順暢

爸：怎麼放下？

整天身體旁邊有一堆鬼，

雖然我沒做虧心事，那些鬼糾纏不走！

祂們要證明自己很厲害還團結合體創造更厲害。

祂們也不要東西，要我的命要整我一輩子。

覺得我很會花錢在花祂們的古銅錢（莫名其妙）

祂們說我沒慈悲心覺得我狠、說要報復我。

我說面對強姦我的鬼需要慈悲心？

祂們不能投胎就變成是我沒慈悲心沒同理心？（祂們這樣認為）

祂們很會演戲，說到神明面前演乖乖假裝無辜與假懺悔演戲。（也會咒罵我死更說不相信台灣神明）

鬼父母一下教育自己小孩，一下告誡自己小孩要如何演戲保護自己，一下教導自己小孩殺人，還會稱讚小孩錯誤行為很棒很厲害。
每天鬼都跟著我不論白天夜晚，隨時都在吵。
祂們知道師兄教我這次不要理他們，祂們就整我（本來就在整）
祂們說自己有志氣不要東西，要糾纏我一輩子。
我全身都有鬼，有的藏在身體，有的可能是跑來跑去玩我整我。
有的鬼藏在我肚子，有的從肚臍鑽進去，也有從肚子鑽出去。
肛門有鬼鑽來鑽去，我放屁會跑出來又跑進去（趁機跑進去），或者戳我肛門。
乳頭也在玩下體也有一個鬼不走，亂摸&卡在那兒嚇我，
我不喜歡那感覺，但是我會用打的，持續打。
祂們可以讓我感覺很冷或很熱，現在會用熱　熱我下半身。
也會搔癢我的腳趾頭，腋下也可以鑽來鑽去
會躲在內衣&內褲玩。上衣褲子也可躲。
鬼會換味道，跟我用的東西（洗衣粉、沐浴乳、洗髮乳、噴身體香劑、保養頭髮的油與造型液）

祂們認為這樣換味道安全（？）&羨慕我可以用，所以祂們也可以用。

祂們到現在都執迷不悟，認為我可以做的為什麼祂們不行？（矛盾）

祂們還想控制我現在上班的公司（莫名其妙），祂們認為有上班也要薪水（哪門子？）

祂們每天跟我跟進跟出，會順便跟我問我的下一步驟是什麼，真是很雞婆！！（鬼認為自己很厲害可控制我）

可以玩我手環，可以玩我平安符，（鬼也想要平安符與手環，我有的東西都想要！）

沒掛符的時候也在玩我身體，（從身體裡面有東西跑出來玩我身體 &在我衣服與身體中間玩我身體）

我知道身體裡面有鬼打嗝與喝水，可以聽到鬼的聲音，

腸子裡也有鬼，祂在動的時候我知道。

但是之前的師父與天上聖母的乩身都查不到鬼，很怪。

鬼會搖我身體，或者在我身體裡晃動，祂們一直想控制我。

在上班的時候，我打電話，會控制我的手（拉一下那樣）

坐在椅子的時候會拉我腳，躺著時候，會控制我的雙腳往外打開。

心臟也在玩 &戳，我感覺心臟在痛，心跳特別快，

我的血壓本來就比較低（低於1百），被鬼玩的時候，心跳可以到1百多。

會跑進我鼻孔裡，之前是左邊右邊分開玩，有一次是兩邊一起玩，鬼知道我鼻子會過敏。

也會跑進嘴巴，總之可聞到鬼的臭味！（我遇到的鬼會換味道）

也會跑進耳朵裡，左邊與右邊都會進去。會感覺有異物 &耳鳴 &聲音變小。

也會跑進眼睛（說要挖我眼睛）或玩眼鏡（讓我眼鏡慢慢往下滑落）

會玩汗水！洗東西會跑進去玩，把水往外飛到我褲子或臉上。

下雨天有水，會把水弄進我鞋子裡。

上班時會故意讓我桌上東西往地上掉，我在公司都無法午休，鬼用盡各種方式不讓我睡。

鬼知道我哪時要睡，說中午睡覺那麼晚上不能睡。

早上會吵我起床，玩我臉、鼻孔、耳朵、身體、肩膀、腋下，盡其所能吵我起床。

說很會算時間，手機關鈴還沒響就不斷用祂們（以上方式）能玩得方式吵我起床？
總之我不知道全身還有哪裡沒被玩過？連內臟都被玩。
精神科拿藥其實不知道作用是什麼，醫生是說調整體質，
問題（鬼）不會因為吃藥就不存在，我知道我沒有精神病。
之前沒遇鬼時，我自己去台大北分院看過家醫科（醫生）
醫生說我沒精神病只需要找心理醫生聊天，有需要可找心理醫生。
後來我也有去找心理醫生聊天（２次），離公司近不用請假（台北市社區心理衛生
　中心：在金山南路上）
找心理醫生都是聊在公司不開心與感覺矛盾的事情，醫生要我多運動與換新工作。
（一直沒換工作）

後來遇到鬼，雖然不清楚鬼從哪來，也知道爸爸與弟弟不相信，但是我遇到
與感覺到都是真的。

上次傳一封mail就是我真的感覺到（之前

被鬼纏身症狀（之前）

常像被針刺，

還有耳朵，24小時得聽到他們鬼一直叨唸：

聲音是出現在「腦」中，各種聲響（包含別人完全無關的說話聲、腹鳴聲、呼吸聲、動物叫聲馬達聲……）

他們有很多不同的聲音（可能使用好幾個音頻）

並且可以控制選擇讓某人聽到哪些內容，

例如空中說的聲音，我猜是大家都可以聽見的，

但耳朵邊的聲音就是，給我聽傳到我腦中自然再發出去，

還可以聞到他們的味道或香味或臭味都有

也聞得到燃香的香味與一般拜拜的香味不太一樣，

像是燒焦的香味但帶有香味，味道甚至會附著在身上。

那時傳這封mail只是要告訴爸爸與弟弟這些千真萬確，需要提防，可是卻讓你們擔心與生氣。

我知道生死有命，人終歸於死，我無法適應這種靈異體質，

因為我被鬼玩被鬼整，已經忍很久，受不了時我會打鬼摸過的地方，尤其下體。

鬼會認為我打祂，但是我是打自己，只有這樣才會讓自己好過舒服一點，

最近我是真的想把鬼打死，我知道用打的打不死鬼。但是唯有用打的才會讓自己好過一點。

心臟已經不是第一次被玩，我想現在除了收鬼，已經別無它法。

鬼知道自己露出馬腳，祂們也想殺我，祂們也會打如意算盤，會判斷什麼對他們有利。

之前邊整我邊利用我學習東西，順便證明他們可以很厲害，

現在積極想控制我要我去死（我沒被控制），只差沒殺死我。

老的鬼要自己的孩子犧牲，確定孩子死後再殺死我。

總之這些鬼很會演，也會模仿聲音與講話模式，但是有一家子鬼是確定的。

（爺爺、奶奶、母親（大房）、父親（兒子1），4個男孩1個女孩，珍ㄚ頭（二房）1兒子2，也有外來的奇怪鬼1）

（石婆婆，說是被這家鬼叫來提親，沒拿到東西不甘願？也可以演爺爺的二房！）

小孩鬼總是自己有錯不承認，怪罪父母不疼不教不理，怪罪我教壞（？）真是莫名其妙。

小孩鬼總是怨恨，自以為可跟人類相處一起生活，自認為我愛過他？（笑話，哪個人類會愛鬼？）

小孩鬼以為請我愛過他就可以一起生活，以為這樣可控制我。

我說不可能愛鬼是笑話，就說我愛過他欺騙他，狂講恨我（莫名其妙，教育失敗，認知奇怪）（整天講謊話，說只有奶娘卻稱呼額娘）

媽媽鬼不會罵小孩，鼓勵小孩犯錯當殺手，爸爸鬼從不教小孩，放任鬼不用教小孩也對拉。

小孩鬼也不用教，本身就爛泥也扶不上牆，祂們總自認自己厲害沒犯錯，有犯錯找藉口怪別人。（似乎是祖先鬼也教過小孩鬼，但是無效、演戲倒一流，說謊也一流，找籍口推卸又一流）

爺爺鬼與奶奶鬼也會出聲嚇唬，這一家子鬼總是怪別人，被我罵的時候會不爽，我都是罵事責與實話實說。

我不想理與懶得理祂們時，就被逼我罵祂們，被罵都在學習，改天可拿來反罵我。

（好笑）

小孩鬼怪大人鬼不走，大人鬼說小鬼找不到無法走，也可演小孩送你…我自己走，其實是不走。

小孩男女色鬼與大人男女色鬼都一樣都玩過我下體，祂們不討東西只想整我，知道如此會無法投胎，就說我沒慈悲心，這是最大笑話。

這些鬼一直覺得我生活過的太好，一直羨慕我用過的東西，一直有矛盾的思想為何他們不能？

我吃三餐也會羨慕，覺得我吃太好吃太多過太好，祂們也想吃也想當人，但是祂們認為1：當鬼比較好不需要投胎，怕投胎會被我欺負（超好笑！！做壞事心虛！！！）

認為2：當鬼可以為所欲為，可以到處要東西，不用求表現就可跟人拿東西何必當人？

認為3：當鬼比常人自在，可以控制人整人，證明自己厲害。

認為4：我上網查資料，鬼看到黑令旗可討命，說要去拿旗子討我的命！！
至於我們祖先阿公與阿媽、外公，聲音聽起來是他們的聲音不知是否為鬼演的？
以及另外兩位一個說是阿公的大嫂，一個說是阿公的妹妹（不知真假）
這些不知道是否為親人祖先很難辨別，
但是最後一次我去拜玄天上帝時，有玄天上帝的乩身有提到祖先偏房沒拜到與風水。
天上聖母的乩身是說冤親債主（玄天上帝的乩身有提過），我問神明說是外來的。
我在聖德慈母宮燒香拜拜有講拜玄天上帝提到的事（祖先偏房沒拜到與風水。），
　但是沒與天上聖母的乩身說。
跟鬼耗了快二個半月，不曉得還要耗多久？（去年年底就遇上鬼了，到現在才嚴重）
習慣這種體質很難，事實上就是被鬼玩被鬼整。
不知道全身還有哪裡沒被鬼玩過？連內臟都被玩。
會等這禮拜四去拜拜看結果如何（？）
目前人沒事，平安。
女兒06/19

曾女被十二條鬼魂附身整天罵不停

作者自出道以來當鬼魂與陽人的橋樑案例諸多，從來沒遇過一次有十二條鬼魂相纏的案例。

家住新北市有位曾小姐，於101年農歷七月七日下午約四點來電請問老師。第一句話說我遇到歹東西，每天纏著不走又罵個不停，想去請教老師，不知老師有沒有空。老師回說可以。約一個小時曾小姐來到道館，雙方先閒聊了一下子。老師一邊泡咖啡，一邊與曾小姐說話。起先曾小姐說有很多鬼魂附在我身體，又會在我耳邊講話騷擾我，且會罵髒話都很難聽，擾到我快要崩潰了。到此老師即回曾小姐。若真有這回事，等一下我將鬼魂吊來問話，不過以現在妳的氣色看算還可以，應不嚴重到五臟六腑有病。依妳這種案例，老師先問妳，這種情形有多久了？

曾小姐即回說已有半年之久了。祂們會來摸我胸部，也會來玩弄我的下體，玩弄我的肛門，反正全身摸透透，我真的很受不了。半年來已有去精神科就診，也去過婦產科就診。問過神明，症狀仍然存在，完全沒有改善。請問老師這可以處理的好嗎？老師即回問曾小姐，依老師多年來的經驗，這不但會擾亂到妳無法安寧，且晚上睡覺時會來與妳同眠，還會同妳玩活春宮，弄到妳高潮發洩為止才會罷手。曾小姐回這有，我人一躺下要睡覺，祂就會來撫摸我的下體。我一生氣用自己的右手拍打下體幾下後會比較舒服。但事後鬼魂比我更生氣，會來附在耳邊罵我說，妳敢打我，我就玩到妳死去活來為止。

老師再向曾小姐講妳要注意，若是妳的陽氣被鬼魂吸盡，整個人會皮膚乾澀，且精神會異常，飲食沒胃口，睡眠會陰陽顛倒，話講到這裡，老師即問曾小姐：『將那些鬼魂吊出來問話？妳有沒有同意。』曾小姐回問說鬼魂會聽老師你的話嗎？說出來就出來嗎？鬼魂可以出來說話那是最好了。好……曾小姐既同意，妳要等約20分鐘。我須要再一位助手。助手林志樺到了，老師隨即進行吊鬼魂動作。過程動作，催符唸咒，很多不再列寫。過程約十分鐘左右，鬼魂即來附在曾小姐的身上。曾小姐坐在椅子上，隨即上半身左右的搖晃不停。老師就開口問？你是何方的陰邪鬼魂。沒有回應。只有讓曾小姐全身左右搖晃，動作時大時小。等到約半個小時已過去了，老師即很火大的問那鬼魂，若再不附體講話，我就要出手修理人了。那鬼魂才借曾小姐的口說我們有很多人。老師隨即問說有多少條鬼魂，請你們派一位代表附身來跟我對話，若敢擾亂不附身講話，等一下看我怎麼修理你們。鬼魂就再借曾小姐的口回說，我們有很多人不怕你修理。此時老師被耍的已經很無奈了。限你派一位代表附身，也限你三分鐘的時間，此時鬼魂仍不附體，只借曾小姐的耳朵講話，由曾小姐聽完再轉述給老師聽。老師即回說不敢附身講話，你只是臭卒鬼魂，用轉述的也行啦。

老師問：你是哪裡鬼魂人祇？為什麼纏著曾小姐不放，有何用意？曾小姐與你們有仇嗎？你們把曾小姐整的無心上班工作。

鬼魂轉述：我是珍ㄚ頭，我們是中國來的。我們中國男女交媾都很厲害，那臭女人都不會又很笨，也不會喊更不會叫春。

老師問：聽妳這麼講，外號叫珍ㄚ頭，那妳死前是黑社會的太妹嗎？妳說妳們交媾都很有經驗也很厲害，又罵曾小姐是臭女人。我警告妳，在這裡講話不得吃名詐姓，若有，我這一關妳是過不了的，妳還沒告訴我是怎麼死的。

珍ㄚ頭回：我是人家的二房死的很慘，被無情的火災燒死的。因感情問題被人放火燒死的，我很不甘心變成厲鬼來報復的，我要報復那臭女人到她死為止。

老師問：妳珍丫頭真是胡說八道，曾小姐跟妳們無冤無仇。妳要報復她也應該講個理由嘛。我再問妳，妳是中國的哪一省？哪一市？且妳這個外號叫珍丫頭，聽起來像是社會混混的太妹，又妳講話的過程有點不太理性。

珍丫頭回：你越罵我，我越要報復。我們一群人要報復誰不用講理由，隨我們高興。我們都是中國安徽省，我們一群人都是被火燒死的，大人小孩都有。

老師問：你珍丫頭死時是幾歲？今年又是幾歲？妳是什麼姓？叫什麼名字？一群人一共有幾條鬼魂出靈在現場？全報出姓名來。若敢吃名詐姓，我會用雙五雷轟到妳們魂飛魄散，要不要試試看。若敢再不理性的回話，我就動手不留情。

珍丫頭回：年齡忘掉了，姓名不跟你講。我們一群人共有十二人，男有八人，女有四人。每天都跟隨在那臭女人的身邊，一起撫摸那臭女人的全身，高興摸哪裡就摸哪裡。這與你不相干，你管什麼管。我們高興摸胸部就摸胸部，要摸下體就摸下體。隨我們一群人高興，反正那臭女人也不會反抗，也不會叫。

老師問：依據妳這麼講聽起來真是可惡至極。妳口口聲聲都叫罵她是臭女人，她有名有姓，曾〇〇。另外再問妳一群人總共男女加起來共有十二人，依據我的了解中國一家有三到五人已算是很多了，哪會一家有十二人，妳再亂講我就不客氣了喔。

珍ㄚ頭回：我們全家人有爺爺、奶奶、三個小孩。伯伯、叔叔。男男女女總共有十二人火災燒死在一起。

老師問：我把妳們十二鬼魂請來集中在一起，然後請引魂童子，引魄童郎，將妳們十二條遊路亡魂引回中國大陸好嗎？何況妳們在台灣也沒有遮風避雨處，每天在外當遊魂也不是辦法啊。

珍ㄚ頭回：我們不回中國大陸。我們看你們台灣人吃太好，穿太好，尤其那臭女人每天吃那麼好。你講什麼我們都不要，就是要整死那臭女人，要殺死她。你們台灣生活過的太好了，我們死的當時沒得穿沒得吃。

老師問：現在西元二〇一二，妳們中國也很進步啊。依目前中國也建設的很完美啊。妳們這十二條鬼魂有什麼好嫉妒的呢？妳說故意整人，故意要殺曾小姐，要復仇到底。警告妳們這十二條鬼魂，要賴沒有用，若真的逼我出手，我即會出手，妳們是不是真的想要再死一次嗎？

珍ㄚ頭回：我們什麼都很厲害，我們不會死的。要跟你拼個輸贏，你才知道我們的厲害在哪裡，我們一群十二人不是猛龍不過江。來啊……來啊：你沒有法術啦。有你早就施展出來了，等到現在我們看你一點都沒本事，你有本事就來拼個輸贏嘛。

老師問：此時老師被惹惱了。隨即站起來腳踏罡步，雙手隨即掌雙五雷，掌在右腰際，開口問鬼魂是真的要鬥嗎？鬼魂回說沒鬥個輸贏，哪知道你是真的或是騙人的。話講完我隨即將五雷掌轟出，高喊右邊一轟，左邊二轟，是先警告鬼魂要遏止祂們之作用而已，再看鬼魂的反應。

珍ㄚ頭回：哈……哈……打不到。沒有本事就不要嚇人啦，他沒本事妳這臭女人死定了。我們一群結合起來力量是很大的，我們不但性婧很厲害，想要報復的也一定會贏。要整人要殺人就更厲害了，我們贏了，就一直拍手叫好我們贏了。哈……哈……哈

老師問：珍ㄚ頭妳不用高興的太早，我前面是警告妳，我現在已經火大了，妳擾亂了我將近快兩個小時了。話講到此時，我隨即請助手化燒一張轟殺鬼魔符，再

準備七張的金紙對三角對折。我馬上站起來，問那珍丫頭妳們贏了是嗎，再拍手叫好，再高興說妳們贏了一句給我聽聽看。

珍丫頭回：我說過了嘛，我們一群人都很厲害，有本事有法術你盡量施展你的手法道術來啊，我們這一群人不是猛龍不過江的，我們想要追殺一大堆人，要殺這臭女人可殺也可不殺，隨我們高興。也要殺曾的一家人，要把殺人當作好玩。你沒有法術憑什麼要跟我們鬥，我們看透了你這隻三腳貓。

老師問：很大聲的高喊說全部給我站好，妳這珍丫頭敢再動給我看看。話講完隨時開出了五雷轟鬼訣，且連開了三次，次之雙手再掌雙劍追殺指訣。在犯者曾小姐胸前，勅寫雙劍追斬十二條鬼魂，魂飛魄散不留情，神兵火急如律令。後隨即開口問那珍丫頭，怎樣！想要跟我拼跟我鬥的鬼魂，我從沒有放過，有膽妳珍丫頭再講一句說要殺誰，給本道師聽聽看。

珍丫頭回：低頭靜了約兩分鐘，開口罵了曾小姐說，妳很殘忍咧，叫人追殺我們。我們會不服的而且回去再練好再來報復，珍丫頭即要召回其他鬼魂，我們先走不要理他。

老師問：沒有我的允許不准走。妳鬼魂想要跟法師鬥，妳們這一群臭卒仔的賴皮鬼，擾亂陽間傷害陽人，高興得意算什麼厲害，有膽再開口說妳們什麼都很行啊。講啊～再講啊。妳們說要回去再練，本道師可告訴妳珍ㄚ頭，再練來不及了。我開一指訣只要二秒鐘，妳要練什麼？只要妳們這十二條鬼魂願意以協商方式，雙方放下心結我來當妳們的橋樑。請曾小姐準備一些祭品，祭拜妳們一番，還給曾小姐一個自由。妳珍ㄚ頭可願答應？

珍ㄚ頭回：很生氣的回了老師的話說，你剛剛追殺了我們，現在要與我們商談和解，你很霸道咧。我們很不服而且你所開的條件我們都不要，我們今天輸並不代表我們不厲害。又繼續開口罵曾小姐說，妳很殘忍咧，我們要報復，到妳死為止。

老師問：妳珍ㄚ頭給我住口，若有不服我們再來拼，看妳們這一群鬼魂靈力強，抑或我法術道法高。有種妳珍ㄚ頭說好，妳這種囂張的態度實讓陽人無法接受。妳可要知道人鬼殊途，妳不犯我，我不傷妳，我請助手化燒一些陰間紙錢妳們受納，現在妳珍ㄚ頭退靈，還給曾小姐清醒的精神。妳們這一群鬼魂受納陰間財帛後，可以走了。

老師回憶三小時的人鬼相鬥

整個過程依經驗研判，一開始鬼魂不敢附身在曾小姐身上，只讓曾小姐上身左右搖晃。雖有開口講話，但講話過程沒有直接與老師對話，只有將話語講給曾小姐聽。然後由曾小姐聽完才轉述給老師聽。通常鬼魂一出靈都是與老師直接對話的，有修練過的鬼魂一出靈都很凶悍，也會直接嗆聲，冤枉死的鬼魂一出靈的鬼魂，都會含冤的哭訴。可是今天遇到的鬼魂不但不敢附身，講話又是用轉述的方式，依我的經驗告訴我，應是淺道未修過的頑皮鬼而已。本是不想傷害祂們一群不理性的鬼魂，但過程鬼魂不斷的嗆聲說祂們一群有多厲害，且講不聽，才惹惱了我的耐心，致不得不違反了戒律，開指轟殺與追殺，才有稍為遏止了鬼魂的囂張程度。一般人鬼殊途各不傷害。事後老師告訴曾小姐，妳回去要小心，祂們一群十二條鬼魂，今天被我修理心有不甘，會有採取報復心態與妳作對。依經驗這群是頑皮鬼很不理性，若有太凶會讓妳災殃禍難。若只有頑皮會胡說八道或整天謾罵，妳回去從明天開始，將過程全記錄下來，才知道對付這群鬼魂。未料果真如此，下面都是鬼魂的謾罵與惡整，原稿由老師保存下來。

「下例謾罵的語言完全沒有更改。依序排列整理出來。自七月八日至七月三十日止。這是曾小姐全記錄提供。」

七月八日提供被鬼魂謾罵過程鬼話連篇

1.笑我被師父摸身體（是勅符在身上）。

2.故意折磨說，我贏定了，讓你被人摸。

3.鬼躲藏在身體，下體，屁股。

4.鬼藏在冷氣裡，電腦主機也藏有鬼。

5.鬼一起與我睡覺，肚子也有鬼聲音。

6.認為鬼氣救人，認為鬼救人。

7.鬼叫我起床洗澡。

8.人為什麼有陰毛，為什麼鬼沒有。

9.洗頭髮，右會先乾，左仍濕的。

七月九日（一）

1. 鬼會摸符，奶頭，下體，屁股，腋下會有刺痛感，摸手，手環，肚子，頭髮。
2. 整天叫罵不停。
3. 鬼認為可以控制我。
4. 裝可愛叫我媽咪，問可不可愛，找人當他父母。
5. 玩水。
6. 鬼跑進電鍋，想吃小籠包，認為小籠包給鬼吃的，想跟人一樣吃東西。
7. 搞清楚狀況，鬼比人大。
8. 鬼罵我淫蕩，死騷貨。
9. 會報復，報復能量大讓我下體有病不會好。
10. 鬼母親授權給小孩，跟人一起穿衣服，有衣服有什麼了不起。
11. 讓妳下體癢，戳腋下會抽痛。
12. 鬼覺得人吃太好，不公平，鬼都沒得吃。
13. 鬼自認幫你很多，沒回報。

14.不讓妳睡覺。
15.要妳家人的命。
16.吸收人體精力陽氣，為了要拚。
17.吸電能還給人體？英明奇妙。
18.鬼說要吸收太陽能燒死你。
19.鬼要讓我和師父七孔流血（即林老師）。
20.整個人身體溫度上升。
21.鬼弄右邊耳朵會痛（擦符水）左耳會鳴。
22.鬼來摸身體側邊腳指。
23.肚子有鬼叫聲音。
24.同樣27度冷氣，七月八日吹會涼，七月九日不會涼。
25.鬼聽到男朋友會生氣，鬼也想要有男朋友。

七月十日（三）

1.鬼罵曾〇〇算你狠，我就讓你耳膜破裂。
2.摸下體經常摸手環，摸腳，內褲衣。
3.整個人溫度上升。
4.脖子會痛，肩膀會痛。
5.鬼摸左腋下有刺痛感。
6.有時整個人會很疲備。
7.鬼跑進電鍋（蒸小籠包）跑來告知我說鬼也可以吃，我吃完，說我沒晚餐吃?怪。
8.常在我身體搖晃，肚子有聲音（吃飽）。
9.我吃飽晚餐，鬼說趕快吸體力，吃飽午餐，鬼說不給你睡。
10.鬼說吸人體精力為了要拼，一起吸體力。

七月十一～十五日之記載～後續

1.鬼說我一定要你身上一樣東西。
2.鬼知道師父說耳朵聽到的聲音會漸漸變小，鬼說祂們講話音量可以自己調整大聲小聲，所以會配合音量變小。

3.電話連絡中老師要曾小姐用：符水抹屁股，鬼說屁股是祂的，不可以亂擦符水。

4.整個人溫度上升。

5.鬼說鬼互摸會有感覺，鬼說鬼互摸會有慾望。

6.女鬼叫小鬼進我身體，亂摸。

7.我可以取代你，我很厲害。

8.鬼問我說想喝毒藥？女鬼說讓你月經來不了。

9.女鬼說我會比你還狠的。

10.溫度上升。

11.我會讓你腦中沒記憶。

12.鬼要摸我下體。

七月十五日（日）下午4點多

1.鬼罵我是賤女人、妓女、廢人。

2.鬼摸我下體，肛門。

3. 好控制。
4. 鬼說我們贏定了！
5. 鬼說我們不會死，你也不會活很久。
6. 摸我身體、手環。
7. 摸我下體是為了找躲在我體內的東西。
8. 鬼說把我哥哥還來給我。
9. 鬼說妳別亂寫亂講，我們可以不承認妳的記錄。
10. 死到臨頭了還如此囂張拔扈。
11. 鬼說我要證明我們很厲害。
12. 我就看妳月經什麼時候來，有我們，妳月經不會來。
13. 妳越寫我們越要摸妳，我們沒有要摸妳，是妳逼我們摸妳下體摸妳全身。
14. 鬼罵賤女人，妳玩男人，所以妳燒到手（用符令淨房睡前燒壽金）是逞罰妳
15. 嘻嘻（聲音）媽咪~（噁心，裝可愛聲）。
16. 曾○○啊~妳怎麼不去死？要把我們害死？
17. 妳那麼愛寫，我們就講多一點給妳寫，讓妳寫到手痛！（下午五點在師父那，鬼

知道師傅講這次有改善，罵比較少！）。

18.他媽的，你有種，曾〇〇啊！我們很厲害的！

19.感覺有東西戳左小腿側面上面，拍下去，鬼繼續戳，跟我講：「妳最好把腳骨（抬高）打斷！」。

20.我珍ㄚ頭技巧很好的，床上搖技巧很好的（指摸下體技巧，交媾技巧）。

21.鬼講說要摸我奶頭。

22.繼續摸，摸到妳高潮為止！

23.曾〇〇啊！你不感覺下體有東西？那是我故意放進去的！

24.鬼說師父很厲害，說師父轟鬼很厲害。

七月十五日（日）12點多～七月十六日（一）7點多之記載

1.鬼摸我的下體。

2.摸我的乳頭。

3.鬼說3歲娃娃藏在我下體（玉如意？生殖器官內？）。

4.我去洗頭，女鬼說自己的鬼老公被我搶走。
5.鬼說輪流幫我摸下體，覺得自己技術很厲害，摸下體有心得，問我說往哪摸比較好。
6.女鬼要其祂的鬼弄斷我的拇指。
7.跟我進廁所，每次都叫小鬼進來摸我下體與肛門。
8.曾〇〇妳去死吧妳。
9.叫小鬼進去曾〇〇體內，把他手腳弄壞腦袋也弄壞。
10.叫小鬼跟進藏在食物，飲料裡？
11.曾〇〇，我們不會讓妳好過的。
12.就算我們有說也可以不承認。
13.我要你曾家的命要妳父母弟弟的命，還有妳阿姨的命！
14.我操你祖宗十八代！

七月廿五日（一）之記載

1.罵祖宗18代。

2.罵我老母。
3.罵我祖母。
4.看我吃7—11微波牛丼飯，罵崇洋媚外。
5.罵我爸爸。
6.罵妓女、賤女人、破格。
7.鬼說我們不是猛龍不過江，我們很厲害的。
8.趁妳睡覺，幫妳摸下體。
9.我要凌虐到妳死。
10.憑什麼妳穿得那麼好。
11.憑什麼你穿裙子，破布而已！
12.摸下體摸陰道，摸耳朵摸全身（七月廿八日）（七月廿七日）晚上被鬼亂摸一整晚無法睡覺。
13.曾〇〇啊！妳被中國大陸鬼強姦的時候，妳就是雞了！
14.我咒妳祖宗十八代！我操妳娘！
15.我跟妳講，那師父一點用都沒有。

16. 妳直接去死比較快！
17. 妳吃越好，我摸越多，摸到妳痛哭流涕生不如死。
18. 妳吃也摸，不吃也摸，就是要凌虐妳。
19. 我們是自摸高手。
20. 憑什麼妳可以去玩，我們也可以啊！
21. 我告訴妳，鬼想要高潮！
22. 我就是要妳生不如死，要妳摸到我高潮，要不要妳自摸給我們看看。
23. 妳是賤女人，我要報復妳！
24. 我們可以證明大陸人可以贏（台灣人民共和國）
25. 我看妳好我就不順眼。
26. 人可以做的事情，鬼也可以做！
27. 我要利用妳控制全台灣人民！
28. 妳趕快死我要妳的身體！利用妳的身體做人可以做的事情
29. 我們就是要證明中國大陸鬼很厲害。

七月三十一日之記載

我們就是要輪流摸，看看誰技巧好，我們人多。

妳痛苦難耐的時候，我們就贏了！

我們就是要折磨妳到死，讓妳生不如死

師父的符，我們一點都不怕。

我就是要把妳摸爛掉。

就是要把妳處女膜弄破。

我就是要讓妳活著痛苦，死了也痛苦。

我們可以充電，我們死不了的。

曾〇〇啊，妳不會贏的。

妳死了做鬼也不會神氣，只做中國大陸的妓女而已。

我就說過我們很厲害，妳贏不了。

你越要記錄我們說的話，我們越要摸你下體。

你輸我們的體力，我們也會吸妳身體的精氣，可以從妳後腦吸體力，也可以把我的體力放到妳身體儲存，想用的時候就用妳的奶頭，我們愛吸就吸，妳的下體我們愛摸就摸，我們要摸到妳不能做人，摸到妳不正常。

曾○○啊，我詛咒妳死無葬身之地。

台灣人沒什麼了不起，被凌虐也不會喊救命。

我操妳媽的。

我們就故意摸妳下體，故意凌虐妳，就是不讓妳高潮，看妳什麼時候懂得求饒？求高潮也不會！

跑進鼻孔摸，摸耳朵，摸腳，脫襪子！

七月三十一日之記載

我要證明陰鬼也是很厲害的。

我們不只摸妳下體而已，也愛拉妳的陰毛，也要拔陰毛，陰鬼需要高潮的時候，妳也不知道。

去妳媽的。
我們就是要欺負妳老母，欺負妳家人。
我們兄弟就是要比較技法，看誰可以讓姑娘高潮也，也不過就是玩妓女而已。
曾○○，妳就是妓女，賤女人，淫蕩貨。
我們可以有摸妳下體，也可以說沒摸。
我們也可以跟佛祖說幫曾○○按摩而已。
我們很會演的。
是妳曾○○不懂求饒。

八月一日之記載

每天早上，鬼都在注意我穿的內褲是乾是溼，只要是溼的，鬼就會開心，會興奮，大聲呼叫自己技巧厲害！

可以利用我在我公司上班，想利用我在公司進行心電圖的圖形判讀工作（圖形判讀可知病人心臟狀況）。

就是要利用曾〇〇，摸她下體，可以證明能控制姑娘，能控制天下。

穿短褲睡覺，鬼罵我很騷，所以要摸下體。

鬼說技巧厲害，會換各種方式摸下體，會輪流換鬼來摸我的下體，一隻鬼出來換另隻鬼進去，摸到讓妳曾〇〇欲罷不能。

鬼可以躲陰道，摸陰道，咬陰道，咬下體，摸子宮頸，搓屁股，輪流換鬼摸，看看妳曾〇〇什麼時候會死。

利用妳曾〇〇身體做愛。

利用曾〇〇證明我們鬼的厲害！

我們可以把妳曾〇〇的魂帶回中國大陸！

我們可以把鬼藏起來！

曾〇〇啊！我們在找重點！摸到讓妳欲仙欲死！我們就是摸重點，妳也不知道，反正妳也不會求饒！

我們玩妳下體，玩妳肛門，玩妳眼睛，玩妳鼻孔，玩妳腦袋，玩妳全身上下，凌虐妳至死，也可以讓妳生不如死！

家中有女鬼悲慘的哭泣聲

曾有位客戶帶著第二女兒，來道館找老師幫他女兒斷看卡到陰邪的問題。犯者的父母親在細述其第二女兒卡到陰邪，家中有很多靈異怪現象。當事人向老師道說：「我這個女兒自卡到靈異以來，三餐飲食不正常，暴飲暴食。曾有整天不吃不喝，又整天胡言亂語，聽不出她在講什麼？這三年來就醫精神科醫師數拾次，也到數家宮廟問神卜卦。精神科醫師診斷憂鬱症，問神說是卡到鬼魂，可是就醫不癒，問神也得不到改善。在這三年來家人亂成一團，不知如何是好。又這靈異鬼魂每到深夜，都在她房間哭泣，聽起來真是毛骨悚然，全身會起雞皮疙瘩，真是苦不堪言。只要親戚朋友介紹哪裡有高明法師很行，就往哪裡跑。可是一次又一次，花了很多冤枉錢，女兒的精神異常完全沒有改善。本想放棄，做父母的錢也用掉已超過貳佰萬以上了，全省宮廟也跑透透了，精神科也換過好幾家醫院了，至今做父母親也精疲力倦了。在這個偶然的時候，女兒以前的同事跑來告訴我說，有在網路有閱讀到一篇靈異的解說，好像道行很深，你可以去試試看。」陳先生夫妻聽完就抱著一絲絲的希望，隨即打電話來。電話的語言開頭：「喂請問是林老師嗎？我想請問明天下午2點老師有沒有空？我女兒有精神方面的問題，要帶去請示老師。」老師回答好可以，隔天陳先生夫妻準時帶著女兒前來道館，老師泡茶待客後，即向陳姓夫妻表示，有沒有鬼魂纏身？為要證實有否，只有一個方法，若你們夫妻有同意，等一下，我來調鬼魂附身在你女兒身上附體講話。經陳姓夫妻同意後，即開始進行。果約在十分鐘時，真有靈異女鬼魂前來附身。一開口即問說，叫我來事情也不能解決，我就是要她的命。在這此時老師即出面問說，祢鬼魂要她的命有什麼好處。女鬼魂很凶悍的回說：「干你什麼事。」又恫嚇老師不要管閒事，老師隨即警告女鬼魂，若是太過份，我會違反戒律動手修理祢的，現在由犯者父母親與祢交談，祢講話可要客氣一點。此時交由陳姓夫妻與女鬼魂交談，約有三十分鐘的過程。

過程的總結論……是陳小姐現在的男朋友，是女鬼魂的前男友，因男友另結交陳小姐，而想不開跳樓自盡。等女鬼魂脫離陳小姐的肉體後，陳姓夫妻更相信，其女兒的房間內有女鬼哭泣聲是真的。陳姓夫妻問老師說現在該怎麼辦？每到深夜我們全家人都嚇到不敢睡覺。在這此時老師即回答陳姓夫妻，依我對靈異的經驗了解，縱是鬼魂會有哭泣聲，也是要附在陽人的肉體才能聽到哭聲，而且會哭的鬼魂幾乎都是有冤情的，不哭的鬼魂幾乎都很凶。請問你們是否同意我到你家去探個究境？給我三個晚上必能找出答案。陳姓夫妻馬上回說可以。老師再問你女兒都幾點睡覺？回說不定時。在隔天的晚上約十點，老師前去陳家時請犯者陳小姐依她要睡覺的正常習慣，演做一次給我看。陳小姐的第一動是先把房間燈打開，第二動作是更換睡衣，第三動作是把電風扇開動吹風，第四動作是上床睡覺。房間只開床頭小燈，老師請陳先生拿一張椅子來，我就坐在床沿邊。不一會兒即聽到有女人的哭聲，陳小姐嚇到哭了出來。老師請陳小姐不要怕，再給我幾分鐘的時間。結果仍然有哭泣聲，但聽起來不像是人的聲音，所發出的哭聲是斷續的，沒有連貫性。聽起來很怪，辨別不出來是什麼聲。以我常年在跟鬼魂打混的經驗，是要附在人體才會有哭聲，且看得到又聽得到。經過幾分鐘的分析研判，這是外來的聲音，應不是鬼魂的哭泣聲。即請陳姓夫妻到房間來，問說這台直立式的電風扇用幾年了？回說差不多有四年了。來…注意聽，我試給你看，現在把電風關掉十分鐘，在這十分鐘內大家不要講話出聲，十分鐘到了老師問有沒有聽到什麼怪聲音。陳姓夫妻回說，沒有聽到。我隨請陳媽媽睡在其女兒常睡的地方，然後再將電風扇打開讓祂旋轉吹風。陳媽媽一趟下即聽到有哭泣聲，與其女兒陳小姐所講的類似相同。此時陳先生很緊張的問老師，這該怎麼處理。老師回說這不用處理，是這台直立式電風扇老舊了，那哭聲音是由馬達出來。你蹲在電風扇那馬達邊，就會聽到馬達轉動發～嗯～嗯～的聲音，音量很小聲，聲音順著電風葉片旋轉吹到牆面，碰到水泥牆順勢發出聲音，像是哭泣聲，這是靈異假象。解決的方法是換一支新的電風扇，二是牆面貼一片海棉，就沒有怪聲。巧的是你女兒確有被女鬼卡身相纏，又聽到類似鬼魂哭泣聲，才會讓你們全家人驚心動魄，靈異假象真會嚇死人。

鬼魂夜晚撫摸下體牆上有啾聲

家住桃園縣中壢市有位年輕貌美的美容師，在有一天的早上約十點時，撥了一通電話。電話通了話桶那方講話：「喂～～請問是林老師嗎？我有個靈異問題想去台北請示老師，這個問題已干擾了我三年之久。撥了這通電話要與林老師約個時間，明天下午二點到台北老師道館處，請老師幫我解決靈異事。」第二天羅小姐與她親友三人準時到館。到時老師泡了三杯咖啡待客。羅小姐坐定後　述說被一個囝仔鬼相纏了三年，真是苦不堪言。整天纏著我不放，且會操弄我左右我每天的工作，左右我三餐要吃什麼飲食，又常擾著要去哪裡玩。在這三年裡我已被吵到精神都錯亂了。我把這個過程講給父母聽，可是父母雙親都不相信，說我迷信，要我好好做我的美容工作，不要胡思亂想。可是我每天一起床整個人都很疲憊，根本就沒有精神工作。而且晚上睡覺，那靈異鬼魂都會來撫摸我的下體，騷癢到我無法睡覺。又床頭牆上都會不定時的發出～啾聲，聽起來真的很恐怖。一聽到牆上發出的～啾聲，就整個晚上不敢睡覺。房子是租的，想要搬家身邊又沒有多餘的錢，這三年下來，就醫、到處問神已花到沒有錢了。我在網路上看到林老師你有很多的靈異處理案例，我今天抱著一絲的希望來找林老師，老師你要幫我這個忙。話講到此時，老師回羅小姐的話：「有關靈異鬼魂的事，記得萬事不能用猜的。如果羅小姐妳同意的話，我來調那鬼魂出來附在妳的肉體，跟我們對話。」羅小姐回話說：「可以當然好啊！」話講完。那個子囝仔鬼隨即附身講話了。「不用調啦，我每天都跟隨在她身軀邊，你們都在喝咖啡我都沒有。」老師隨即回那囝仔鬼回說：「歹勢——不知道你已附身在羅小姐身上。那好我泡一杯奶茶給祢喝，但我們要先講好喔，等一下我問祢的話，祢可要具實的回答我。不能吃名詐姓來欺騙陽人，若敢欺騙我是會動手修理祢喔。祢先喝下這杯奶茶。」那囝仔鬼一口就喝完那杯奶茶後說：「再要吃~甘仔糖。」老師回那個囝仔鬼說：「現在沒方便買甘仔糖請祢，只有方便請祢吃餅乾。等餅乾吃完，我們上桌老師來問祢。」等坐定後老師開口問

老師問？請問祢這囝仔鬼今年幾歲了？祢叫什麼名？祢怎麼死的？祢父母還在嗎？

這幾句話祢先回答我。

囝仔鬼回：我今年七歲。姓名我忘掉了。我是生病肺炎死的，我爸媽都還在。道師

你問那麼多有用嗎？

老師問？那祢父母都還健在，怎麼沒回去找祢父母？怎會來找羅小姐呢？祢應該回去拖夢給祢父母。說祢的孤魂飄落在陰間做孤魂野鬼才對啊！祢纏在羅小姐的身軀不走，豈不是拖垮她的身體，使她不能工作嗎？

囝仔鬼回：我有回去找我的父母親，我父母親說家中有鬼，就去請法家道士把我驅趕出來，我就不敢再回去了。我流落在陰間有一天遇到羅姊姐，看她很善良我就愛她，我會幫助她開美容院，會助她賺很多錢？

老師問？祢真是講鬼話！我聽羅小姐說，祢每天操弄的左右她？今天要哪裡玩，又三餐左右她要吃什麼，哪有幫助她賺很多錢？羅小姐又說祢每到深夜都會撫摸她的下體，有祢說有，沒有祢說沒有？若祢敢騙是沒有好下場喔，我會做法事把祢打到魂飛魄散的？

囝仔鬼回：我是每天跟隨在她身邊，我沒有撫摸她的下體？我很愛她，她會買東西給我吃，因我沒有地方可以去，只有跟著她才有得吃嘛？

老師問？祢還有什麼話要講的？若沒有老師來跟羅小姐協商後，準備一些祭品祭拜祢一番後，祢要離開她。這麼講祢可接受嗎？

囝仔鬼回：我想要去投胎轉世好嗎？

老師問？想要去投胎轉世那是最好。等老師與羅小姐協商她同意後，會在法事中，請引魂童子，引魄童郎，引祢去觀音佛祖身邊，等待機會去投胎。請祢暫時退魂離開。

等囝仔鬼退魂後，老師向羅小姐問說？妳可留下地址我親自到妳住的地方，看一遍查個究竟，因那囝仔鬼說沒有撫摸妳的下體，妳的兩位朋友都有聽到了。有關撫摸下體及牆上會發出～啾的聲音，那不太有相關。第三天老師親自到羅小姐居住處，進她房間詳細的巡察一遍後，發現羅小姐所睡的床罩上沾有兩處穢血跡，那應不是血，應是每個月癸水來洗的月經血沾在床罩上。應是被那個囝仔鬼相纏的這段時間，精神不振沒有清理乾淨的穢物。老師即依經驗反應給羅小姐，婦女在生理期未清洗乾淨，經血穢物沾在淫毛森陰處，會自然的長出一種蟲類，「謂稱八菊」。老師建議妳請妳的女同事幫妳察看，八菊是女人生理期排出的液體穢水，沾在淫毛所形成的。形體是扁形有如頭皮屑，與人體膚色相同，長有八支腳，在森陰毛細孔吸血生長，只要一騷動下體處即會感覺癢癢的，類似有人在撫摸下體的感覺。老師有帶放大鏡及小形手電筒，妳請妳的女同事到房間去幫妳察看。果然羅小姐的同事用指甲摳出一隻出來給老師看。老師詳細看完確認八菊沒錯，即建議羅小姐將下體淫毛刮光，無須抹藥，因八菊是一種爬蟲類無毒，也沒有傳染性。另外老師有發現羅小姐所用的一支手機，機型與老師用過的手機相同的機型，就問羅小姐妳桌上放的手機妳用多久了？回說用了將近三年了。那再問妳牆上發出「～啾」的聲都在什麼時間？回說常是在晚上我睡覺時，但不是天天會發出「啾～」聲。老師隨即向羅小姐提醒，這類型的手機我已用過，電池充完電裝換在手機頂多只約用兩天，常是到第三天就沒電。在電量不足時它會自動提醒妳，一小段間隔時間會發出「～啾」的聲音提醒。巧的是妳將手機擺放在桌上型電風扇前，且電風是旋轉式的，若是手機發出啾聲，又被電風吹到妳床頭前。牆是硬體反射回來的啾聲，聽起來會有一點恐怖聲。有關羅小姐妳所講這兩項靈異都不成立的，這完全是靈異假象自己嚇自己。

神明哭泣吸塵器深夜來攪局

作者長年累積經常處理法事，法事中常與鬼魂作對。無論國內的靈異鬼魂，抑或國外的靈異鬼魂，依作者之經驗國內外之鬼魂均是相同。鬼魂妖邪是有魂無體，魂體似雲霧，陽人摸不著體的。但鬼魂的竅門是聽懂凡間陽人的語言，又是鬼魂顯靈出現時是若隱若現，魂身如茫霧只有一團氣體，沒有人形實體。一般常人當運氣勢如虹時，精氣神飽滿是很難見到鬼魂顯身現影。通常人是在精氣神耗弱時，抑或陰天烏雲罩霧的天氣，才較容易遇見鬼魂，否則大都是幻覺幻形幻影所感引發的情景。作者經常聽到客人的一些見鬼繪聲繪影的話題，有時聽起來毛骨悚然。事後求證起來是假象心虛使然，自己嚇自己而已。真有被靈異鬼魂上身相纏者，一段時日後都會體力不振，精神怪異、眼神呆滯、語無倫次、臉色蒼白、語音斷韻。另有一種是相貌帶兇氣，雙眼瞪大，眼神殺氣沉沉！不分男女在病魔發作時，外來的力氣壯大如牛。

作者舉例鬼魂靈異假象自己嚇自己的案例，這則訊息是由客人親自轉述。自家中大兒子卡到陰邪後，家裡一直有怪聲，很不平靜。常到深夜，客廳的吸塵器會自動響起，從睡眠中起床走到客廳，吸塵器的吸聲就會自然的停了下來。察看吸塵器，明明插頭就沒插進插座，怎會自動發出聲音。嚇的全家人每到深夜就會提心吊膽，無法入眠。連續約有三個月之久，吸塵器發出的聲音並非天天，是偶爾相隔幾天，搞得全家不得安寧。又續說神桌上供奉的神明，觀音佛祖也同時在這階段起，右眼滴出淚水，且淚水痕跡尚在仍未乾。觀音佛祖尚在哭泣，應是佛祖顯靈。作者林老師在當事人家中客廳邊泡茶，邊聽李先生的敘述靈異過程，約一個小時，攏攏總總聽完李先生的轉述。老師即分析解釋，請李先生先把心靜下來，聽聽我的見解與分析。有意見或不相信，李先生你再回我的話。請你注意，吸塵器不插電是不能發聲的。深夜的聲音打從哪裡來，你家進大門須經過陽台，再進屋內，須經過一道落地窗。落地窗上方的小窗只關上三分之二，尚有三分之一沒關緊，留下空隙這樣空氣較會流通。尤以現在是冬天深夜常有大風暗流來襲，就會發出~嘯~嘯~的聲音，反射出來的聲音就會像吸塵器的聲音。再說神明顯靈哭泣掉眼淚，注意你家客廳平頂方塊石膏板，裝的是吸頂日光燈，光線射出有稍無偏斜。巧的是光線斜照在神明臉上，看似神明在掉眼淚。有關這兩點全都是靈異假象，你把落地窗上方的小窗關緊。第二你把客廳的吸頂日光燈調整一格。一星期後我再來一趟，等到一星期後老師再去李家。進到客廳一坐下，李先生夫妻即開口說，還好有請老師來察看，現在謎底全揭開，目前這幾天已安靜了。我即回話說，若是我對靈異太膚淺的話，會聽從你們夫妻的敘述而行事。

桃花紅鸞星動之男女忌鬼魂來相纏

未婚的青男少女，桃花感情的根源在肝膽。男若面貌傲氣過人，女若身材容貌姣好，是最受人羨慕討喜，也會讓人心馳猿念心愛如狂。但人總不能完全看在面宮容貌，因桃花感情受人體之五臟六腑在管控。肝臟能主宰男女的桃花旺弱，肝臟血主筋，開竅在兩眼，又藏三魂。肝血喜條達流暢，血脈循行。肝主宰人體之器官。咽喉左右兩眼、乳頭、肚臍、生殖器官。肝若虛病人即失去膽識，且會心煩易怒。咽喉會有哽塞感，胃部有攻痛感，情志不舒暢，胸脇疼痛感，心緒會動搖。雙眼會有目眩昏暗感而引發情緒不穩，目視驚慌，撞影畏懼，幻想過度敏感，常會幻覺有人要禍害予我身心不安，實無所見但整日驚恐幻覺度日。肝與膽聯屬相表情，虛幻過度必引發男女感情怯步。桃花不開且心寒，而桃花枯萎情志難展。

肝膽若有虛病，全身疲憊乏力，顏面蒼灰枯黯，眼神昏沉目不太轉睛，乳頭及胸脇會有些微疼痛感。肝主藏血，肝若不能貯血，必會導致血量不足而貧血，則會眼神昏暗不能視物見影。男人雙眼，左眼為三陽，右眼為三陰。女人雙眼，右眼為三陽，左眼為三陰。男女的雙眼，三陽為日，三陰為月。陰陽日月相照則分明，眼視能直射且萬物能分明。肝若有虛病，手不能握，全身有力無氣難能舉重物。足不能步，步伐沉重且慢又不穩。肝經若病過重，則會導致出血。婦女則常見癸水失調，婦女月事一旦失調則常見，臉色蒼白，嘴唇反白不鮮紅活潤，久之貧血四肢手腳冰冷。最忌冬天棉被蓋不暖，回溫慢。又常見頭暈昏眩，人身蹲下約五到十分鐘，站起來會一時站不穩而人身搖晃。因肝主筋，肝血由脾臟血庫輸送到肝臟來貯存，再由肝臟輸送到全身各大小筋脈。若肝血不能送達時，則男人之陽莖疲憊乏力，能勃起不能持久。婦女陰道子宮不能持溫，久之則會子宮虛冷而難受孕，縱能受孕也易流產，男女的七情六慾必減退。無論已婚或未婚，心火上升減弱，性慾冷感次數減退，久之必引起男女感情冷淡，未婚之男女桃花不旺。

肝開竅在眼，肝藏魂，肺藏魄，人體的三魂七魄，男女不可魂飛魄散。若有失魂，整個人必在精神方面恍恍惚惚，精神異常。男女生前魂魄附體，往生後三魂分三路。一魂下地府閻羅王在監管，一魂在墳墓后土在監管，一魂立在祖先牌位受後代子孫敬拜。眼為面宮五官之一宮，稱監察官，眼為辨別萬物靈魂之窗。端觀男女眼神流露來論人心險惡。貴人眼秀神清桃花極旺。又俗說，發科一雙眼，及第兩道眉。富人眼神藏光，富有人家眼睛張開遇到太陽或燈光，會反射出光影且看起來有神彩。賊人眼神流露斜視，會偷人財物或心術不正的人，無論看人或視物均不太正面看。貧人眼神昏沉無光，家庭生活經濟長期短缺的男女，雙眼黑睛灰暗無光。淫人眼神流視浮露，黑睛小白睛大，眼白過大。男易淪姦人妻，女易淫人夫。類似這兩種人合成一對，必是姦夫淫婦。武將眼神藏威懼人，官高權位重的人，沒有眼小睛瞳也小的人在當武官，文官眼神清徹，文官的眼神看起來比較柔和。毒人眼帶凶懼人眼神浮露，心狠手辣的男女，心藏暗毒笑時沒有聲音。艷眼斜視的男女，易勾引人心。男易棄家庭於不顧妻子，女易勾引人夫為小三。

凡肝臟健壯的男女，必神清眼明天地之大，身邊定有心腹相歸隨。相理秀的男女均主氣度風範，學識章理深，一生胸懷大志。肝有虛病之男女，感情有志難伸展，一生謀事受人支配。日月分明，眼之白睛如玉，睛瞳黑徹透清，兩眼光明人生好創展，婚姻配良緣。商賈眼神清徹萬人相歸隨，身邊多心腹，且一生不貪人財物。眼神流視的男女，身邊無佣無心腹，且人生貪人財物無數。男女要顯富顯貴需有眉清目秀。讀書人，眉有順且飛揚，眼有神，高考或國家考試多及格。眉順眉尾有飛揚，眼有神的男女，定知該人學識章理深智慧高。眼明且神清之男女謀事能主位，眼方長且睛大神清，定知君多賢女敢言。

腹臍，肝臟主宰於腹臍人生財智。臍欲圓寬，欲深清，臍忌扁小，忌淺濁。臍壁周圍欲清潤，不欲灰濁似矇塵。臍圓寬大深明能容李主財富如山積，又平生智慧章理深。有事業，有婚姻，肝臟健壯主臍清人貴。肝臟虛弱臍濁人貧，臍寬臍深臍清，平生好創展又能容財富，智慧學識章理深，臍窄臍淺臍濁，平生難伸展財不聚，智慧淺章理亂。臍圓大又深者心胸寬大，生性善良有良知道德。臍扁小淺濁畸型者心胸狹窄，生性怪僻且無德。臍凸露者人生愚貧，婚姻傭俗創展難。臍圓大且深子女才華成器，父母子女感情融恰。臍淺小又畸型子女頑劣無才，父母子女感情淡薄，子女難管教。臍相朝上者智慧高，是非果斷謀是有衝勁。臍相下垂者生性愚蠢，謀事懶散。臍生位置過高，平生無識量遠計，臍生位置過低，平生無謀少良策。臍圓寬深明平生多才智福祿，反則財薄智淺多災迍。貧苦之男女多為臍小灰黑如矇塵，智慧財富之人多為臍寬臍圓臍深。

魏珍大將斬鬼魂符

此張符令有嚇阻鬼魂，邪魔之功能作用。讀者出遠門或出國旅遊，夜晚住宿不熟悉環境，飯店、酒店、旅館、荒郊野外、怕住進該房間不乾淨、鬼壓床、鬼魂騷擾安寧，可在出遠門前影印好後，拿到大廟過香爐香火，夜宿時擺放在床頭前避邪。讀者須注意影印的符令，沒有威力與法力，只有嚇阻作用。若真遇到鬼魂卡身生病、舉動怪異，須找懂鬼魂有法力的道師處理，勿拖延以免導致精神異常。

北斗星君驅除陰邪煞符

此張符令有臨時作用功能，讀者可影印好後，拿到大廟過香爐香火。人在外一時不方便，凡遇到鬼魂纏身，冲到陰煞，致使精神恍惚或異常，可將此符化陰陽水喝下，可暫時精神狀況不被惡化。讀者須注意影印的符令只有臨時及輕微之功能，若被鬼魂冲煞到或纏身，須找懂鬼魂有法力的道師處理，才能徹底根除以免有後遺症。

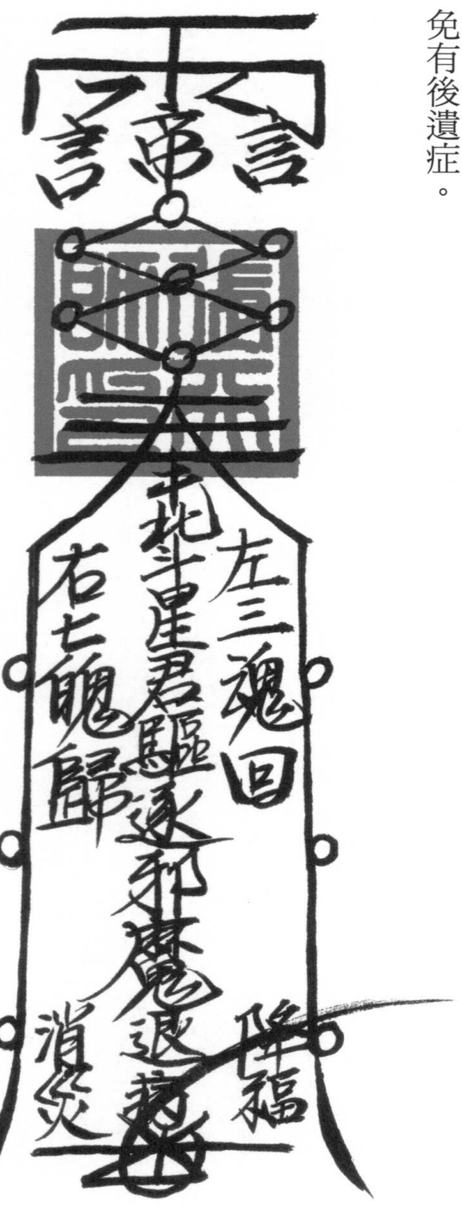

雷轟斬陰邪魔符

此張符令有嚇阻鬼魂，邪魔之功能作用。讀者出遠門或出國旅遊，夜晚住宿不熟悉環境，飯店、酒店、旅館、荒郊野外、怕住進該房間不乾淨、鬼壓床、鬼魂騷擾安寧，可在出遠門前影印好後，拿到大廟過香爐香火，夜宿時擺放在床頭前避邪。讀者須注意影印的符令，沒有威力與法力，只有嚇阻作用。若真遇到鬼魂卡身生病、舉動怪異，須找懂鬼魂有法力的道師處理，勿拖延以免導致精神異常。

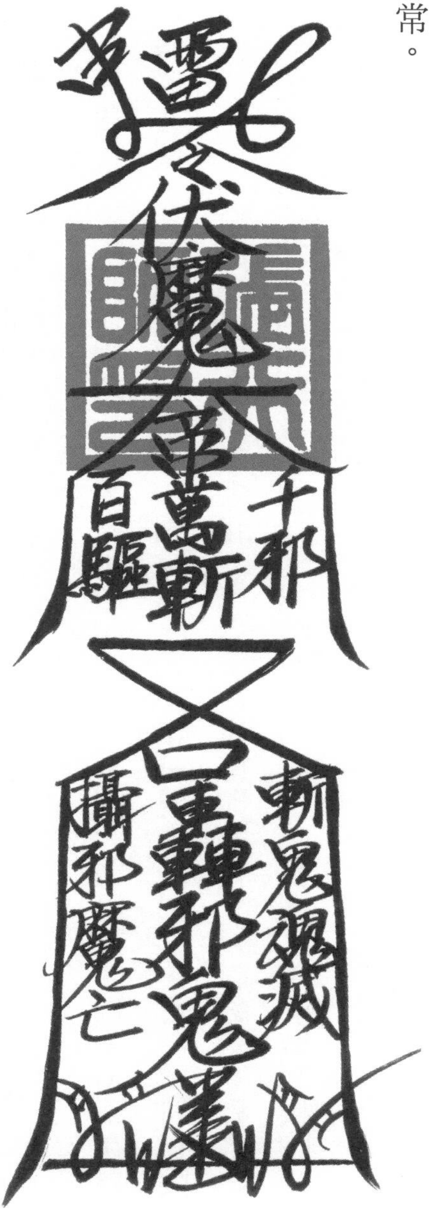

天斬驅除陰邪魔符

此張符令有臨時作用功能，讀者可影印好後，拿到大廟過香爐香火，人在外一時不方便，凡遇到鬼魂纏身，冲到陰煞，致使精神恍惚或異常，可將此符化陰陽水喝下，可暫時精神狀況不被惡化，讀者須注意影印的符令只有臨時及輕微之功能，若被鬼魂冲煞到或纏身，須找懂鬼魂有法力的道師處理，才能徹底根除以免有後遺症，

鐵公將軍追斬鬼魂符

此張符令有嚇阻鬼魂，邪魔之功能作用，讀者出遠門或出國旅遊，夜晚住宿不熟悉環境，飯店，酒店，旅館，荒郊野外，怕住進該房間不乾淨，鬼壓床，鬼魂騷擾安寧，可在出遠門前影印好後，拿到大廟過香爐香火，夜宿時擺放在床頭前避邪，讀者須注意影印的符令，沒有威力與法力，只有嚇阻作用，若真遇到鬼魂卡身生病，舉動怪異，須找懂鬼魂有法力的道師處理，勿拖延以免導致精神異常，

火神將軍滅鬼魂符

此張符令有嚇阻鬼魂，邪魔之功能作用。讀者出遠門或出國旅遊，夜晚住宿不熟悉環境，飯店、酒店、旅館、荒郊野外、怕住進該房間不乾淨、鬼壓床、鬼魂騷擾安寧，可在出遠門前影印好後，拿到大廟過香爐香火，夜宿時擺放在床頭前避邪。讀者須注意影印的符令，沒有威力與法力，只有嚇阻作用。若真遇到鬼魂卡身生病，舉動怪異，須找懂鬼魂有法力的道師處理，勿拖延以免導致精神異常。

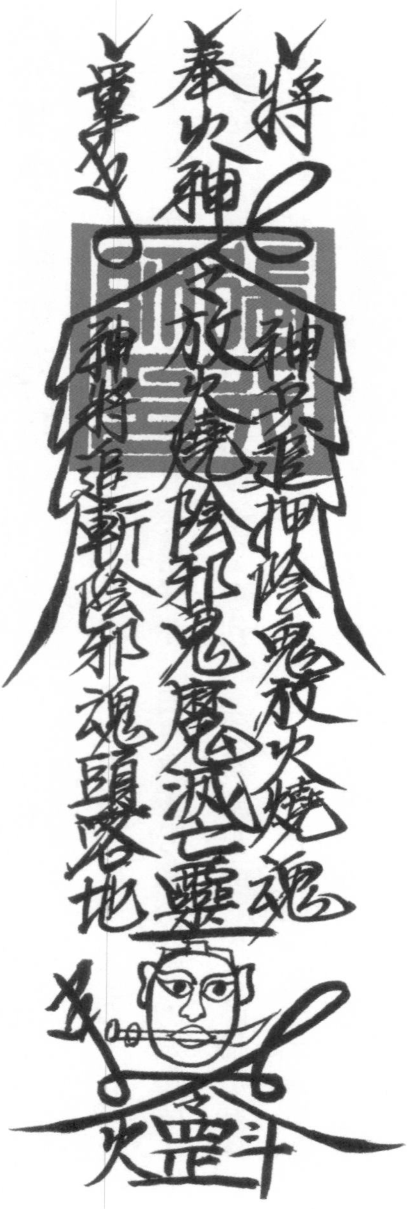

鍾馗吞食鬼魂符

此張符令有臨時作用功能，讀者可影印好後，拿到大廟過香爐香火。人在外一時不方便，凡遇到鬼魂纏身、冲到陰煞，致使精神恍惚或異常，可將此符化陰陽水喝下，可暫時精神狀況不被惡化。讀者須注意影印的符令只有臨時及輕微之功能，若被鬼魂冲煞到或纏身，須找懂鬼魂有法力的道師處理，才能徹底根除以免有後遺症。

鍾馗追斬鬼魂符

此張符令有嚇阻鬼魂，邪魔之功能作用。讀者出遠門或出國旅遊，夜晚住宿不熟悉環境、飯店、酒店、旅館、荒郊野外，怕住進該房間不乾淨、鬼壓床、鬼魂騷擾安寧，可在出遠門前影印好後，拿到大廟過香爐香火，夜宿時擺放在床頭前避邪。讀者須注意影印的符令，沒有威力與法力，只有嚇阻作用。若真遇到鬼魂卡身生病、舉動怪異，須找懂鬼魂有法力的道師處理，勿拖延以免導致精神異常。

佛祖招鬼魂出靈符

此張招鬼魂出靈符有相當的引力，讀者須注意鬼魂纏人卡身傷人是一時，要請鬼魂出靈很容易，要請鬼魂退回陰間難。要與鬼魂玩也要會驅退鬼魂才行，不熟悉鬼魂動態勿亂請鬼魂出靈，否則會被鬼魂嚇死。要請鬼魂出靈須配合咒語，請鬼過程有很多煩複的程序，為避免鬼魂出靈傷人，作者不鼓勵，過程不公開，催符唸咒不公開，請讀者見諒。

祖師驅除陰邪鬼符

此張符令有臨時作用功能，讀者可影印好後，拿到大廟過香爐香火。人在外一時不方便，凡遇到鬼魂纏身、冲到陰煞，致使精神恍惚或異常，可將此符化陰陽水喝下，可暫時精神狀況不被惡化。讀者須注意影印的符令只有臨時及輕微之功能，若被鬼魂冲煞到或纏身，須找懂鬼魂有法力的道師處理，才能徹底根除以免有後遺症。

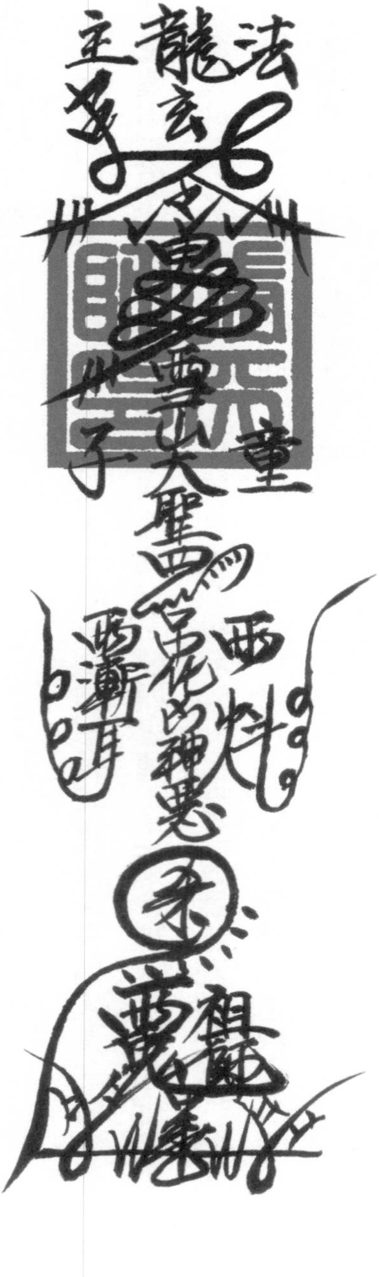

五雷轟斬鬼魂符

此張符令有嚇阻鬼魂，邪魔之功能作用。讀者出遠門或出國旅遊，夜晚住宿不熟悉環境、飯店、酒店、旅館、荒郊野外、怕住進該房間不乾淨、鬼壓床、鬼魂騷擾安寧，可在出遠門前影印好後，拿到大廟過香爐香火，夜宿時擺放在床頭前避邪。讀者須注意影印的符令，沒有威力與法力，只有嚇阻作用。若真遇到鬼魂卡身生病，舉動怪異。須找懂鬼魂有法力的道師處理，勿拖延以免導致精神異常。

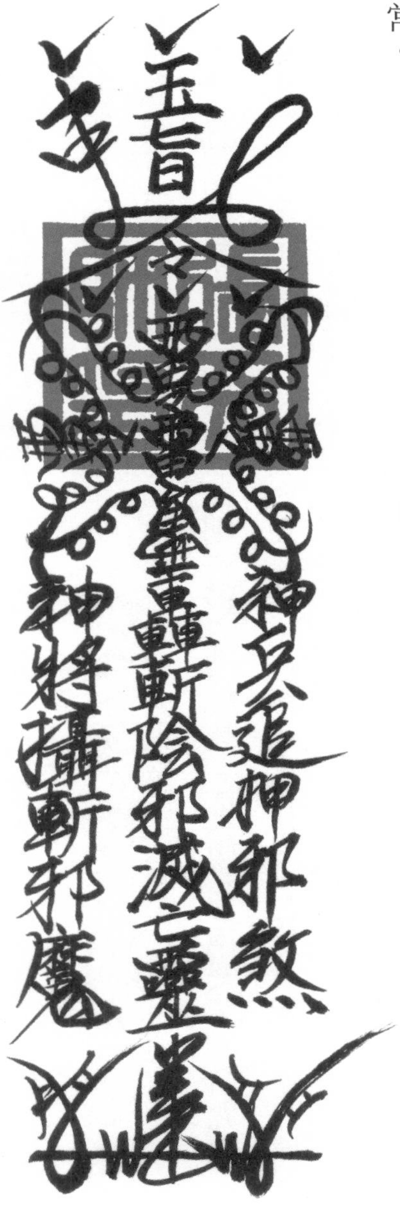

鬼谷仙師招鬼魂出靈符

此張招鬼魂出靈符有相當的引力。讀者須注意鬼魂纏人卡身傷人是一時，要請鬼魂出靈很容易，要請鬼魂退回陰間難，要與鬼魂玩也要會驅退鬼魂才行。不熟悉鬼魂動態勿亂請鬼魂出靈，否則會被鬼魂嚇死。要請鬼魂出靈須配合咒語，請鬼過程有很多煩複的程序，為避免鬼魂出靈傷人，作者不鼓勵，過程不公開，催符唸咒不公開，請讀者見諒。

鬼王祖師招鬼魂出靈符

此張招鬼魂出靈符有相當的引力。讀者須注意鬼魂纏人卡身傷人是一時，要請鬼魂出靈很容易，要請鬼魂退回陰間難，要與鬼魂玩也要會驅退鬼魂才行。不熟悉鬼魂動態勿亂請鬼魂出靈，否則會被鬼魂嚇死。要請鬼魂出靈須配合咒語，請鬼過程有很多煩複的程序，為避免鬼魂出靈傷人，作者不鼓勵，過程不公開，催符唸咒不公開，請讀者見諒。

獻紙錢鬼魂過路符

此張招鬼魂出靈符有相當的引力。讀者須注意鬼魂纏人卡身傷人是一時，要請鬼魂出靈很容易，要請鬼魂退回陰間難，要與鬼魂玩也要會驅退鬼魂才行。不熟悉鬼魂動態勿亂請鬼魂出靈，否則會被鬼魂嚇死。要請鬼魂出靈須配合咒語，請鬼過程有很多煩複的程序，為避免鬼魂出靈傷人，作者不鼓勵，過程不公開，催符唸咒不公開，請讀者見諒。

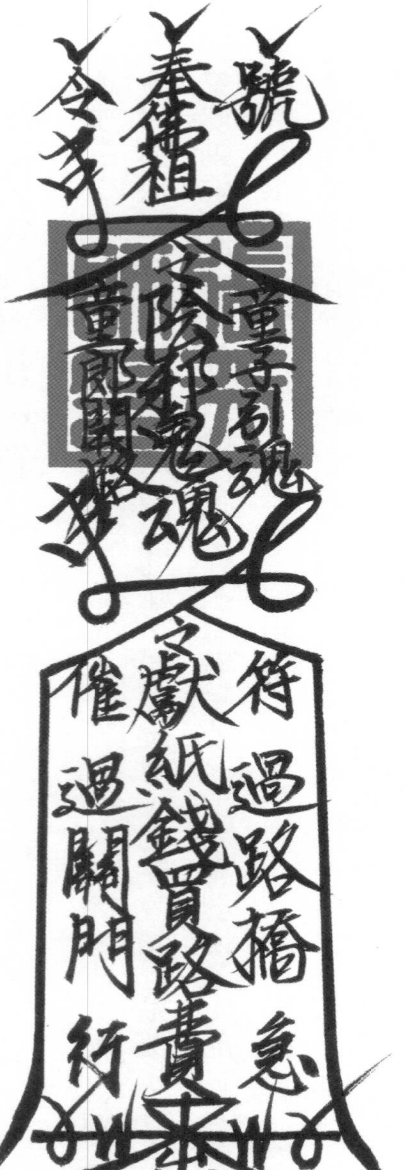

押捉陰邪鬼大將手指訣

凡遇到陰邪鬼頑抗時，可掐此訣將做怪的鬼捉起來，將祂關在甕內關禁閉之作用。讀者對手指訣不熟練時，勿開訣亂開，會傷到他人更會傷到自己。

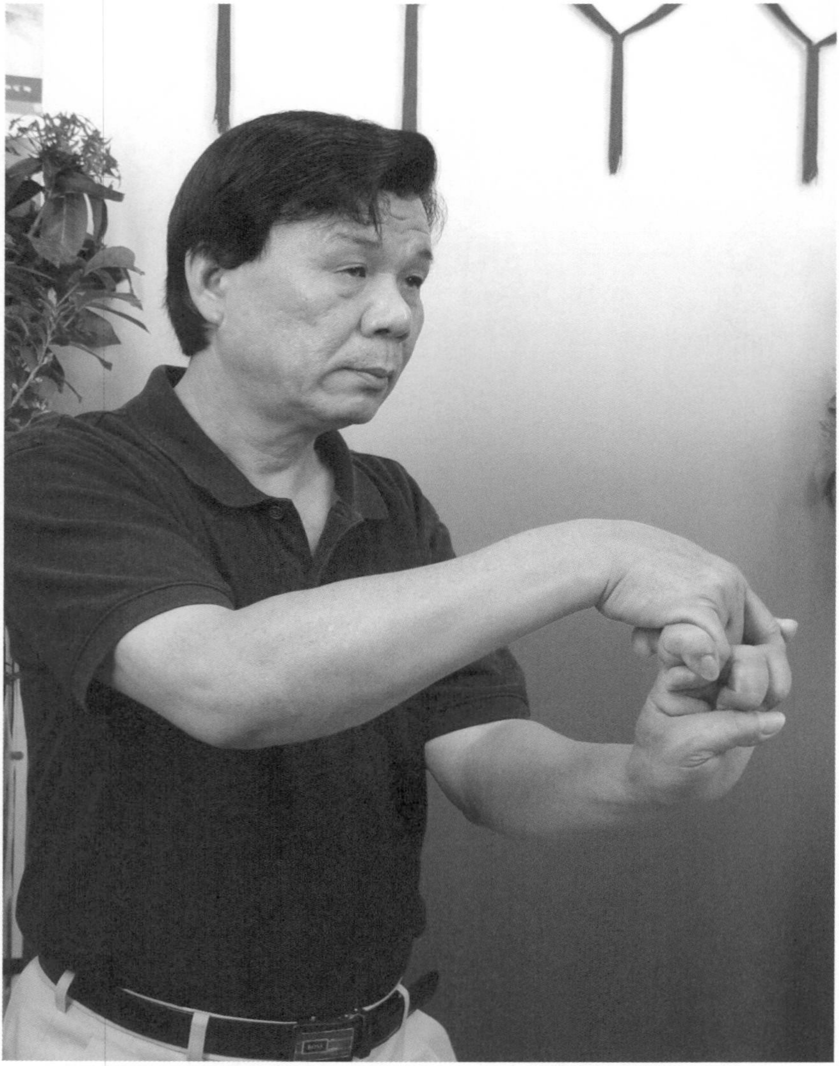

押捉陰邪鬼大將手指訣

凡遇到陰邪鬼頑抗時，可掐此訣將做怪的鬼捉起來，將祂關在甕內關禁閉之作用。讀者對手指訣不熟練時，勿開訣，亂開會傷到他人更會傷到自己。

收服凶邪神惡鬼手指訣

凡遇到凶神邪魔惡鬼頑抗，可掐此訣斬殺威嚇作用。讀者對手指訣不熟練時，勿開訣，亂開會傷到他人更會傷到自己。

收服凶邪神惡鬼手指訣

凡遇到凶神邪魔惡鬼頑抗，可掐此訣斬殺威嚇作用。讀者對手指訣不熟練時，勿開訣，亂開會傷到他人更會傷到自己。

金剛鐵叉伏魔指

凡遇到邪神惡魔頑抗時，可掐此訣將惡魔叉傷、叉死，使其不能再抵抗之作用。讀者對手指訣不熟練時，勿開訣，亂開會傷到他人更會傷到自己。

金剛鐵叉伏魔指

凡遇到邪神惡魔頑抗時，可掐此訣將惡魔叉傷、叉死，使其不能再抵抗之作用。讀者對手指訣不熟練時，勿開訣，亂開會傷到他人更會傷到自己。

金剛鐵叉伏魔指

凡遇到邪神惡魔頑抗時，可掐此訣將惡魔叉傷、叉死，使其不能再抵抗之作用。讀者對手指訣不熟練時，勿開訣，亂開會傷到他人更會傷到自己。

金剛鐵叉伏魔指

凡遇到邪神惡魔頑抗時，可掐此訣將惡魔叉傷、叉死，使其不能再抵抗之作用。讀者對手指訣不熟練時，勿開訣，亂開會傷到他人更會傷到自己。

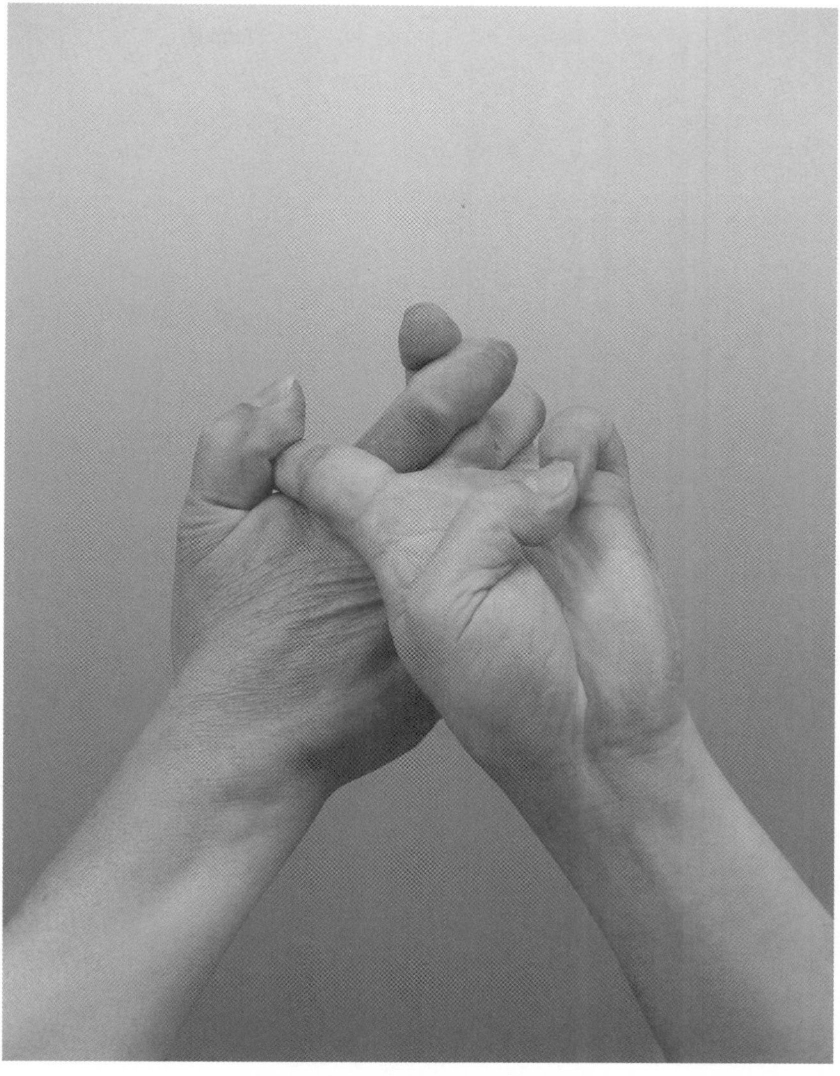

金剛鐵叉伏魔指

凡遇到邪神惡魔頑抗時，可掐此訣將惡魔叉傷、叉死，使其不能再抵抗之作用。讀者對手指訣不熟練時，勿開訣，亂開會傷到他人更會傷到自己。

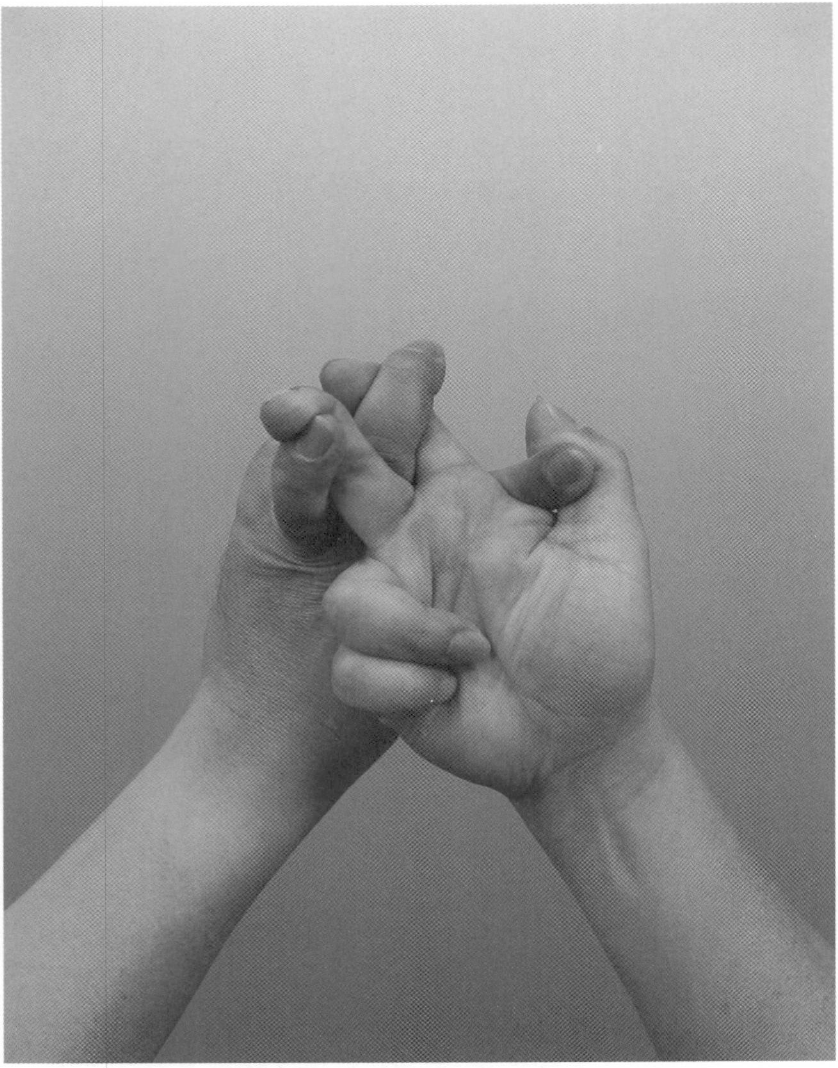

金剛鐵叉伏魔指

凡遇到邪神惡魔頑抗時，可掐此訣將惡魔叉傷、叉死，使其不能再抵抗之作用。讀者對手指訣不熟練時，勿開訣，亂開會傷到他人更會傷到自己。

銅枷綁鬼大將手指訣

凡遇到凶鬼頑抗時，可掐此訣將凶鬼綁起來，再湧進甕內之作用。讀者對手指訣不熟練時，勿開訣，亂開會傷到他人更會傷到自己。

銅枷綁鬼大將手指訣

凡遇到凶鬼頑抗時，可掐此訣將凶鬼綁起來，再湧進甕內之作用。讀者對手指訣不熟練時，勿開訣，亂開會傷到他人更會傷到自己。

銅枷綁鬼大將手指訣

凡遇到凶鬼頑抗時，可掐此訣將凶鬼綁起來，再湧進甕內之作用。讀者對手指訣不熟練時，勿開訣，亂開會傷到他人更會傷到自己。

銅枷綁鬼大將手指訣

凡遇到凶鬼頑抗時，可掐此訣將凶鬼綁起來，再湧進甕內之作用。讀者對手指訣不熟練時，勿開訣，亂開會傷到他人更會傷到自己。

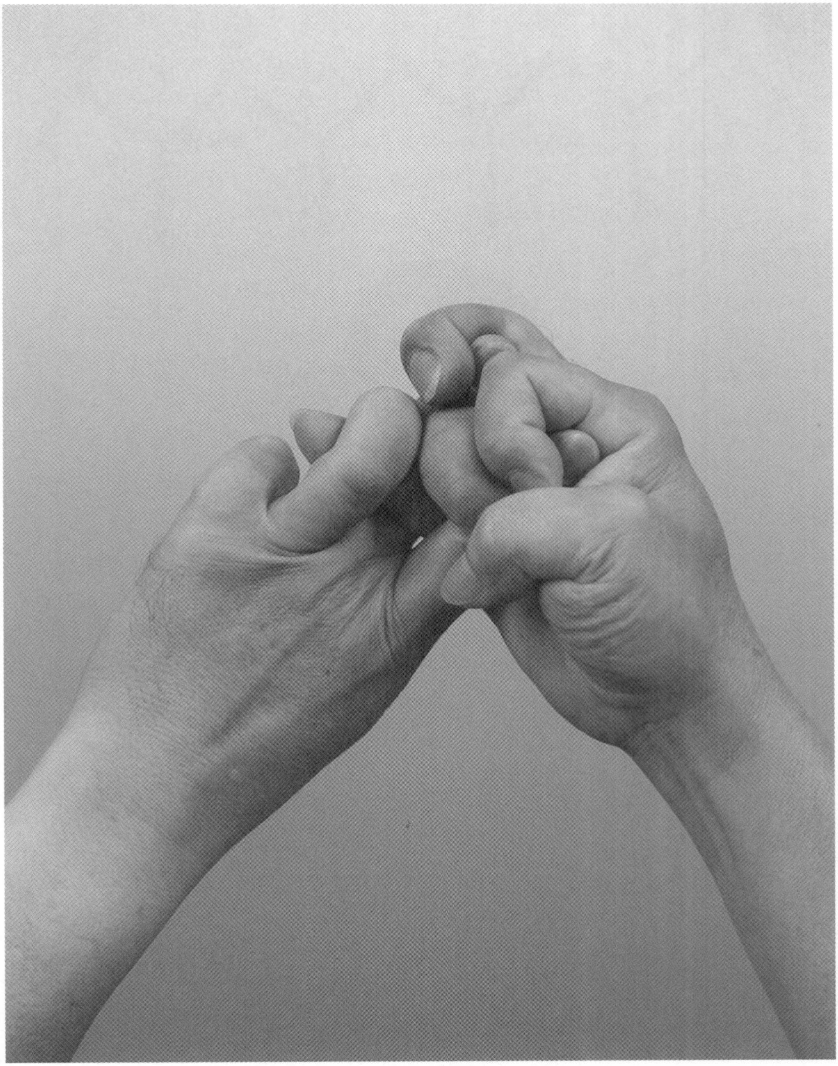

銅枷綁鬼大將手指訣

凡遇到凶鬼頑抗時，可掐此訣將凶鬼綁起來，再湧進甕內之作用。讀者對手指訣不熟練時，勿開訣，亂開會傷到他人更會傷到自己。

雷公電母轟鬼手指訣

凡遇到惡鬼邪神頑抗時，可掐此訣轟殺鬼邪之作用。讀者對手指訣不熟練時，勿開訣，亂開會傷到他人更會傷到自己。

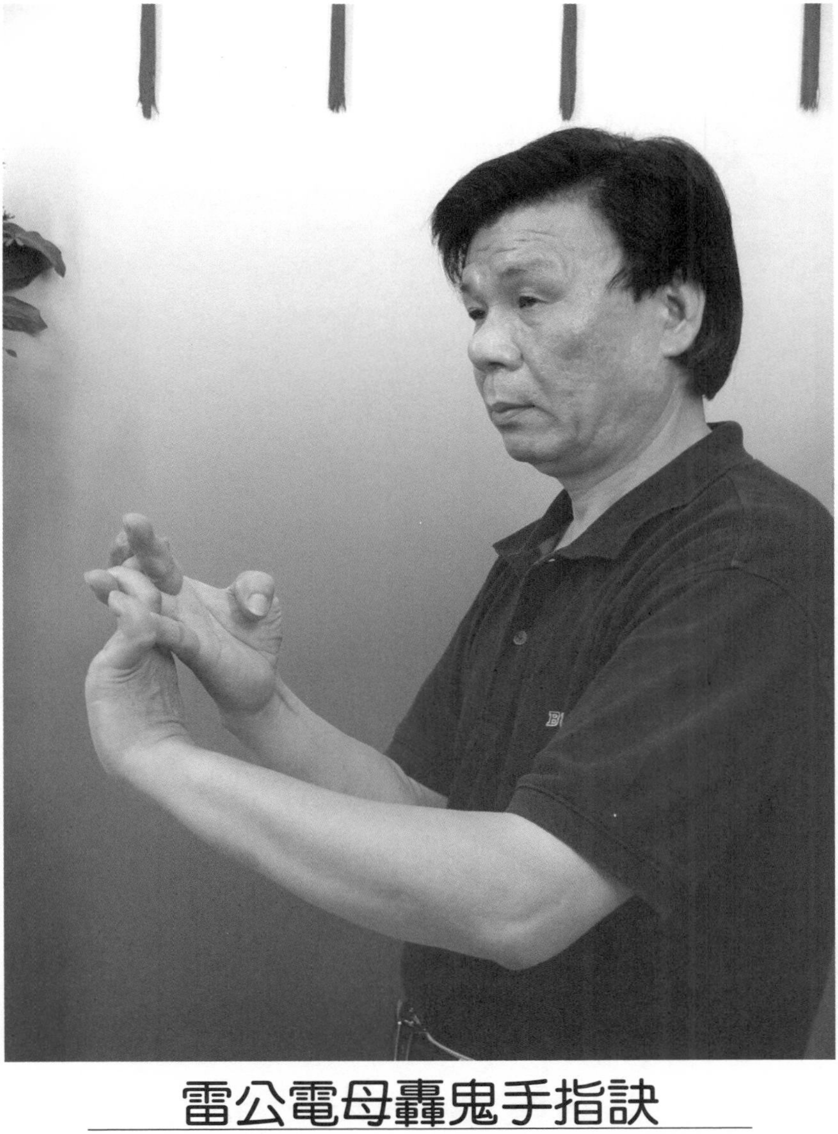

雷公電母轟鬼手指訣

凡遇到惡鬼邪神頑抗時，可掐此訣轟殺鬼邪之作用。讀者對手指訣不熟練時，勿開訣，亂開會傷到他人更會傷到自己。

雷公電母轟鬼手指訣

凡遇到惡鬼邪神頑抗時，可掐此訣轟殺鬼邪之作用。讀者對手指訣不熟練時，勿開訣，亂開會傷到他人更會傷到自己。

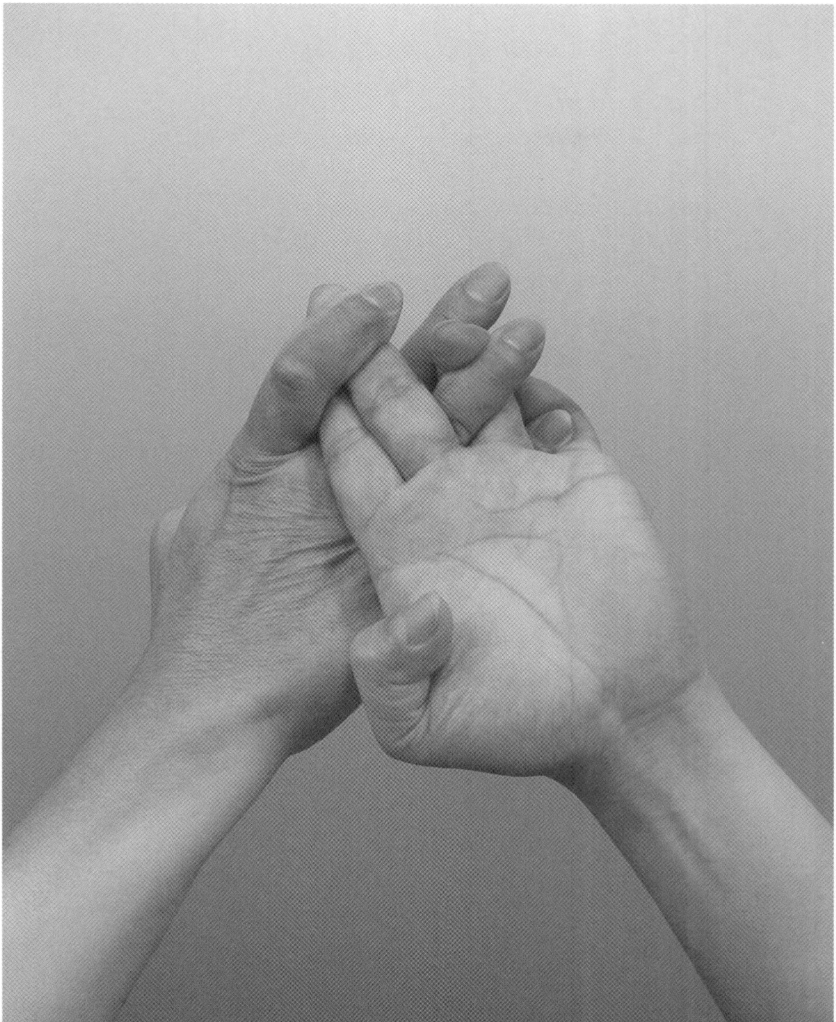

雷公電母轟鬼手指訣

凡遇到惡鬼邪神頑抗時，可掐此訣轟殺鬼邪之作用。讀者對手指訣不熟練時，勿開訣，亂開會傷到他人更會傷到自己。

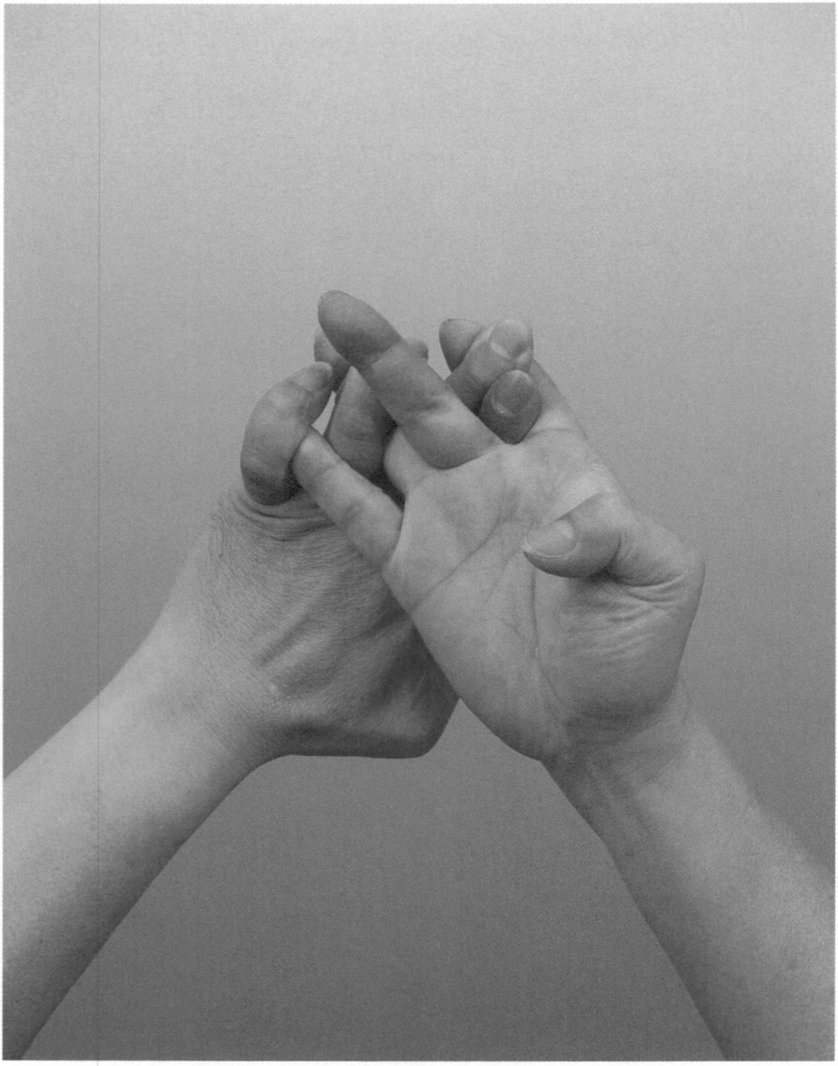

雷公電母轟鬼手指訣

凡遇到惡鬼邪神頑抗時，可掐此訣轟殺鬼邪之作用。讀者對手指訣不熟練時，勿開訣，亂開會傷到他人更會傷到自己。

猛虎咬凶鬼手指訣

凡遇到凶惡鬼神頑抗時，可掐此訣咬鬼生吞，凶鬼一旦被咬到必元氣大傷。讀者對手指訣不熟練時，勿開訣，亂開會傷到他人更會傷到自己。

猛虎咬凶鬼手指訣

凡遇到凶惡鬼神頑抗時，可掐此訣咬鬼生吞，凶鬼一旦被咬到必元氣大傷。讀者對手指訣不熟練時，勿開訣，亂開會傷到他人更會傷到自己。

雙五雷轟凶神惡鬼手指訣

凡遇到凶惡鬼神頑抗時，可掐此轟殺。凶惡一旦被轟到必魂飛魄散，神不成神，鬼不成鬼之作用。讀者對手指訣不熟練時，勿開訣，亂開會傷到他人更會傷到自己。

雙五雷轟凶神惡鬼手指訣

凡遇到凶惡鬼神頑抗時，可掐此轟殺。凶惡一旦被轟到必魂飛魄散，神不成神，鬼不成鬼之作用。讀者對手指訣不熟練時，勿開訣，亂開會傷到他人更會傷到自己。

飛天斬邪魔鬼手指訣

凡遇到凶惡邪魔鬼要逃走時，可掐此訣追斬使其受傷之作用，讀者對手指訣不熟練時，勿開訣，亂開會傷到他人更會傷到自己。

飛天斬邪魔鬼手指訣

凡遇到凶惡邪魔鬼要逃走時，可掐此訣追斬使其受傷之作用，讀者對手指訣不熟練時，勿開訣，亂開會傷到他人更會傷到自己。

追斬凶神惡鬼手指訣

凡遇邪神陰兵惡鬼頑抗時，可掐此訣追斬，使其不得再頑抗之作用。讀者對手指訣不熟練時，勿開訣，亂開會傷到他人更會傷到自己。

追斬凶神惡鬼手指訣

凡遇邪神陰兵惡鬼頑抗時，可掐此訣追斬，使其不得再頑抗之作用，讀者對手指訣不熟練時，勿開訣，亂開會傷到他人更會傷到自己。

雙五陰陽雷轟鬼手指訣

凡遇到鬼邪魔頑抗時，可掐此訣轟殺。鬼邪一旦被陰陽五雷轟到必傷痕累累，讀者對手指訣不熟練時，勿開訣，亂開會傷到他人更會傷到自己。

雙五陰陽雷轟鬼手指訣

凡遇到鬼邪魔頑抗時，可掐此訣轟殺。鬼邪一旦被陰陽五雷轟到必傷痕累累，讀者對手指訣不熟練時，勿開訣，亂開會傷到他人更會傷到自己。

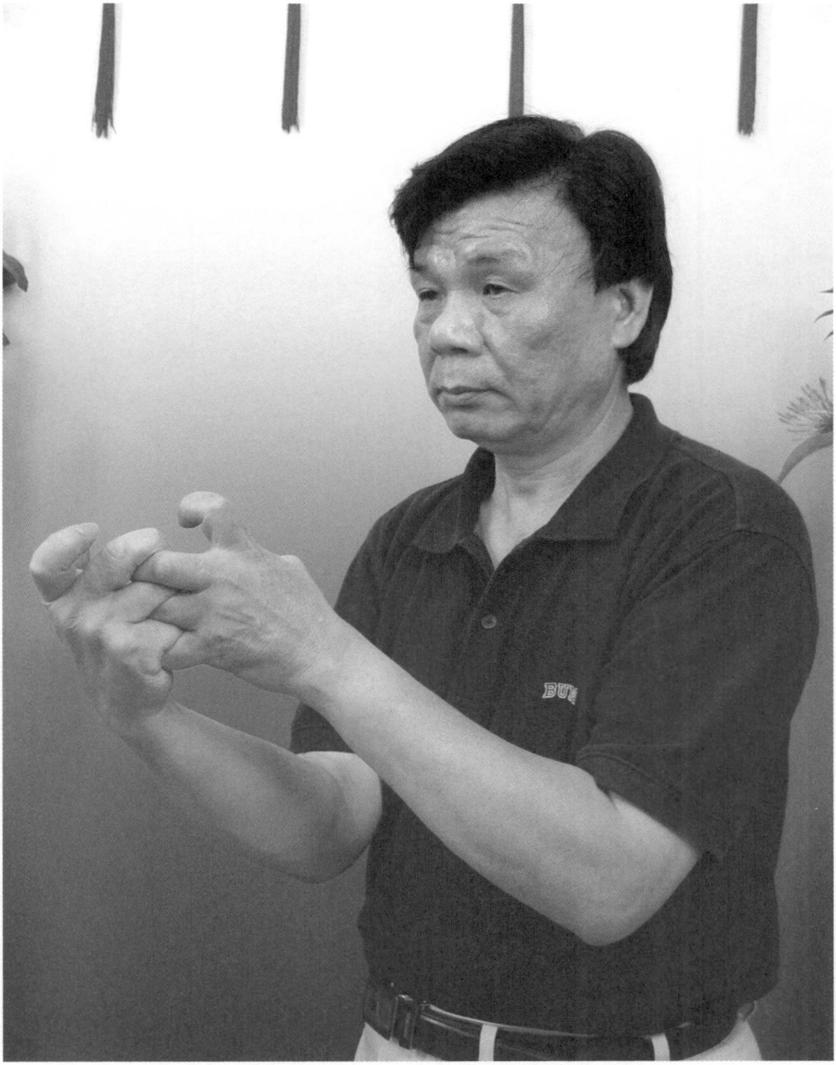

陰劍勾魂押魄手指訣

凡遇到陰邪鬼作怪，可掐此訣押鎮住鬼魂，使其不敢再有舉動作用。讀者對手指訣不熟練時，勿開訣，亂開會傷到他人更會傷到自己。

陰劍勾魂押魄手指訣

凡遇到陰邪鬼作怪，可掐此訣押鎮住鬼魂，使其不敢再有舉動作用。讀者對手指訣不熟練時，勿開訣，亂開會傷到他人更會傷到自己。

陰劍勾魂押魄手指訣

凡遇到陰邪鬼作怪，可掐此訣押鎮住鬼魂，使其不敢再有舉動作用。讀者對手指訣不熟練時，勿開訣，亂開會傷到他人更會傷到自己。

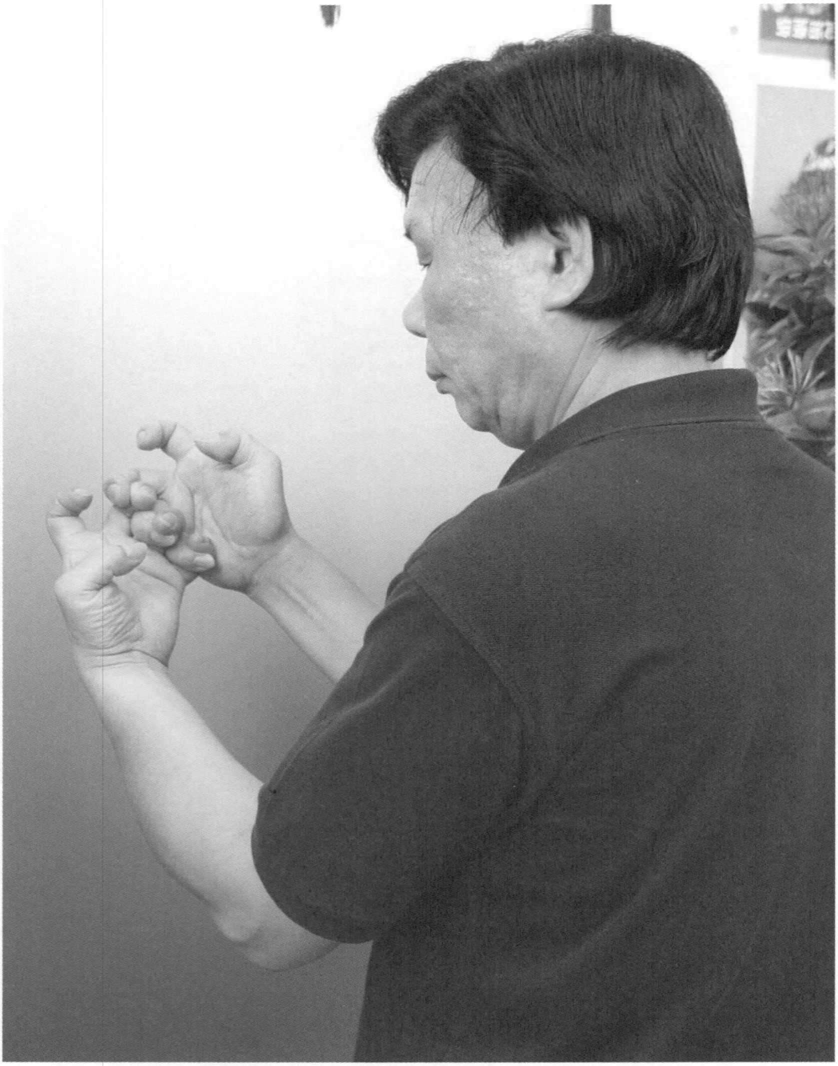

陰劍勾魂押魄手指訣

凡遇到陰邪鬼作怪，可掐此訣押鎮住鬼魂，使其不敢再有舉動作用。讀者對手指訣不熟練時，勿開訣，亂開會傷到他人更會傷到自己。

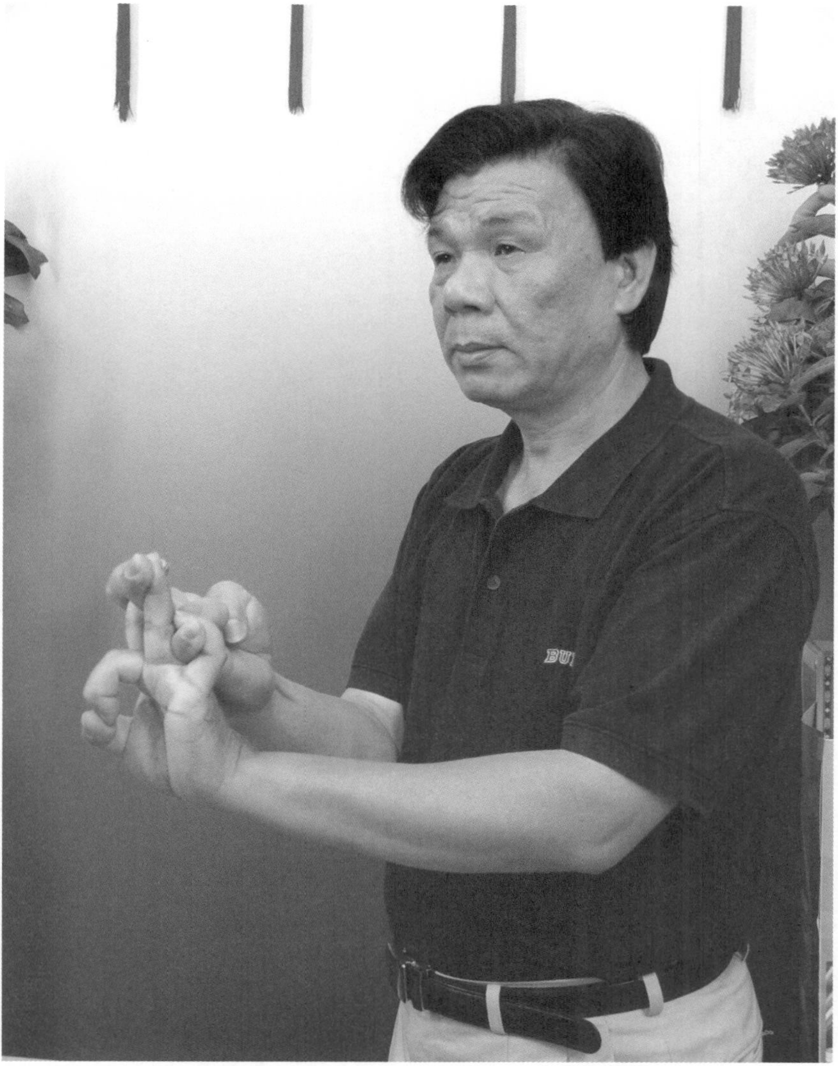

鎖綁凶鬼邪神大將手指訣

凡遇到凶鬼邪神頑抗時，可掐此訣將凶惡綁起來之作用。讀者對手指訣不熟練時，勿開訣亂開會傷到他人更會傷到自己。

鎖綁凶鬼邪神大將手指訣

凡遇到凶鬼邪神頑抗時，可掐此訣將凶惡綁起來之作用。讀者對手指訣不熟練時，勿開訣亂開會傷到他人更會傷到自己。

雙劍追斬凶鬼手指訣

凡遇到凶魔惡鬼頑抗時，可掐此訣追殺，抑或憑空畫符後再開指，鬼魂一旦被劍殺到必元氣大傷。讀者對手指訣不熟練時，勿開訣，亂開會傷到他人更會傷到自己。

雙劍追斬凶鬼手指訣

凡遇到凶魔惡鬼頑抗時，可掐此訣追殺，抑或憑空畫符後再開指，鬼魂一旦被劍殺到必元氣大傷。讀者對手指訣不熟練時，勿開訣，亂開會傷到他人更會傷到自己。

驅趕陰邪鬼押煞手指訣

凡遇到陰邪鬼不從時，可掐此訣鎮押使鬼魂不敢有動作，有相當嚇阻作用。讀者對手指訣不熟練時，勿開訣，亂開會傷到他人更會傷到自己。

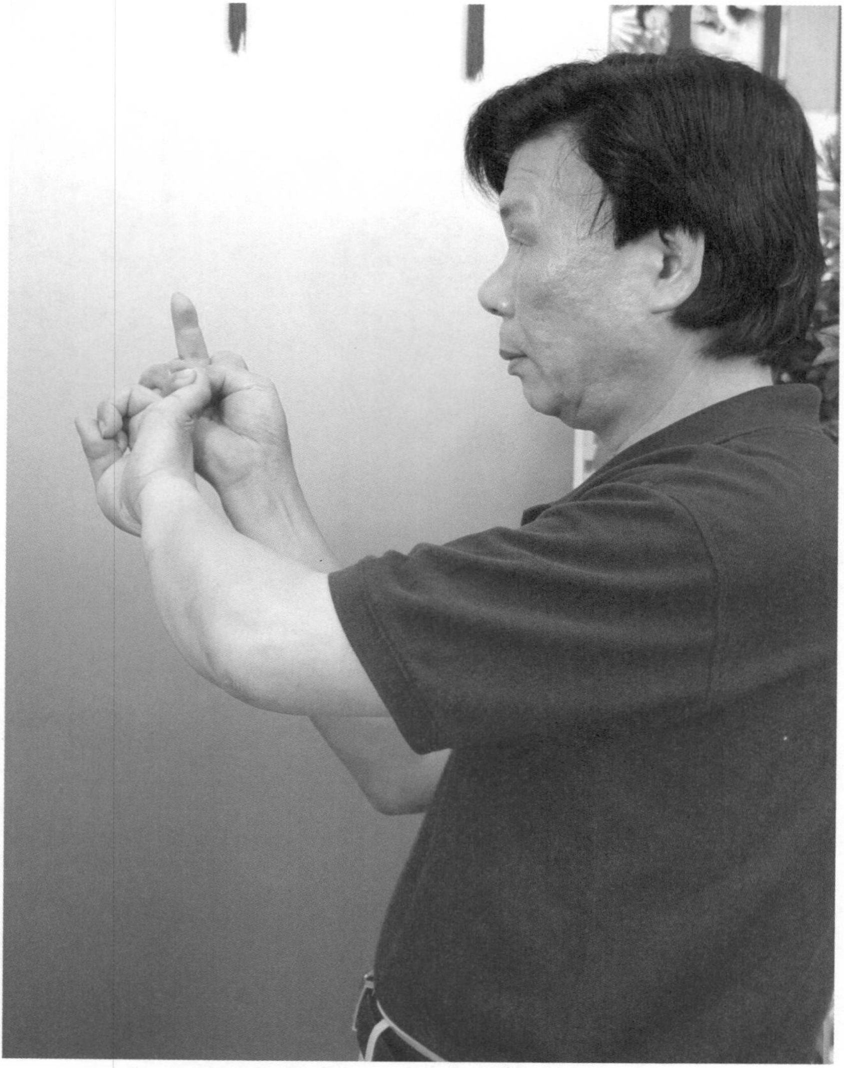

驅趕陰邪鬼押煞手指訣

凡遇到陰邪鬼不從時，可掐此訣鎮押使鬼魂不敢有動作，有相當嚇阻作用。讀者對手指訣不熟練時，勿開訣，亂開會傷到他人更會傷到自己。

驅趕陰邪鬼押煞手指訣

凡遇到陰邪鬼不從時，可掐此訣鎮押使鬼魂不敢有動作，有相當嚇阻作用。讀者對手指訣不熟練時，勿開訣，亂開會傷到他人更會傷到自己。

驅趕陰邪鬼押煞手指訣

凡遇到陰邪鬼不從時，可掐此訣鎮押使鬼魂不敢有動作，有相當嚇阻作用。讀者對手指訣不熟練時，勿開訣，亂開會傷到他人更會傷到自己。

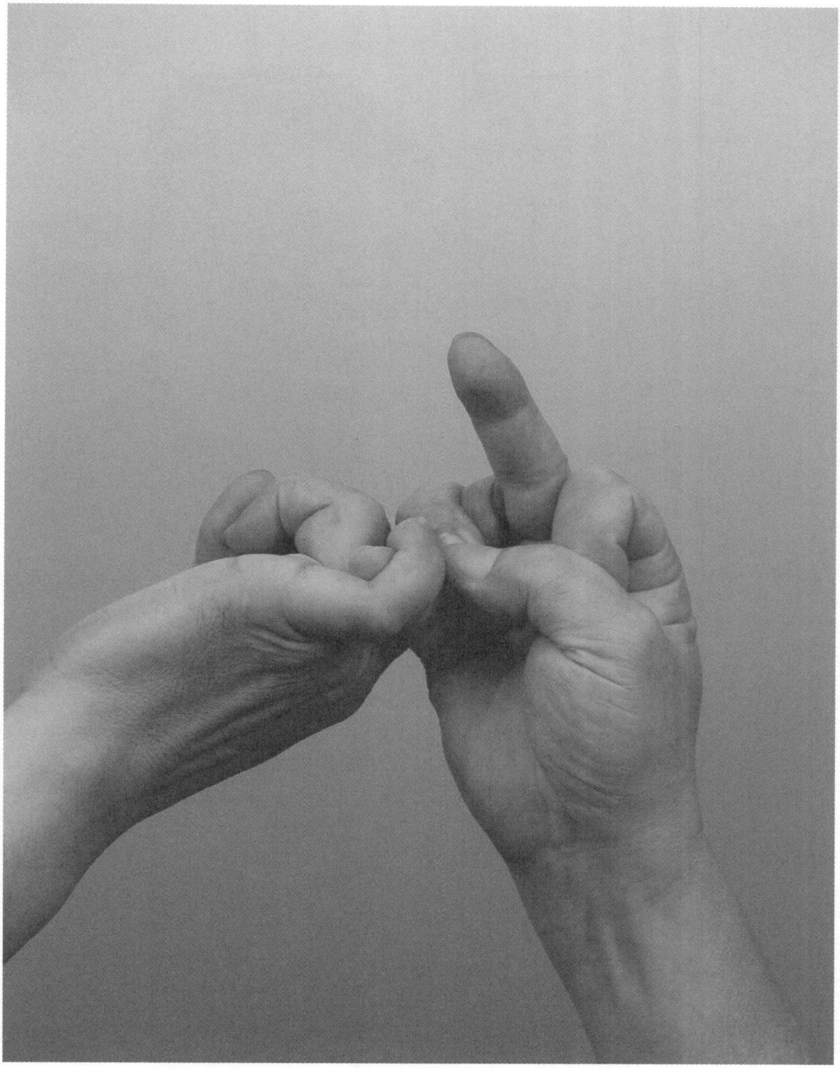

驅趕陰邪鬼押煞手指訣

凡遇到陰邪鬼不從時，可掐此訣鎮押使鬼魂不敢有動作，有相當嚇阻作用。讀者對手指訣不熟練時，勿開訣，亂開會傷到他人更會傷到自己。

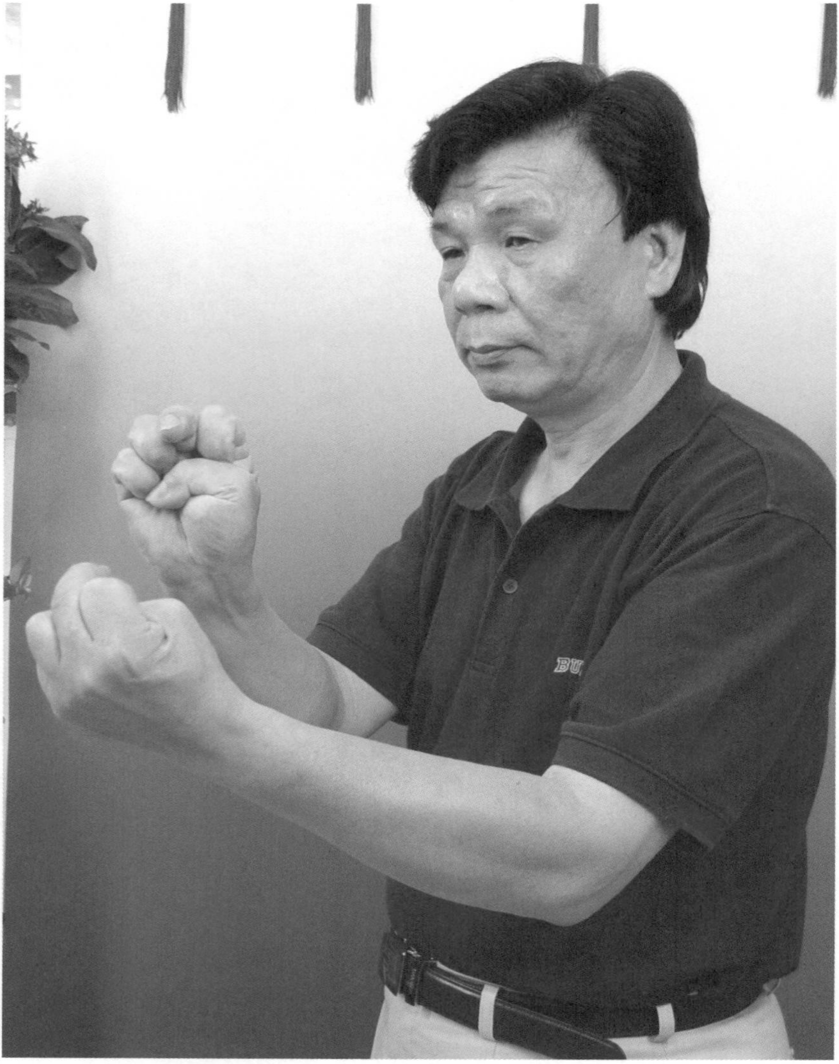

雷公驅趕陰邪鬼手指訣

凡遇到陰邪鬼不從時，可掐此訣鎮止鬼魂不敢舉動之作用。讀者對手指訣不熟練時，勿開訣，亂開會傷到他人更會傷到自己。

雷公驅趕陰邪鬼手指訣

凡遇到陰邪鬼不從時，可掐此訣鎮止鬼魂不敢舉動之作用。讀者對手指訣不熟練時，勿開訣，亂開會傷到他人更會傷到自己。

金刀殺鬼手指訣

凡遇到凶鬼頑抗，可掐此訣開指，凶鬼受刀傷後，即沒力氣可抵抗之作用。讀者對手指訣不熟練時，勿開訣，亂開會傷到他人更會傷到自己。

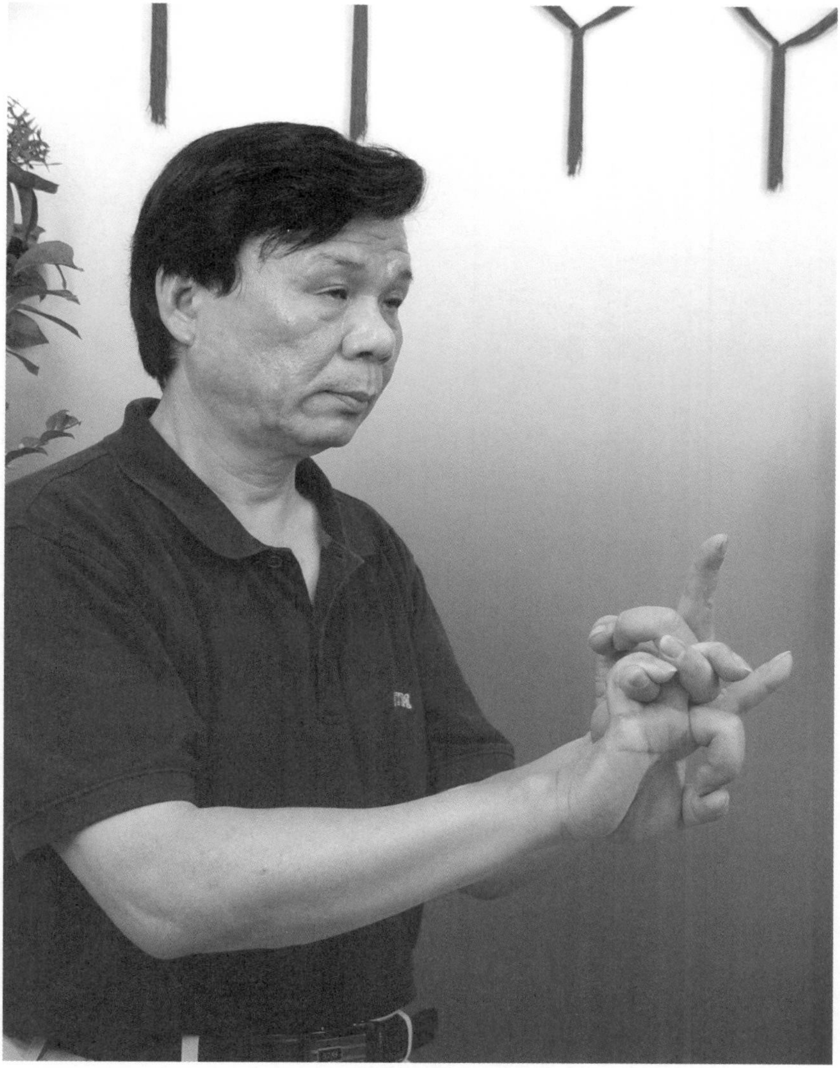

金刀殺鬼手指訣

凡遇到凶鬼頑抗，可掐此訣開指，凶鬼受刀傷後，即沒力氣可抵抗之作用。讀者對手指訣不熟練時，勿開訣，亂開會傷到他人更會傷到自己。

金刀殺鬼手指訣

凡遇到凶鬼頑抗，可掐此訣開指，凶鬼受刀傷後，即沒力氣可抵抗之作用。讀者對手指訣不熟練時，勿開訣，亂開會傷到他人更會傷到自己。

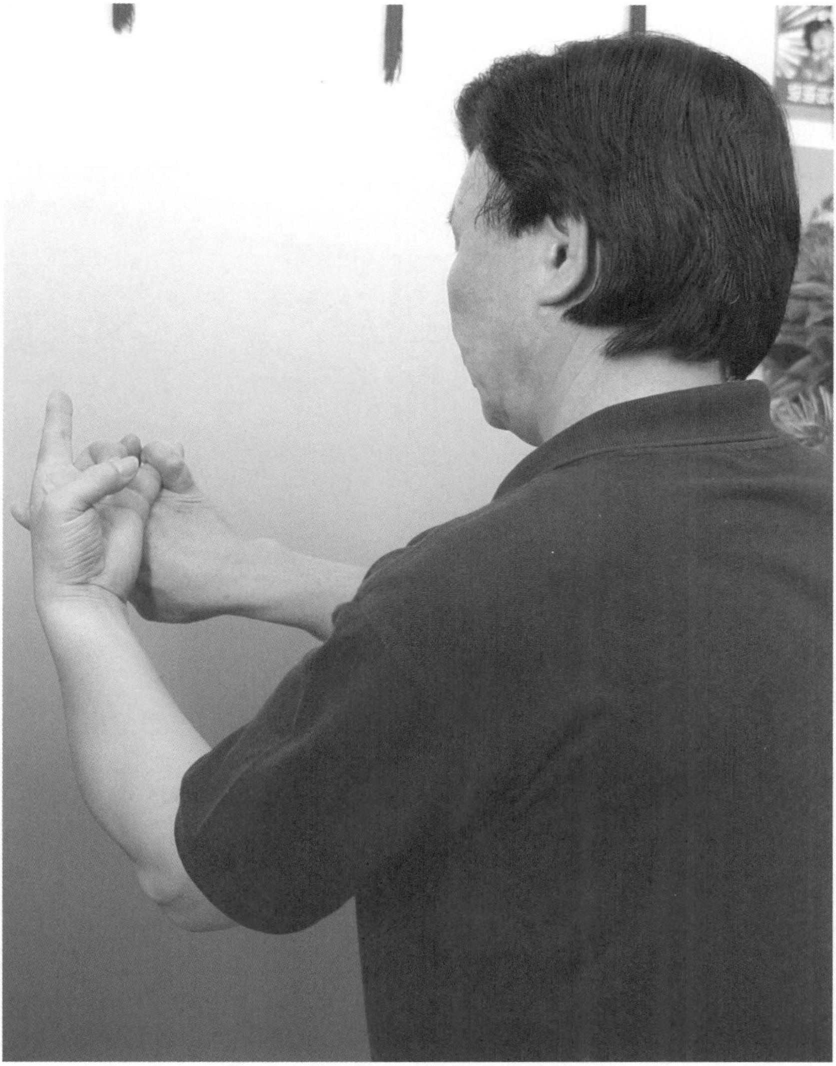

金刀殺鬼手指訣

凡遇到凶鬼頑抗，可掐此訣開指，凶鬼受刀傷後，即沒力氣可抵抗之作用。讀者對手指訣不熟練時，勿開訣，亂開會傷到他人更會傷到自己。

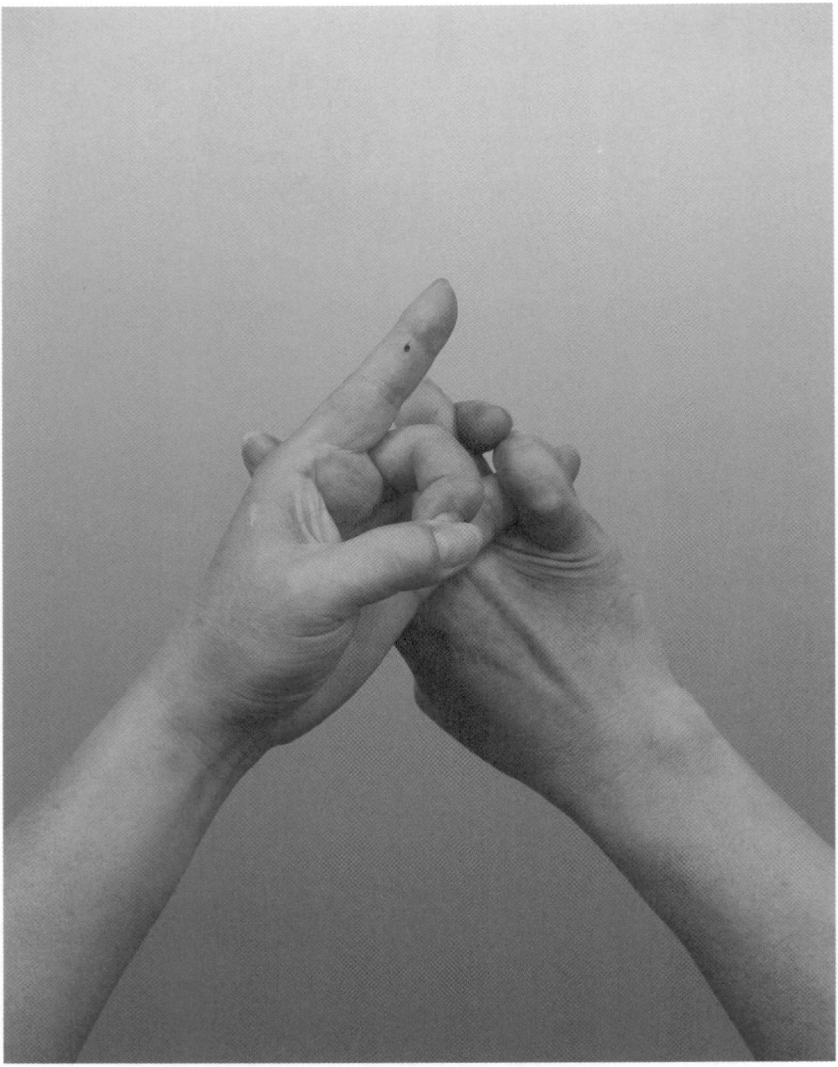

金刀殺鬼手指訣

凡遇到凶鬼頑抗，可掐此訣開指，凶鬼受刀傷後，即沒力氣可抵抗之作用。讀者對手指訣不熟練時，勿開訣，亂開會傷到他人更會傷到自己。

劍殺手指訣

凡遇到鬼魂不妥協時，可掐此訣有嚇阻作用，但遇到凶鬼威力不足不管用。讀者對手指訣不熟練時，勿開訣，亂開會傷到他人更會傷到自己。

劍殺手指訣

凡遇到鬼魂不妥協時，可掐此訣有嚇阻作用，但遇到凶鬼威力不足不管用。讀者對手指訣不熟練時，勿開訣，亂開會傷到他人更會傷到自己。

穿心飛箭手指訣

凡遇到凶鬼邪魔頑抗時，可開指放箭射殺。鬼魂一旦被射必痛苦萬分之功能。讀者對手指訣不熟練時，勿開訣，亂開會傷到他人更會傷到自己。

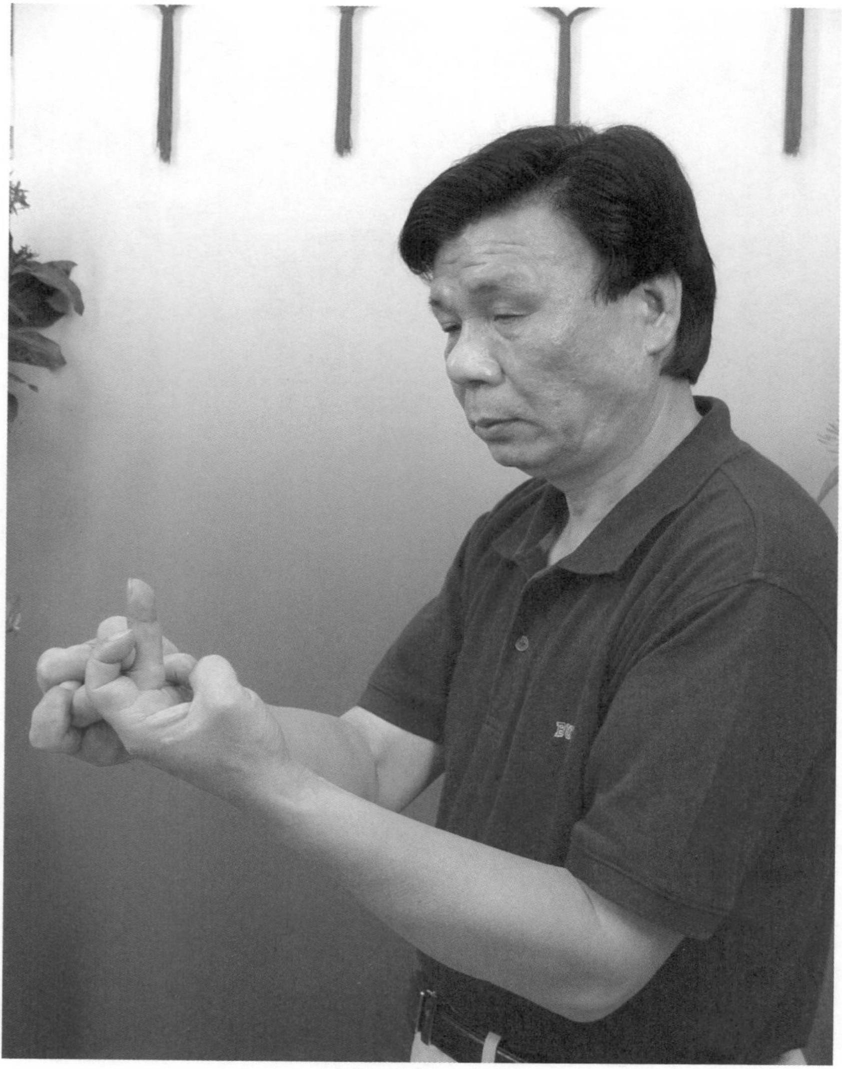

穿心飛箭手指訣

凡遇到凶鬼邪魔頑抗時，可開指放箭射殺。鬼魂一旦被射必痛苦萬分之功能。讀者對手指訣不熟練時，勿開訣，亂開會傷到他人更會傷到自己。

押捉凶鬼陰邪大將手指訣

凡遇到凶鬼頑抗時，可掐此指訣活捉之功能。讀者對手指訣不熟練時，勿開訣，亂開會傷到他人更會傷到自己。

押捉凶鬼陰邪大將手指訣

凡遇到凶鬼頑抗時，可掐此指訣活捉之功能。讀者對手指訣不熟練時，勿開訣，亂開會傷到他人更會傷到自己。

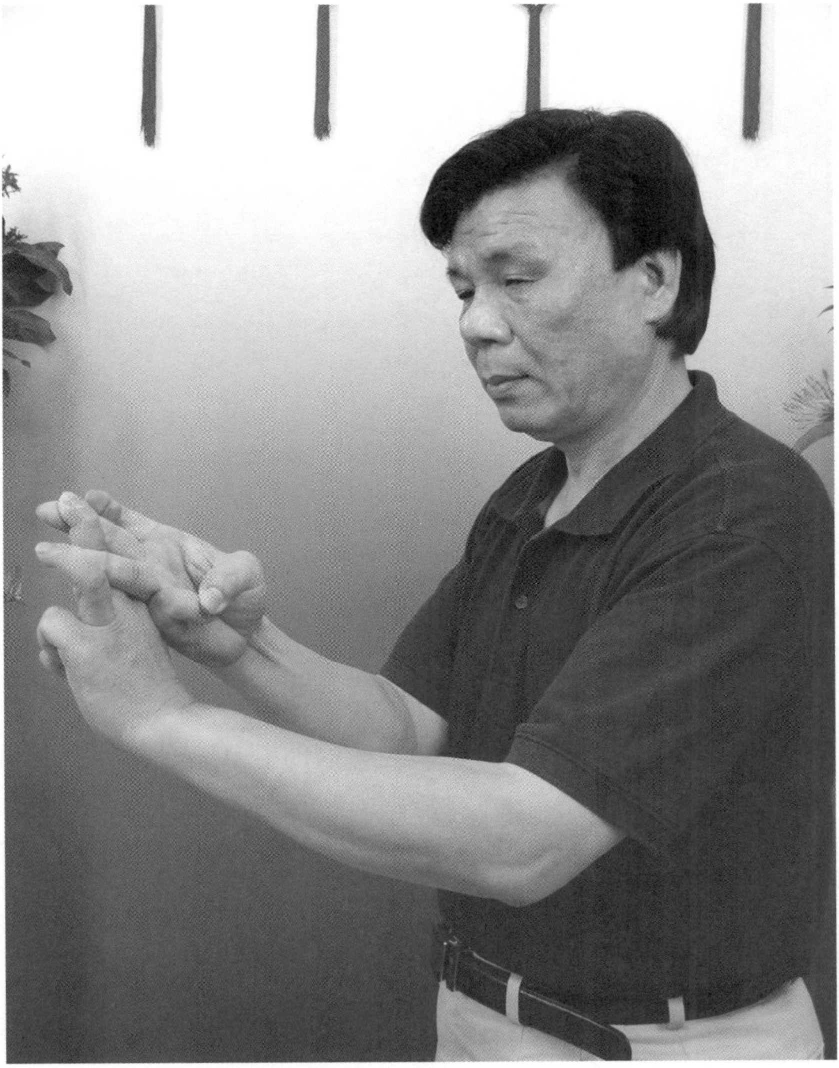

鐵叉驅邪鬼手指訣

凡遇到凶鬼頑抗，可掐此訣叉傷鬼魂。先讓凶鬼受傷損元氣，無力可抵抗作用。讀者對手指訣不熟練時，勿開訣，亂開會傷到他人更會傷到自己。

鐵叉驅邪鬼手指訣

凡遇到凶鬼頑抗，可掐此訣叉傷鬼魂。先讓凶鬼受傷損元氣，無力可抵抗作用。讀者對手指訣不熟練時，勿開訣，亂開會傷到他人更會傷到自己。

鐵鍊鎖鬼魂手指訣

凡遇到陰邪鬼魂頑抗時，可掐此訣鎖綁鬼魂之作用。讀者對手指訣不熟練時，請勿亂掌此訣，以免鬼魂沒鎖綁到反而鎖綁到自己魂魄。

鐵鍊鎖鬼魂手指訣

凡遇到陰邪鬼魂頑抗時，可掐此訣鎖綁鬼魂之作用。讀者對手指訣不熟練時，請勿亂掌此訣，以免鬼魂沒鎖綁到反而鎖綁到自己魂魄。

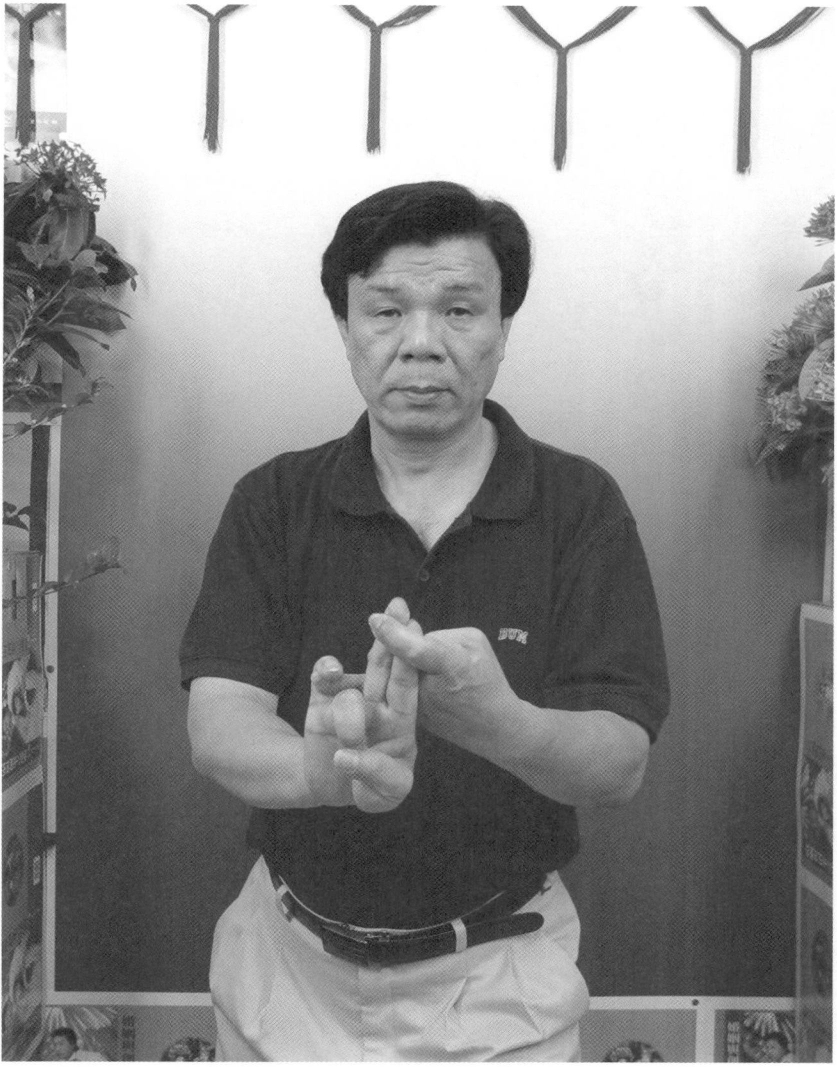

銅枷鎖鬼魂手指訣

凡遇到陰邪鬼魂頑抗時，可掐此訣可將作怪的鬼魂鎖住作用，讀者對手指訣不熟練時，請勿亂掐此訣，以免鬼魂沒鎖住反而鎖到自己魂魄。

銅枷鎖鬼魂手指訣

凡遇到陰邪鬼魂頑抗時，可掐此訣可將作怪的鬼魂鎖住作用，讀者對手指訣不熟練時，請勿亂掐此訣，以免鬼魂沒鎖住反而鎖到自己魂魄。

勅大小鬼魂和合手指訣

凡遇到大鬼小鬼作亂時，可掐此訣讓鬼魂寧靜，人與鬼能和平共處。

勅大小鬼魂和合手指訣

凡遇到大鬼小鬼作亂時，可掐此訣讓鬼魂寧靜，人與鬼能和平共處。

押陰邪鬼魂替身手指訣

陽人被陰邪鬼魂纏身，做法事或祭拜完時，可掐此訣將鬼魂押在草人身上，災殃厄難草人受。

押陰邪鬼魂替身手指訣

陽人被陰邪鬼魂纏身，做法事或祭拜完時，可掐此訣將鬼魂押在草人身上，災殃厄難草人受。

押陰邪鬼魂受刑手指訣

凡遇到陰邪鬼魂作亂不聽勸止時，可掐此訣將作亂的鬼魂押往酆都受苦刑。讀者對手指訣不熟練時，請勿掐此訣，防止鬼魂更凶悍傷到自己。

押陰邪鬼魂受刑手指訣

凡遇到陰邪鬼魂作亂不聽勸止時，可掐此訣將作亂的鬼魂押往酆都受苦刑。讀者對手指訣不熟練時，請勿掐此訣，防止鬼魂更凶悍傷到自己。

普渡陰邪鬼魂手指訣

每逢年節祭拜，做法事祭拜，可掐此訣召鬼魂前來共享供品，也可防止鬼魂搶食。

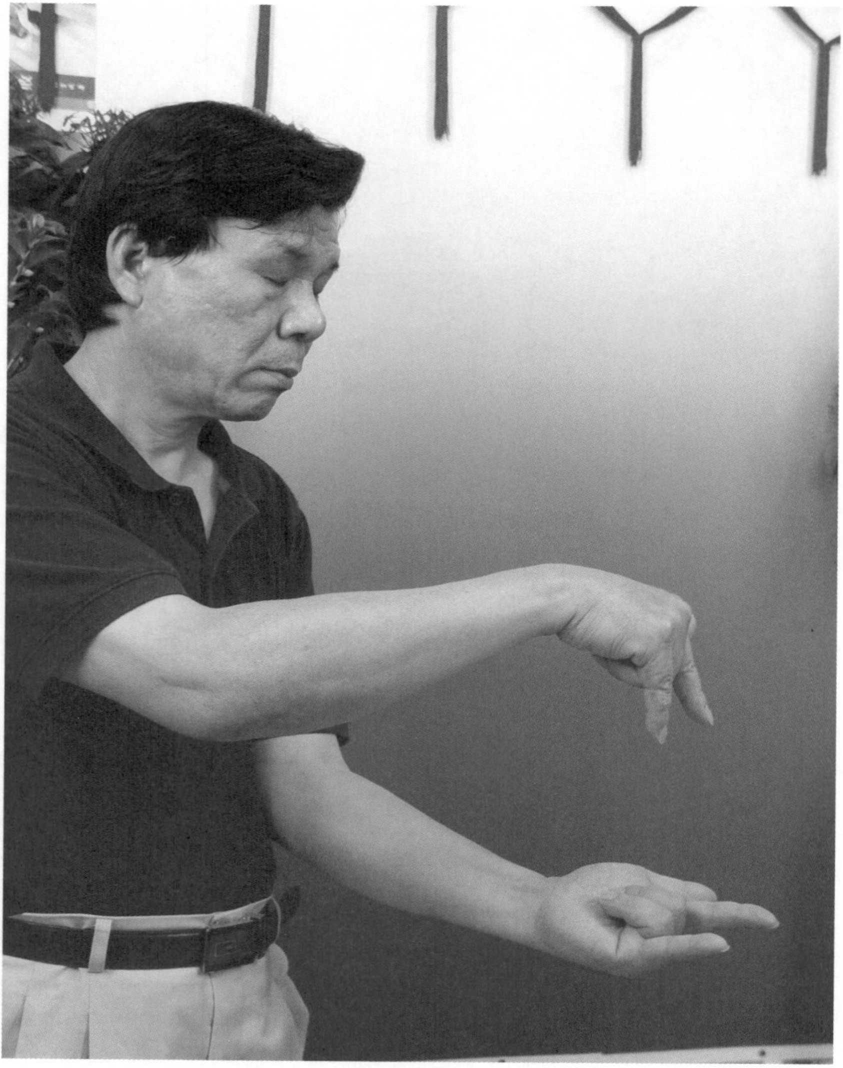

普渡陰邪鬼魂手指訣

每逢年節祭拜，做法事祭拜，可掐此訣召鬼魂前來共享供品，也可防止鬼魂搶食。

徵找人才

作者針對鬼魂陰邪，已有二十多年的長期經歷鑽研，也服務了無數被鬼魂纏身的客人，更跑遍了國內各個縣市，又常被受邀到國外，例：馬來西亞、新加坡、澳門、香港、日本、中國大陸。因作者年齡已高，為恐失傳，為傳承下一代繼承本業，利用本書出版機會，徵找對鬼魂陰邪有興趣的年輕一代，男女均可傳承，但需有膽識過大之才，因處理鬼魂陰邪過程，均會吊鬼魂出靈附在犯者身上，道師與鬼魂對話事因，凡遇到善鬼以禮相待，遇到凶鬼道師要比鬼凶，施法過程要軟硬兼施，有冤情哭訴的鬼魂要替它排解，凶悍不講理且拳打腳踢的鬼魂，施法相對要凶悍才能克服，歡迎有志趣的年輕一代來共同鑽研，一方面可當興趣，一方面可當本業，服務客人的酬金均很高。

諮詢電話02-29849687林老師

國家圖書館出版品預行編目資料

破解靈界的秘訣 / 林吉成著.
第一版——臺北市：宇河文化 出版；
紅螞蟻圖書發行, 2014.4
面 ； 公分. ——（靈度空間；16）
ISBN 978-957-659-963-7（平裝）

1.通靈術 2.符咒

296.1 103004512

靈度空間 16

破解靈界的秘訣

作　　者／林吉成
發 行 人／賴秀珍
總 編 輯／何南輝
校　　對／賴依蓮、林吉成
美術構成／Chris' office
出　　版／宇河文化出版有限公司
發　　行／紅螞蟻圖書有限公司
地　　址／台北市內湖區舊宗路二段121巷19號（紅螞蟻資訊大樓）
網　　站／www.e-redant.com
郵撥帳號／1604621-1　紅螞蟻圖書有限公司
電　　話／(02)2795-3656（代表號）
傳　　真／(02)2795-4100
登 記 證／局版北市業字第1446號
法律顧問／許晏賓律師
印 刷 廠／卡樂彩色製版印刷有限公司
出版日期／2014年 4 月　第一版第一刷

定價 280 元　港幣 93 元

ISBN 978-957-659-963-7　　Printed in Taiwan